アイロニーの時代のトリックスター

モハメド・アリ

チャールズ・レマート
中野恵津子 訳

新曜社

Charles Lemert
MUHAMMAD ALI
Trickster in the Culture of Irony

モハメド・アリ——目次

装幀——虎尾　隆

第1章　そもそもの始まり

GGはすべてのものをやっつける

巨人グルースキャップとベビー・トリックスター

巨人グルースキャップは、自分の知るかぎりすべての種族を征服してしまった――最も力が強く、最も悪知恵に長《た》け、最も邪悪な人間たちを。そして、ほかにもう打ち破る相手はいないと思っていた。

グルースキャップは、ある女に武勇伝の数々を自慢したが、女はそれほど感心したふうでもなかった。笑って聞き流しただけで、あなたが勝てない相手を一人だけ知っているわ、と言った。名前はワシスという。グルースキャップは仰天しながらも、闘争心をかきたてられた。このとき女は、ワシスに挑戦すればあなたの力が危うくなる、と警告した。

グルースキャップは、ワシスがただの赤ん坊で、そういうただの赤ん坊がよくやるように、床に坐って何かのメロディを口ずさみながらお菓子を食べているのを見て、いよいよもって仰天したにちがいない。結婚したことのないグルースキャップは、赤ん坊がどうふるまうか、なにも知らなかったのだ。そこでさっそく、ワシスを支配下におこうと試みた。

まず、赤ん坊を手なずけようとした。しかし、グルースキャップが微笑や哀願で釣ろうとしても、ワシスは相手を認めたしるしににっこり笑っただけだった。それ以外のときには、キャンディをしゃぶったり歌を口ずさんだりして、グルースキャップの存在などまるで眼中にないようだ。グルースキャップが美しい鳥のさえずりを真似してみせたときでさえ、ワシスは動こうともしなかった。グルースキャップはすぐにいらいらして怒りだした。こんな扱いを受けたのははじめてだ。彼は大声で赤ん坊を脅しつけた。するとワシスは、グルースキャップの怒鳴り声をかき消すほど大きな声で、力いっぱい泣きわめいた。

グルースキャップはとうとう万策尽き果て、この上なく狡猾な悪人どもをも従わせた強力な魔法を使うことにした。しかし効きめのある呪文を唱えて魔法をかけようと奮闘しても、ワシスに変化は見られなかった。ひょっとしたら少し退屈していたかもしれない。

とうとうグルースキャップは退散し、試みは屈辱的な失敗のうちに終わった。彼は好敵手に出会ったのだ。赤ん坊はただ、かわいい声で「グー、グー」と言っただけだった。それ以来、人々は、赤ん坊が「グー」と歌うような声を出すと、あの恐ろしいグルースキャップをやり込めたときのことを思い出しているのだと信じた。

――アルゴンキン創世物語（1）

モハメドが生まれたとき、私たちはあの子を「GG」って呼んでいたの。だって、ほら、赤ん坊って、ベビーベッドの脇のほうで、わけのわかんないことをペチャペチャ言ってるもんでしょ――あの子も「ジー、ジー、ジー、ジー」って言ってたもんよ。そしたら、〈ゴールデン・グラブ〉のチャンピオンになったとき、あの子はこう言ったの。「あれがどういう意味だったか、わかっただろ？俺はね、ゴールデン・グラブのことを言おうとしてたんだよ」って。そう、私たちはあの子を「GG」と呼んでたの、今でもときどきそう呼ぶのよ。

――息子カシアスについて語るオデッサ・クレイ

海岸線から遠く、内陸の奥に入った川沿いの町で育ったわれわれは、気候を骨の髄まで染みつかせて成長したが、とりわけ深く染みついた気候がある。川にもよるし場所にもよるが、寒い時期には、肌が荒れてひりひりする。雨の時節には足元がずぶ濡れになる。しかし、冬に荒れた肌はやがて元に戻り、濡れた足は乾く。われわれが心に抱いている季節は夏である。たとえ子供時代を過ごした川のそばからよその土地へ引っ越しても、蒸し暑い空気はそこにあり、そこに控えている。

私はオハイオ川流域にあるそんな町のひとつで育った。オハイオ川は広大なミシシッピ水系の東の主要な支流をなす。ミシシッピ川は、世界のど真ん中にある胃袋を満たすのに役立つのみならず、マーク・トウェインの小説以来アメリカ人の想像力を育んできた大河である。最近では、私がオハイオ川に戻ることはめったにない。しかし、川が私のほうに戻ってくることはたびたびある。ニューイングランドの穏やかな気候のなかで暮らしている今でも、熱帯の気候が北部へ移動してきた最初の兆候から、骨の髄を圧迫する湿気を感じることができる。夜の冷気に身震いして目を覚ましたりもする。しかし一歩外に出てみると、子供の頃、夏に感じた鬱陶しい圧迫感がよみがえる。ほかの空気とは違って、湿気は体にまとわりつき、骨へと染みこんでゆく。そして湿った空気というのは雨とは違って、消えてなくならない。家の中にエアコンを備えるようになってからも、タオルではぬぐいきれないほど、風邪をひいたときのような汗をかいた。人生そのものが厳しくなると、子供の頃に遊んだ町の通りや友だちのことはすっかり忘れていても、蒸し暑い憂鬱な夏のことは思い出す。

ケンタッキー州のルイヴィルもオハイオ川沿いの町だ。ハックルベリ・フィンが筏《いかだ》に乗って、私が一九四〇年代に子供時代を過ごした町から、ゆったり一日かけて下ったあたりに、その町はある。あれから半世紀以上を経た二十一世紀初め、ある蒸し暑い六月の金曜日に、私はルイヴィルを訪れた。太陽が西へ移動し、ミシシッピ川に潤された広大な平原に向かって傾きかけていた。そんな午後の遅い時間になっても、町の中には活気がなかった。買い物客は、これからもっと蒸し暑くなる日々に備えてエネルギーを蓄えながら、のろのろと歩いていた。子供たちは自転車に乗って、自分で風をつくりながら走っていた。旗は力なくうなだれていた。これでも南部の町だから、チャーチル・ダウンズでケンタッキー・ダービーが催される五月の数週間には活気が蘇る。それ以外の季節に、住民を奮い立たせるようなものがあるのだろうか。どんよりした空気を通して、ダービーの頃から残っている広告塔に、ルイヴィルの最高の呼び名である〈リバー・シティ〉という文字が誇らしげに書かれていた。

私が二〇〇一年六月下旬にその〈リバー・シティ〉にやってきたのは、昔ここで生まれた最も有名な男の、まだ残っているかもしれない痕跡を探すためだった。彼の両親はすでに他界していた。弟は町へ戻ってきたという噂だった。しかし私は、いくぶん意図的に、そこで過ごした当時のアリを知る人々を見つけるという計画は立てなかった。この短い旅行は一種の考古学的発掘だった。場所そのものから得られるものを知りたいと思った。とりわけ、最も偉大な男〈ザ・グレイテスト〉が自分の天分を見いだし成長したその場所について確かめられることを確かめたかった。

アリに関する映画やエッセイや本は、すでにこれ以上必要かと思われるほどたくさん出ている。それでも私は、毎晩のように子供たちのベッドのわきで語られたり親たちの見るケーブルテレビのスポーツ・チャンネルで語られて崇拝の的になっているこのアイドルに、完全にのぼせ上がっているというのでないかぎり、あえて別の角度から見たものがあってもいいと考えている。もちろん、偶像視される人間が成功する現実的基盤は、その人の人生にある。しかし、そのほかにも何か、彼を誹謗中傷する者ですら同意するような、少なくとも史上屈指のアスリートとしてのキャリアといった、ディテールを超えた何かがある。その何かとは、アリ現象そのもの――あまりにも世界的で永久不滅だから従来の有名人という枠にさえ入らない名声、したがって、有名人と文化（有名人を育む分野）との両方の見直しを促す文化的な何か――である。

アリに興味をそそられる人は大勢いるが、その大半が私と同じように、人生において彼と似たところはほとんどない。もしかしたらこのギャップが有名人の起電エネルギーをもたらすのかもしれない。有名人は普通の人間の経験を超えており、あまりにも普通の人たちとは違う。しかし、人間がつくりだしたり発見したりした多くの神々とは異なり、有名人も人間であり、普通の人間との〈なんらかの〉共通基盤がなければ、名声を享受できない。神々は人間〈以外〉の存在でなければならない。有名人は、あっと驚くような存在ではあっても、単に普通〈以上〉の存在でしかない。われわれは神々には魅了されるが、有名人には驚かされる。神々は手の届かない存在だが、有名人には触れることができる。といっても、触れられることはめったにないのだが。

信じられないほど普通でない、普通〈以上〉の人間と自分との類似点など、想像に頼るしかないのだが、私の場合、アリと私は、川沿いの町で、その土地の過酷な夏とそれが若者に与える独特の影響を受けながら少年時代を過ごしたという点で、何かを共有しているのではないかと想像する。たぶん、カシアス・クレイは初めから、あの川沿いの町の標準的規準に自分を合わせなかったことによって別格の存在になったのだ。あの夏の日々を、アリはどのようにくぐり抜けたのだろう――アリより五歳だけ年上で、アリの育った町から川を九〇マイル遡っただけの土地に育った私や私の幼なじみの白人少年たちを、いつもげんなりさせたあの夏を。

私は少年時代、リバータウンことルイヴィルの郊外にある、白人の多い退屈な町に住んでいた。私たちはブルジョアの特権として午前中に起きることはめったになかった。昼頃起きだして、スポーツ紙を読みながらゆっくりとシリアルを食べた。八月までは、毎日のように怠惰な午後を過ごした。たまに、足を引きずりながら、寄せ集めのメンバーの野球に加わることもあった。グラウンドは埃だらけだった。私の年齢で、炎天下にいるのが好きだという少年はあまりいなかった。進んで入ってきた者もほとんど口をきかず、いかにもだるそうに動いた。ある夏、私は自分にはテニスの才能があると思い、テニスをやることにした。才能があったとしても、私にはそこに詩的な感覚を見出せなかった。私たちのスポーツはすべて道具を使うもので、そこには詩がなかった。ほとんどの夏、私はメイン州の海岸のサマーキャンプへ送られた。そこで暑さから逃れ、遊んだり泳いだりした。そうした幸運に恵まれなかったら、私はあの怠惰な夏に負けて落ち込んでいたか、道を踏み誤っていたかもしれない。

二〇〇一年の初夏、私がルイヴィルを訪ねたのは、南下するほど温度が上がり暑さが過酷になってゆく同じオハイオ川の川下に住む少年が、海辺のキャンプなど思いもよらず、私のような白人少年についての感情は山ほど胸に秘めながら、どうしてあの夏から（したがってそこで過ごした生活から）、それほど大事なものを得ることができたのか、ということを突き止めるためだった。アリが病魔に倒れ、その素晴らしい勇敢さを照らしていた光の外に出てから久しい今日でさえ、アリ現象はさまざまな感情を喚起する力を持っている。マックス・ウェーバーによれば、カリスマ（現象）は通常きわめて持続期間が短い。アリの場合、なかなかその人気が廃れない。現象が当人を凌《しの》いでいるのだ。そんな不思議な社会状況は、それをもたらした張本人と同じように、ルイヴィルにそもそもの始まりがあったにちがいない。

モハメド・アリは最初から、つまりボクシングをやろうと思いつく前から、並みのボクサーとは違っていた。カシアス・クレイは変わったタイプの子供だった。生まれたのはルイヴィルのウェス

ト・エンドのグランド・アヴェニュー三三〇二番地。質素だが粗末ではない生家のある通りは、町の中心から西のオハイオ河岸にあるチカソー公園まで続いている。ちょうどこのあたりで、オハイオ川はふたたび南へ、さらに西へと流れを変え、イリノイ州カイロのミシシッピ川との合流点に向かって進んでいく。カシアスが少年時代を過ごした近隣は、当時から子供が安全に遊べるところだった。その頃からグランド・アヴェニューの両側にある背の高い並木が、道を影で覆っている。通りに並ぶ家々はこぢんまりと肩を寄せあうようにして建っているが、手入れが行き届き、花が飾られ、ペンキがきれいに塗ってある。数ブロック歩いても、荒れて修理が必要な家など、一、二軒しか見つからない。近くの川べりは子供たちの遊び場だった。この地方一帯には、よく深南部と西部から風が川を遡って吹いてくる。たいした風ではないのだが、この熱風がいつも川に襲いかかる。ピッツバーグの川上のペンシルヴェニア西部丘陵地帯で冷やされてきた水が熱風と出会って、クレイ家の上空のじめじめした空気をかき混ぜる。この熱風が川の水をとらえたときには、まだ初夏の時期でさえ、戸外にいる人々の動きに活気がなくなる。

六月のその金曜日、私は午後も早いうちにグランド・アヴェニューへ出かけ、通りに車を停めて歩きだした。家にいる人々は昼食をとっていた。外にはほとんど人がいなかった。グランド・アヴェニューの東を何ブロックも歩いて、ようやく郵便配達に出会った。彼はアリの生家の住所をぼんやりとしか覚えていなかった。それでも番地を教えてくれたが、五ブロックも間違っていた。番地ぐらい知っているだろうと思うかもしれない。ところが、その辺で自転車を乗りまわしていた少年たちも、誰一人として知らなかった。私が声をかけると、少年たちはスピードを落とした。その地域で最も有名なヒーローが子供の頃には、どこで自分たちと同じように自転車を乗りまわしていたか、よく知っているはずだと思うかもしれない。ところが、そうではないのだ。十四歳くらいの仏頂面をした少女がジャケットをしっかり着込み、この天気にしてはやけに厚着の格好で歩いていた。不機嫌な顔をしていたので声をかけるのがためらわれた。それでも質問してみると、なにも言わなかったが、少しは愛想を見せてくれた。というか、とにかく微笑の兆しは見せてくれた。公園から二ブロック歩くと教会の墓地があり、奥のほうで、怠惰な十代はすでに卒業した年頃の若者が芝生を刈っていた。彼に近づくのはやめにした。

　そのまま先へ進んでいくと、女性が二人ポーチに坐っていた。二人とも母親で、おそらく姉妹だろう。私は無意識のうちに独特の歩き方で歩いていた。子供の頃、〈カラード地区〉と呼ばれていた場所に出入りするときに身につけた歩き方だ。どういう歩き方といわれても説明しにくいのだが、そういう場合の話し方は説明できる。やや熱っぽく話すのだ。要するに、ミンストレル・ショー〔白人が黒人に扮して歌や踊りや小話などを聞かせるショー〕でおなじみの、すぐばれるような黒人の扮装をした白人の話し方だ。ポーチの女性たちはおそらく、私が話す前からそれに気づいていたのだろうが、彼女たちの母親の世代と同じように大目に見てくれた。そしてこちらの質問について二人であれこれ話していた。私はようやく、今歩いているのは自分の土地ではなく、あまりなれなれしくしてはいけないのだと実感した。十二歳くらいの少年が戸口に現われた。彼は私の来訪に対して異常に興味を示した。私と女性たちは、モハメド・アリの家がどこにあるか知っているかと少年に訊いた。少年はこの種のやりとりにもっと慣れていた。遠い外国で観光客の英語を親に通訳してやる学童のようなものだ。

その日、グランド・アヴェニューを歩いていた白人は私だけだった。ふと思ったのは、人々が親切に応対してはくれるものの私の探している情報を無視するのは、よそ者の白人たちがわかりきった目的のためにピカピカの車に乗って訪ねてきては、あまりにも無邪気に質問するということが長年続いたせいではないかということだ。私はさらに歩き続けながら、もうひとつのむなしい手がかりを求めて、アリのことを考えていた。現在、アリ自身はルイヴィルに帰りたがっているといわれるが、実際にはミシガン州ベリアン・スプリングスの農場に住んでいる。アリは極端に気前がいいらしい。よそ者たちは軽い気持で、休暇旅行中のハイウェイを途中で降りて、アリの家に押しかける。噂によれば、アリは快く彼らを迎えるので、妻のロニーが接待しなければならない相手がますます多くなる。ひょっとしたら、アリが子供時代を過ごした通りにも、あまりにも多くの人が押しかけてきたのかもしれない。すでに引退し障害を持つ身になっても、アリには自分の名声から得るものがあり、お返しに与えるものがあるだろう。だが、ルイヴィルのグランド・アヴェニューに住む堅気の人々が得るものはなにもない。

ルイヴィルに関して驚くことは、この町がアリのおかげで世界的に有名になってから四〇年ほどたつ二〇〇一年になっても、彼を記念するようなモニュメントがないということだ。わずかに、彼の功績を認めて名づけられたモハメド・アリ・ブールヴァードという大通りがあるだけだ。この通りはダウンタウンから西へ延び、やはりオハイオ川のほとりにあるショーニー公園まで続いている。ウォルナット通りを、アリを称える名前に改めるという決定は、一九七八年に一票差でかろうじて市議会を通過した。モハメド・アリ・ブールヴァードは一〇ブロック以上の長い通りで、グランド・アヴェニューの北にある。今まで市街地に沿ってゆったりと西に進んできたオハイオ川の流れが、このあたりで突然南へ向きを変える。モハメド・アリ・ブールヴァードは今ではウェスト・エンドの幹線道路となっている。外から見たかぎりでは、厳密な意味でのルイヴィルのダウンタウンから西には、白人は数えるほどしか住んでいない。ショーニー公園に近い、かつては立派な邸宅だった家の並ぶ通りを、年配の白人がぶらついている姿をちらほら見かけるが、それを別にすれば、ウェスト・エンドは黒人で占められているように見える。今日のルイヴィルでは、とっくの昔にルールが変わったにもかかわらず、いまだにどこかの国境の町のように人種の隔離状態が続いているのだ。西は黒人、東は白人、と。

長らく延期されていたモハメド・アリ・センターの建設計画が、ようやく軌道に乗りはじめた。センターはオハイオ川沿いの市街地に、市庁舎やケンタッキー芸術センターと隣接して建てられる。二〇〇一年、フォード財団が五〇〇万ドルの助成を決定し、約束された寄付金総額が二六〇〇万ドルに達した。その後も寄付の申し出は続いている。二〇〇二年六月、工事が始まった。このセンターの目的は、アリの「深く浸透している価値観と世界的な影響力」を称えて、本格的な教育と行動計画を提供するものになるという(2)。ぐずぐず引き延ばされてきた最も有名な地元出身者の記念碑が、ついにモハメド・アリ・センターとして実現するわけだ。

それにしても、センターが実際に完成するまで、アリが最初に世界的有名人になってルイヴィルという町の存在を世界に知らしめたときから四〇年以上もたつことになる。

当然のことだが、ある地方の記念碑は、一風変わってはいるがその土地の歴史を忠実に表現しているもので、そこで何が記念されて何が記念されないかを知るのも興味深い。文学や政治の分野で優れた人物を数多く輩出しているボストンには、ボストン史上に残る著名人のなかで最も有名なバスケットボール・コーチのブロンズ像や、名高い童話からとったアヒルの子たちの像がある。ボストンには記念碑が多すぎるのかもしれない。ルイヴィルのようにのんびりした都市は、何を記念するかを決めるにも時間がかかる。たとえばパリは、アレクサンドル・デュマの遺灰を取り出してパンテオンに再埋葬したが、そのとき（二〇〇二年）にはデュマの死後一〇〇年以上たっていた。それにしても、パリでもボストンでも、現代の記念碑がいかに突飛なものであれ、時が来れば、しかるべきヒーローたちを記念するのに躊躇したりはしない。〈南部同盟〉時代の英雄の記念像をたくさん建ててきたルイヴィルがアリを排除したのは、アメリカ南部の人種的歴史ゆえであることは明らかだ。偶然にそうなったのではない。この種の排除には、原因が何であるにしろ、それによってもたらされる結果がある。その結果を見れば、カシアス・クレイの子供時代を形成したコミュニティや、彼があとに残してきた人々のことがおのずとわかってくる。

奇妙なことに、私がウェスト・エンドで話しかけた二〇人ほどの人は、誰もダウンタウンに建設されるアリ・センターに言及しなかった。しかしそのうちの数人は、モハメド・アリ・ブールヴァードのそばのウェスト・エンド付近に建設中だったアフリカン・アメリカン文化センターの場所は、訊きもしないのに教えてくれたのだ。アリが黒人を代表する個人であることと、アフリカ系アメリカ人の文化そのものを混同することは、アリの重要性を認めている半面、ルイヴィルが全般的にアリへの配慮に欠けていることのあらわれのように思われた。「彼がここで栄誉を称えられるというなら、われわれも何かしなくてはな」という程度の配慮なのだ。モハメド・アリ・センターの理事会には、ラリー・キング、コリン・パウエル、スポーツ・キャスターのボブ・コスタスなど全国に知られた著名人が顔をそろえている。センターのウェブサイトを見ると、地元の人たちも支援者として名を連ねてはいるが、このプロジェクトの原動力となったのは明らかにアリの側近たち、とりわけ妻のロニーであろう。計画では、二〇〇四年のオープニング〔実際にオープンしたのは二〇〇五年十一月〕はルイヴィル観光の目玉になる予定だが、ウェストにしてもイーストにしても、ルイヴィルの住民がどのくらいプロジェクトに積極的に参加してくるか、まだはっきりしない。(3) アリへ捧げる記念物をつくろうという強い熱意すらルイヴィルの外から起こさなくてはならないのに、グランド・アヴェニューの住人が、訪ねてきてはいろいろ質問する白人にいちいち情報を与えるはずはないのだ。

いずれにしろ、ルイヴィルは黒と白に分かれている。私はルイヴィルを訪ねたあと、ひょんなことからアヤナ・ブレアという黒人女性に会った。彼女はアリの少年時代からだいぶ月日のたったイースト・サイドで、専門職を持つ両親のもとで成長した。アリについても、アリの住んでいたウェスト・エンドの文化地理学についても、ほとんど知らなかった。彼女はマグネット・ハイスクール〔広く都市部から芸術課目などに優れた生徒を集め、高等課程を指導する公立学校で、人種差別の解消を図るため導入された〕に入学したが、その学校はダウンタウンの東側にあった。アリがかよったセントラル・ハイスクールも市街地のマグネット・スクールで、モハメド・アリ・ブールヴァードの三ブロック南のウェスト・チェスナット一一三〇番地にある。数ブロックしか離れていないこの二つの学校は、ルイヴィルそのもののように、文化的には何マイルも距離が隔たっているのだ。

今日のルイヴィルが、厳密に階層的に分かれているとはいわないまでも、人種の境界線に従って分離されているとすれば、カシアス・クレイの時代にはそれがもっと際立っていた。一九六〇年ローマ・オリンピックで獲得した金メダルを川に投げ捨てたという作り話[4]をはじめとして、人種差別を熟知しているアリをめぐってはいろいろな神話や伝説が生まれてきた。マイク・マークシーが（ポール・ギルロイのあとで）示唆しているように、[5]ルイヴィルという土地が、アリにとって〈ブラック・アトランティック〉の物語を学んだ場所、すなわち、アメリカにいる異邦人としてのアリと、奴隷制の苦難を通してアリをアフリカに結びつける人々との絆の物語を知る本拠地になったのは当然ではないだろうか。そうだとしたら、たとえ彼自身が肌の色によって手痛い傷を負うことが他の黒人より少なかったにしても、奴隷時代の名前に疑問を抱かなかったわけがないではないか。

そして、最も有名な地元出身者を称賛するのに不熱心な町に今も住み続ける人々が、いろいろ質問する見知らぬ白人を前にして慎重になるのは当然ではなかろうか。肌の色の境界線がそれほど厳然としているところで、私が答えを知ることは決してないだろうし、ルイヴィルにいる間にそれを見つけることもできないかもしれない。謎なら謎でもいい。訊いても答えてもらえない問いは、社会的な想像力をかきたてる。カシアス・クレイの育った家を知らないというのは、二度にわたって――一度は偉大なアリに、一度はイースト・サイドの連中に――見捨てられたことを恨まないようにするための真摯な工夫なのかもしれない。

とにかく、私は六月の午後遅くグランド・アヴェニューを歩いているとき、恨みの気配すら顔にあらわれていない高齢の女性に出会った。女性は愛想よく私に挨拶し、私の質問に答えて、アリの生家を丁寧に説明してくれ（あとでそれがきわめて正確な説明だったことがわかった）、こう付け加えた。「住所は覚えてないけど、私は一九五七年からずっとこっちに住んでいるの。彼がそこに住んでいたのは確かよ」。彼女はすべてを見てきたのだ。ここに引っ越してきたのは、カシアス・クレイがまだボクシングを習っている少年だった頃だ。きっと、グランド・アヴェニューを自転車に乗って、あるいは駆け足で、ボクシング・ジムにかよう彼を見たことがあるにちがいない。そして長い間に黒人も白人もたくさん見てきたので、こういうよそ者に出会っても気にしなくなったのだろう、と私は勝手に想像した。カシアスの母親オデッサと同年代のようだったから、ひょっとすると顔見知りだったかもしれない。私は求めていた情報が得られたことで頭がいっぱいになり、それ以上質問することもなく、そそくさとその場を離れた。あとになってやっと、車で送りましょうかと申し出るのも忘れていたことに気がついた。彼女なら私の申し出を受けてくれただろうに。アメリカ南部で人種差別政策が廃止されてから四〇年たった今でも、肌の色に関しては多少は知っているつもりの悪意のない白人でさえ、黒人の多い地区でどうふるまっていいかわからない。それもまた、モハメド・アリの名声がこんなにも長く影響を与え続けている、複雑に入り混じった社会的要素の一部なのだろう。

とはいえ、アリが他人の心のどこを打つにしても、そもそもの始まりは、その時代とその町の平均的家庭から出た一人の少年だった。少年は両親に可愛がられて育った。その可愛がりようについてそれぞれ別のストーリーが語られるのも、驚くにはあたらない。あの時代、一家の稼ぎ手として

の役割を担った父親と、家族の世話をする役割を期待された母親には、よくあることだ。
父カシアス・クレイ・シニアが長男の話をするときには、いい息子を持って得意になっている稼ぎの乏しい父親といった感じで話した。彼は十分ではないものの精いっぱい努力して家族を養った。そうした努力は、決して取るに足りないことではない。彼は物質的な面倒をみるばかりでなく、価値観についても気を配った。この二つは、芸術家と思われたいという彼の願望から出ているのかもしれない。才能がないわけではなかったが、平凡な看板描きの稼ぎを上まわるには力不足だった。さまざまな夢の挫折は、家族を扶養する父親としての誇りを促す体験でしかなく、その挫折や扶養が社会的不公正によって規制を受ける場合はなおさらである。それでも、父カシアスは自分の父親ぶりを自慢した。

あいつ［カシアス］はいい子だった。そしていい男に育ってくれたよ。正直な話、そうならないはずはなかったがね、母親の育て方がそうだから。日曜日は必ず日曜学校さ。俺はあいつら［カシアスと弟のルドルフ］に、できるかぎりいい服を着せたよ。ゲットーから出てきたんじゃないんだから。できるだけいい町内で育てたし……。何が大事かっていうことも教えてやったよ——怖れているものには常に立ち向かえ、何をやるんでも一番になるように努力しろ。そういうことは全部、親父が俺に教えてくれたことで、教わらなきゃわからないことだ。そういうことは、偶然学ぶというもんじゃない(6)

父カシアスは、世間並みにはよくやったが、申し分なくよくやったというわけではない。やがて、女遊びが原因で家を出ることになる。カシアス・クレイが有名なチャンピオンになると、父親は息子の成功は自分のおかげだと自慢した。それに対して息子は（父親から教わったとおりに）、自分の成功は自分ひとりの力で勝ち取ったものだと応じた。息子が自分と同じ名前を捨てたとき、父カシアスは、〈ネイション・オブ・イスラム〉に息子を盗まれたと思った。それに対して息子が長い時間をかけて出した答えは、信念を持って生きることだった。人々はまさにその生き方に胸を打たれ、彼の「内面的価値」（これも父親が教えたことだ）を称えるためにモハメド・アリ・センターをつくろうとしたのだ。

一方、オデッサについては「いい母親」という以外に言葉が見つからない。本当にいい母親とはそういうものだが、彼女は息子が人と違うのはすべて本人の力によるものだと褒めた。オデッサは白人家庭の掃除をして、夫の看板描きの稼ぎや、ときどき出奔する際に置いていく金の足しにした。夫婦は結婚してまもなく、グランド・アヴェニューの家を四五〇〇ドルで買った。その後一九四二年一月十七日にカシアス・クレイが生まれた。ルドルフ（のちのラハマン・アリ）は一九四四年生まれだ。オデッサはどんなに夫の浮気に悩んでいても、息子たちに八つ当たりすることはなかった。

モハメドが生まれたとき、私たちはあの子を「GG」って呼んでいたの。だって、ほら、赤ん坊って、ベビーベッドの脇のほうで、わけのわかんないことをペチャペチャ言ってるもんでしょ――あの子も「ジー、ジー、ジー、ジー」って言ってたもんよ。そしたら、〈ゴールデン・

グラブ〉のチャンピオンになったとき、あの子はこう言ったの。「あれがどういう意味だったか、わかっただろ？　俺はね、ゴールデン・グラブのことを言おうとしてたんだよ」って。そう、私たちはあの子を「GG」と呼んでたの、今でもときどきそう呼ぶのよ。子供の頃のあの子は、じっと坐ってるってことがなかったわね。歩くのも、しゃべるのも、何をやるのでもほかの子より早かった。二歳のとき、真夜中に目を覚まして、タンスの中のものをみんな床に投げ出したこともあったわ。ほとんどの男の子は、両足をしっかりつけて走りまわったり歩いたりするもんでしょ。GGはいつも爪先立ちで歩くの……子供の頃はやることなすこと変わってたわね。あの子の気分は三月の風みたいに、どっちに吹くかわからなかった。次はこう来るだろうと思ってると、方向転換されちゃって、予想を裏切られるの……神様はモハメドを特別な子供につくられたんだなと、いつも思っていたけど、なぜその子供を私に身ごもらせようとなさったのかしら(7)ね。

非凡なわが子の出世を自分の手柄にしたがる父親と、息子が特別なのはもって生まれた才能で神様からの贈り物だと思う母親。息子のことを語る母親の話をやみくもに信用するわけにはいかないが、昔を思い出しながら自分の息子がどんなに特別な人間になるかずっと前からわかっていたと語るような母親には敬意を表していい。

子供は自分がどういう人間かというイメージを小さい頃に聞いた話からつくりだしていくものだが、母親もそうやって子供の話を何回も繰り返し語ることによって子供のイメージをつくりだしている。われわれはみな、それまでの人生で心に刻まれ、形を変えて語られ、つくり直される話の謎めいた力によって、自分という人間をとらえる。子供の頃のカシアス・クレイは、あるとき、ものごとの良し悪しを息子に教えたのは自分だと思っている父親の話より、ありのままの息子を認める母親の話を選んだ。格闘技を一生の仕事にするとはまだ思いもしない頃、グランド・アヴェニュー時代のどこかの時点で、彼は（のちに有名になってリングで見せたように）爪先で跳ねまわりながら、オデッサから、そして自分の内部からも、自分は特別なのだと思わせる何かをつかみとっていた。自分は、イライジャ・ムハンマドが与えたイスラム教徒の特徴的な名前にふさわしい人間なのだと思わせる何かを。(8)

おまえは特別な存在だと言われて育つ子供は多い。それを真に受ける子供も多く、ともすれば真に受けすぎる子供もいる。モハメド・アリの違うところは、特別になるために必要なことを、骨身を惜しまずにやったことだ。有名人というのは、しばしば、アリの母親が思ったようにこの世のものならぬ恩寵を授かっているように見えるものだ。もしそうなら、それはルーテル派の教義に逆らう恩恵である。綿密に考え抜かれた、効果のある厳しい練習をたくさん積むことなく、人々の称賛という社会的評価の恩恵を得る者はいない。もし名声が純然たる神の恩恵によるものなら、その人物のこまごました背景や情報などに頭を悩ます必要はない。しかし、もし名声が少なくとも抵抗を乗り越えるだけの大変な努力を要するものだとしたら、その名声の障害となるような摩擦がどこで起きるのか、興味を惹かれるところとなる。

だからこそ私はルイヴィルに行って、モハメド・アリが努力を積み重ね、世界的な名士への道を切り開いたその場所で、見えるものを見ようと思ったのだ。アリの人物を知るには、まず彼の子供時代の名残を調べ、ボクシングを始めたきっかけや、克服しなければならなかった困難を考えるより以上にいい方法があるだろうか。ジャズ・ミュージシャンやロック・スターは生まれつきの天才に見えるかもしれないが、どんな分野の有名人も自分の芸術のために汗をたっぷり流しながら、夜遅くまで、あるいは朝になるまで、厳しい練習をこなしているのだ。プロのスポーツ選手にも同じことがいえる。シナトラもルイ・アームストロングも、マドンナもジーン・ケリーも、マイケル・ジョーダンもベイブ・ルースも、まるで練習もなにもしてないといわんばかりに、楽々と芸や技をこなしているように見せることで有名だった。

歌や演奏やダンスや演劇など、あらゆるパフォーマンス芸術のなかで、もしかしたらバレエやオペラは別かもしれないが、実際の出番に比べて練習量がボクシングほど多く要求されるパフォーマンスはない。勝利の歓喜にひたる確率が微々たるものでも、苦しい練習を積まなければならない。タイトルを争う機会すら保証されないまま、何年間もトレーニングを続ける。一ラウンド三分間の真剣勝負が続くボクシングは、ほかの何とも違う負荷が心身にかかる。疑うなら試してみるといい。私は一度、練習なしで試合をやったことがある。まだ痩せっぽちの少年だった頃だが、最初の一分で、両手がだらんとわきにくっついたまま上がらなくなり、二分たつと息が苦しくてゼーゼーあえぎ、ついには文字どおりつぶれてしまった。しかもこれは、健康そのものの少年たちがサマーキャンプで組んだ即席の試合である。肉体と精神にあれほどいっぺんに襲いかかってくる恐ろしい力は、ほかに想像がつかない。ましてや、こっちを殺そうとしている相手、その力を持っている相手に立ち向かうのだから。

ボクシングの優雅さは、本当にたまにしか見られない。アリ以前にこの優雅さを持っていたのは、シュガー・レイ・ロビンソンだ。ライト級以下のクラスには彼の真似をしているボクサーがたくさんいる。しかし、ヘビー級にバレエのような優雅さを求めるのはむずかしい。アーチー・ムーアにはほんの少しだけそれがあったが、彼の優雅さはより巧妙だった。ジョー・ルイスにもそれがあると思われていた。しかしルイスの場合、一九三八年のマックス・シュメリングとの第二戦で、象徴的な意味でナチスをやっつけたという称賛が加味されての優雅さだった。ジャック・ジョンソンは、もう昔のことだから世間の記憶もあやふやかもしれないが、リング上では多少の優雅さを見せたにしても、彼の類まれなる才能は、リングの外での性生活や白人女性との結婚で白人たちを困らせることのほうに費やされたようだ。[9] ヘビー級チャンピオンの偉大な選手たち――ロッキー・マルシアーノ、ソニー・リストン、若かりし頃のジョージ・フォアマン、ジョー・フレイジャー、あるいは一九八〇年十月二日アリのキャリアに終止符を打たせることになった[10]ラリー・ホームズですら、ダンサーというより、いやボクシング選手というより、ジョー・ルイスと同じでまるで爆撃手だった。

ボクサーには、力にまかせて勝つ選手もいる。そこにちょっとした技巧を加える選手もいる。どちらにしろ、何年も苦労してようやく達成できることで、まして力も技巧も両方備えようとすればなおさらだ。最高の選手ですら肉体的に万全でないコンディションでやれば負ける。一九七三年の対ケン・ノートン戦と一九七八年の対レオン・スピンクス戦のアリがそうだった。どちらの負けも、その後の血のにじむような過酷なトレーニングの末、勝利でお返ししている（二度目のときは三十六歳、ボクサーとしては高齢だった）。ボクシングでの成功はすぐには訪れない。一日一日着実にハードワークをこなすトレーニングを何年も積み重ねて初めて生まれる。どんな天候だろうと、ボクサーは日の出前には起き、日が没したあともロードにいなければならない。さもないと、敗北より恐ろしい怪我が待っている。

アリがボクシングを始めたきっかけは、何度も語られてきたので、アリ伝説には欠かせない基本要素になっている。その出典は母親と最初のトレーナーだ。[11] 一九五四年、十二歳だった少年カシアスは（翌年リンチで殺されたエメット・ティル少年と大差ない歳だった）、自転車に乗り、四丁目通りとヨーク通りの交差点近くにある〈ルイヴィル・サービス・クラブ〉を目指してダウンタウンを走っていた。当時、白人の実業家たちはこの種の組織が主催する慈善の真似ごとを口実にクラブにやって来たものだが、少年たちはその実業家たちに小遣いをねだった。一九五〇年代のことで、自転車はおろか、車や家にも鍵をかけることなどめったに思いつかない時代だった。カシアスは遊んでいる間に新品の自転車を盗まれてしまった。怒り狂って、盗んだ犯人をめった打ちにしてやると息巻いていたちょうどそのとき、ジョー・マーティンに出会う。マーティンは警官で、〈ルイヴィル・サービス・クラブ〉の地下にある〈コロンビア〉というジムで少年たちにボクシングを教えていた。彼はカシアスを抱き締めて、わかりきった質問をした。おまえは戦い方を知ってるのか？誰かに挑戦する前に、戦い方を覚えるのもいいと思わないか？

こうして、すべては始まった。それ以来、カシアス・クレイはボクシングに夢中になった。才能は初めからはっきりあらわれていたわけではない。ジョー・マーティンは最初、カシアス少年が特別だったのは意志の強さだけだったと述懐する。

私がボクシングを教えた、というか教えようとした子供たちは、千人くらいになるかな。カシアス・クレイは、初めの頃、ほかの子供より良くも悪くもなかった……。普通だったよ。最初の一年は、彼に目をつけるスカウトがいるとは思えなかった。ところが、一年後、あのうぬぼれ屋のガキは——あいつはいつだって生意気だったからね——かなりいいものを持っているることが見えてきた。彼が目立っていたのは、ほかの子たちより意志が強かったからじゃないかな。それに、将来ものになりそうな動きの速さを持っていた。苦労をいとわない子供だった……あいつにやる気をなくさせるようなことは不可能だったろうな。私が教えた子供たちのなかでは、文句なくいちばん練習熱心だった。(12)

子供に何かを教えるということはだいたいそんなものだが、マーティンが最初の時期にいくら熱心に教えたとしても、結果的にそれは、一九六〇年のオリンピック優勝後に出来のいい教え子をアンジェロ・ダンディに託すためにすぎなかった。もしかしたら、こんなふうにあとに取り残された人たちがそろってカシアス・クレイの才能を控えめにしか言わないのは、伝説のなかで、トレーナーとしてのマーティンの力量が語られる機会を与えるためかもしれない。クレイの才能が、生まれつきとはいわないまでも群を抜いていたのは確かだ。それでも、いちばんの才能は意志の強さだったのだから[13]。

ボクサーになるという決意を固め、次の四半世紀に対決した相手をほとんど全員やっつけてしまったかもしれない。自転車を盗んだやつをやっつけるんだという決意に始まって、さらに最も偉大な

人との出会いの不思議さは、常に「もし……だったら、どうなっていただろう」という仮定の話を想像させる。カシアスが一九五四年のあの日、ダウンタウンに行かなかったら、どうなっていただろう？　カシアスがジムに乗り込んできたとき、ちょうどジョー・マーティンがそこに居合わせなかったら？　ほかにもいろいろあるが、この少年が現在あるような人生や名声を得られたかどうか、誰にもわからない。わかっているのは、自転車でダウンタウンを走りまわるのもそれほど簡単ではないということだ。とくに彼がトレーニングに精を出していた、川が熱くなる季節には。わかっていることとわかっていないことの間に、決してわかりえないが非常に興味をそそられることが一つある。

究極の仮定の話だが、もし一九四二年にカシアス・マーセラス・クレイ・ジュニアがルイヴィルのグランド・アヴェニューに生まれていなかったらどうだったろう？　〈われわれ〉は、ほかの意志の強い少年から彼をつくりださなければならなかったのではないだろうか？　このような〈われわれ〉（そういう存在があるとして）が、つくりだす少年とは、どんな少年でもいいわけではなく、何世代にもわたる白人以外の植民地人の子供であるという特殊な状況に耐え、しかもそのことを理解していたカシアスのような少年でなければならない。モハメド・アリの（ボクシングの実力から

すれば正当な）名声を認める人々は、モハメド・アリ・センターの設立企画者たちが言うように、彼の重要性を世界全体のものだと認める。あの時代に世界的ステージにまでのぼりつめたモハメド・アリのような有名人にとって、そこに行き着くにはいくつかの属性が必要とされた。彼は白人でも金持でもあってはならなかった。アメリカ人ではあっても、北部の出身である可能性はなかった。ほかの町の出身ではあっても、植民地を形成する権力の中心地の出身であってはならなかった。アフリカン・ディアスポラでなくてもいいが、一九六〇年代のことだからそうである可能性が大きい。また一九六〇年代のことだから、まだ「彼」であって「彼女」ということもまずありえない。その彼は、少なくとも人種的憎悪による不当な扱いに精通しているはずだから、植民地の人間の子孫であろう。出身はケンタッキー州ルイヴィルである必要はない。しかし別の場所なら、少なくとも、当時にあって資本主義者と白人の支配体制の土台を揺さぶり始めていた人（または人たち）が納得する少年であっただろう。アリ現象は、アリがソニー・リストンを相手に驚異の番狂わせを演じた一九六四年初めに開花した。それはちょうど、ローデシアとケニアが独立を宣言した頃、そしてマルコムＸが人生最後の一年間を歩みだしていた頃だった。それはまた、モブツ・セセ・セコがコンゴを掌握する少し前、そしてブラック・パワーが世界中に出現した頃でもあった。それは地球時代の夜明けだった。それらはまだ、とくに今まで無力だった人々や差別されてきた人々、植民地化された土地の人々にとっての――女性にはもうしばらくかかるが――始まりにすぎなかった。

カシアス・クレイではない誰かだったら、それならきっと（それはそれで素晴らしいことで）人間の住む地球上の、どちらかというと南方の一帯から出てきていただろう。たぶん、どこかの川の流域から。オハイオ川でなければ、コンゴ川。そこはパトリス・ルムンバがベルギー人に対する反乱を指導した地方だ。コンゴ川でなければ、毛沢東が国民党の流れに逆らって渡った揚子江か。あるいは、ホー・チ・ミンがフランスとアメリカを追い出したメコンか。あるいは、フィデル・カストロが革命軍を率いて下ったオリエンテ州の山奥の川だったかもしれない。さもなければアマゾン川もある。この川の付近の村々は、パウロ・フレイレ〔一九二一—九七年。ブラジルの教育者。貧しい農民の識字教育を実践〕に励まされ、やがてはひそやかな反乱へと導かれた。

　モハメド・アリの名声を、これらの指導者たちと同列に語るのは馬鹿げているかもしれない。彼の名声は政治的影響力を持ってはいるが、彼自身は政治的ではなかった。彼の人種的政治活動は、きわめて保守的な分離主義（人種混交反対）から出ていた。彼のトリックスター的言動は現状をかきまわしはしたものの、彼自身は自分で強く意識するほどの反抗者ではなかった。白人文化を侮辱する言葉のゲームも快活にやり、といってもミンストレル風ではまったくなく、ゲリラ・シアター〔街頭即興寸劇〕よりゴージャス・ジョージに負うところが多かった。アリは、道徳的にはきわめて問題のある指導者だったイライジャ・ムハンマドに言われて、当時としてはまちがいなく最も純粋な革命的意見を表明していた人物の一人マルコムXと手を切った。アメリカのベトナム戦争に反対してひるむことなく立ち向かったように、アリは主義主張のためにいろいろな犠牲を払った。それにしても、ファイトマネーを引き上げるためにジョー・フレイジャーなどの対戦相手の評判を犠牲にするほうにもっと積極的だった、という非難も聞こえるだろう。カシアス・クレイは自分の技術を磨く鍛錬だけに身を捧げており、それによって、彼は有名人のトリックスター、モハメド・アリになった。しかしアリは、素晴らしくはあるが、純粋というわけではなかった。それどころか、ルムンバを死へと、あるいは毛沢東を文化大革命へと追いやった、一途な政治活動とは違って、アリの世界的名声は、悪名の高さに頼るタイプの名声なのかもしれない。自分でも、黒人文化特有の言葉を使って、「アイム・バッド」と言っている。確かに、彼は外見も動作も美しく、善行もしたが、同時に悪いこともしていた。

〈アリがなったもの〉の原点は、きわめてはっきりした南部の特徴を持つ川岸の町にあった。少年クレイは、私がルイヴィルを訪ねた日よりひどい暑さに耐えてジョー・マーティンのジムへかよわなければならなかった。あの日の暑さも、もっと上流に住んでいた私の子供時代の夏と同じくらいひどかった。自転車を盗まれたあと別の自転車を手に入れるまで、どのくらい時間がかかったのかはわからない。自転車がなければ、コロンビア・ジムまで四〇ブロックほどの距離を徒歩か車で行くしかない。片道約五キロ。ジムはセントラル高校の近くにあったから、学校のある日はまだましだった。冬には、トレーニングが終わったあと、ときどきナザレス・カレッジ（現在のスポルディング大学で、ジムの向かい側にあった）でアルバイトを終えて、暗い道を家まで帰った。夏には、くたくたに疲れる一日の始まりと終わりに、うだるような暑さのなかを行く往復約一〇キロの道のりがあった。私が子供の頃に体験したあの夏の日、友だちがみんな、絶対に勝てっこないグラウンドに行きたがらなかったように、涼しいグランド・アヴェニューの木陰に坐っているための口実はいくらでもあったのに、その誘惑に負けないところに、すでにアリの意志の強さが始まっていた。

全部終わって帰宅すると、今度はホームワーク（宿題）ではなくロードワークをこなした。グランド・アヴェニューで店を開いていたジョン・パウエル・ジュニアも、カシアス少年の修業ぶりに目を見張った一人だ。

あの子はグランド・アヴェニューの家を出て、川まで行って、それからショーニー公園をぐるっと一周して帰ってくるんです。私はまだ夜の店にいて、掃除をして店を閉めようとしていると、彼が通りかかる。窓を叩いて、こっちが彼のほうを見るのを確かめるんですよ。いつも腕を動かして、あごをガチガチいわせてたな。ひたすらボクシングに打ち込んでいました。ほんとに。ある晩、店へ入ってきて、「今度、〈あしたのチャンピオン〉でチャーリー・ベイカーとやるんだ」と言うんです。だから、「おまえ、頭おかしいんじゃないのか、あいつとリングに上がろうなんて」と言ったんですよ。だってチャーリー・ベイカーってのは、ウェスト・エンドのガキ大将でね。彼のまわりじゃ、誰も大きな声で話をしないくらいだったから。図体もでかくて、筋骨隆々で。ところがカシアスは「あいつをこてんぱんにのしてやる」と言って、そしてその言葉どおりほんとにやっつけてしまった。あとで私は言ったもんです、「おい、おまえってやつは、俺が知ってるうちでサイコーにバッドな野郎だよ」ってね。(14)

セントラル高校時代のカシアスは、体を丈夫にするためにニンニク入りの水を飲むことや、怖がりなことで知られていたが、トレーニングに打ち込む姿や、徐々に高まる地元の評判や、少年のときでさえ大きかった体格が相手の不安をかき立て、恐れられた。彼は〈バッド〉だった。しかし、彼はいつも誰かの窓を叩いて、自分がそこにいることを知らせるような少年だった。

ルイヴィルはオハイオ川をはさんですぐ向かい側が北部という立地にあるが、当時も今も、古き南部（オールド・サウス）の名残がはっきり見てとれる。高級住宅街には、豪壮な邸宅が並ぶ。多くは南北戦争前の様式で、正面には大きな柱、玄関を一歩入れば中央に堂々たる階段、夕暮れを坐って過ごすためのベランダ、花々の咲く庭がある。アリが家からどの道をたどったかにもよるが、たぶん、四丁目通りのジムから一ブロック東にあるそうした豪邸には、それほど頻繁に出会わなかったろう。しかし、その存在を知っていたことはまちがいない。

レキシントンが馬の国なら、ルイヴィルは酒とタバコの国である。世界のバーボンの半分以上がルイヴィルでつくられる。確かに、富のある土地だ。そしてその富を持つ人々から、カシアス・クレイの初期のキャリアを後援する地元のグループが生まれた。若い黒人スポーツ選手のスポンサーとなった一〇人の金持は全員白人だった。彼らの投資は、金銭的な計算ずくというより面白半分だった。世界チャンピオンをめざして成長中の一人の少年に対するオッズなど、計算できるものではない。その当時、ソニー・リストンがそうだったように、選手のスポンサーはギャングというのがほとんどで、ギャングはボクシング界を牛耳って八百長試合を組んだ。カシアス・クレイの場合、裏社会の組織に属さない、明らかに合法的なグループがスポンサーになったということ自体、ほかの選手とは違っていた。といってもそれは、ルイヴィルをがっちりつかんでいる人種差別を超えるような違いではなかった。

アメリカ南部やその境界にある都市は、感情的な理由だけで人種差別を続けていたのではない。人種差別は、初期の封建的経済に起因している。綿花、ホップ、タバコの栽培に依存していた南部経済は、強制的に使える労働力を必要とした。南部がみずからの存立をそうした経済に頼っていたことが、北部のヨーロピアン・ディアスポラ〔ヨーロッパからの移住者〕の中心地のような産業化を達成できなかった理由だ。ブラック・アトランティックの文化はこうした経済状況から生まれた。クレイは一九六〇年にオリンピックでローマへ行くまで、大西洋を見たことがなかった。しかし、だからといって、内陸深部で育った黒人少年がブラック・アトランティックを知らなかったわけではない。

「カシアス・マーセラス・クレイ」という名前は、もちろん父方から伝わった。その由来はケンタッキー州西部のプランテーションの所有者にまで遡る。この人物は奴隷廃止論者だったといわれる。リンカーン大統領がケンタッキーの政治について触れた妻への手紙のなかで話題にするほどの著名人だった(15)。だが、奴隷廃止論者でありながら奴隷を所有していたし、奴隷解放宣言が出されたあともそれを続けていた。思いやりのある所有者だったにせよ、所有する奴隷と性交を楽しむのを悪いことだとは思わなかったわけだ。

母方の家系は、父方と同じくルイヴィルの南西に位置する肥沃な農地から出ている。南下してきたオハイオ川とミシシッピ川が合流してできたケンタッキー州の一角、テネシー州との州境に近いところだ。クレイの母方の高祖父はトム・モアヘッドといい、白人との混血の解放奴隷で、かつてはかなりの広さの土地を所有していた。結局はその土地も白人に買い取られた。モアヘッドの家系はビブス家と結びつくが、どちらも人種的には混血の一族だった。アメリカ独立戦争では白人も黒人もともに戦った。[16]

　白人は自分の人種的混血の背景を無視するだろうが、黒人がそれを無視することはあまりない。無視する黒人は、自分が無視しているということに対して、白人よりも自覚的である。小学校で「カシアス・マーセラス・クレイ」といったヨーロッパ風の白人名の綴りを習わなければならなかったアフリカ系の人間が、家族のピクニックや教会の夕食会で語り伝えられる話に耳を傾けなかったということはありえない。一九六二年、またはその頃、〈ネイション・オブ・イスラム〉に改宗する前のカシアスは、[17]自分の名前に誇りを持っていた。改宗後は、奴隷の名前としてその名を拒絶した。伝統に固執する新しい教義の名において自分の過去を拒否することは、ブラック・アトランティックの経験の伝達であって、無視ではなかった。最初のカシアス・マーセラスと解放奴隷のトム・モアヘッドも、イライジャ・ムハンマドの話に登場する。イライジャは、自分が創始者ウォーレス・ファードから聞いた話を、マルコムXやその他の聖職者たちに話して聞かせていた。アリに第二の名前と新しい人生をもたらしたのは、そういう人たちである。

　社会科学者は、自分たちが〈文化〉と呼ぶものが実際にどんなふうに機能するのか、あまりにも知らなすぎる。誰かの膝の上で、あるいはテーブルに着いて、あちこちで語られる単純素朴な話が、長い間にどうやって一人の人間に今ある自分を考えさせる源になっていくのか。こういう物語は、子供たちが夜寝る前にうとうとしながら聞くような、語りやすい話ばかりだが、どうしてそれが――〈アメリカ的生活様式〉にしろ、〈西洋文明〉にしろ、あるいは〈中間航路〉〔アフリカ西岸と西インド諸島を結ぶ大西洋航路。奴隷運搬船の航路〕にしろ――〈文化〉といった壮大な社会的活動の担い手となるのか。文化を専門とする社会学者は、文化がどういうふうに機能するかについて語るだろうし、その考えは正しいのかもしれない。気がつくと自分の知らない世界にいたという若い男は、運がいいか意志が強ければ、新しい社会的体験に適合する文化を身につけるだろう。世間から恐れられていた宗教団体の教義によってモハメド・アリになったカシアス・クレイは、自身の上にもう一枚、物語の薄皮をかぶせた。彼の個人的な鍛錬にぴったり合っていた一枚、一部の人々にはショックではあっても彼には一つの物語と地球的規模の名前を与えた一枚を。〈アリがなったもの〉になるには、恵まれた美しさと体格だけでは足りなかったように、決意だけでも無理だったろう。今日の彼が人々の関心を惹くのは、史上最高のボクサーだということのほかに、彼がモハメド・アリになり、そのことで、古くから広く人々に敬われている名前に新しい意味を与えたからである。

一九六四年、初めてヘビー級の世界王座に着いて世界的有名人になって以来、アリの顔は長い間、地球上のどこにいてもすぐに人目を惹いた。(18) 引退してから二〇年たつ二十一世紀初めの今でも、アリはまだ、かつてアメリカの空を飛び回っていた絶頂期と同じくらい有名にちがいない。

モハメド・アリの名声が持続している理由はいろいろあり、しかも込み入っている。かなりのメディアが、彼を〈二十世紀のアスリート〉にノミネートしている。これはもっともなノミネートではあるが、候補についていろいろ議論しているのは、ラジオのスポーツ専門トーク番組を聞いているような、あまりにも心配の種が多くて真剣な問題に悩んでいる暇がないという熱狂的なスポーツ・ファンだけだろう。議論するまでもないのは、際立っていたアスリートとしてのアリの才能を、アリの名声がはるかに超えているということだ。ゆっくりしゃべるという段階からささやくような話し方になった今でも、『スポーツ・イラストレイテッド』誌によると、彼が「しゃべる」番組に出るとなったら出演料は一〇万ドルに跳ね上がるだろうという。引退したスポーツ選手としては破格のギャラだ。[19] 議論の余地があるのは、アリは（スポーツ・ライターが最近言い始めたように）「ボディ・オブ・ワーク」（活動の主体）をリングに置いて下りてきたのに、なぜその名声は今も持ちこたえているのか、ということである。

注目すべき人物のリストをつくるとき、どの最終候補にも必ずアリの名前が入っているのは、なぜだろう。たとえば、『タイム』誌（名声づくりのパイオニア）は新しい世紀の初め、「アメリカの伝説たち――わが国の最も魅力的なヒーロー、イコン、リーダー」というテーマで特集を組んだ。[20] 取り上げられた一〇〇人のうち、ラシュモア山〔大統領四人の顔が彫刻されている〕を模した表紙に載ったのは、フランクリン・デラノ・ルーズヴェルト、マリリン・モンロー、ロナルド・レーガン、そしてモハメド・アリの四人だった。アリの顔は端から二番目の、ルーズヴェルトよりわずかに低い位置にある。私は名声の基準とは社会的な善行をどれくらい積んだかということより、むしろどれくらい人々を魅了したかにあると思っているが、もしそれが正しいとしたら、この表紙の顔ぶれは、たとえ眉をひそめる向きがあるとしてもまずまずの人選だといえる。ルーズヴェルトを別にして、あとの三人は好き嫌いによって除外される可能性は多分にある。問題は、ほかにも選ばれる可能性のあった大勢のなかで、なぜアリが選ばれたかということだ。

実際、モハメド・アリの名声に苛立つ人もいる。とくに顕著な例はスポーツ・ライターのマーク・クラムだ。彼は長い間アリのボクシングについて『スポーツ・イラストレイテッド』誌に記事を書いてきた。クラムの『マニラの亡霊』（二〇〇一）は、「本書が意図する狙いは、これまでアリ伝説をつくりだしてきた長年にわたる速記録を是正することである」という不吉な書出しで始まっている。[21] クラムは、無条件にアリを称賛するライターたちを、聖人の伝説を書き留めては無批判に美化する聖人伝記作者に成り下がった単なる速記係にすぎない、と一笑に付した。アリをそのように思っている人は多い。クラムは彼らを代弁したのであり、それも一理あるのかもしれない。

アリは有名人だ。そして批判的判断力を失わせてしまうほどファンを圧倒するのが、有名であるということの特徴である。名声が何を意味するかということと、それがいかにして生まれるかは別の問題だ。有名人が他者に及ぼす影響力を恐れて、その名声を嫌う人々は、いつの世にも必ず存在する。おどけてはいるが不思議な魅力を持つアリのスタイルを不快に思う人々もいて、アリは常にそういう人々と戦ってきた。ボクシングを専門に書くライターたちは、昔から、名声の背後にいるアリにも道徳的な考えや信念があるということをまったく認めない。アリは最初から、つまり一九六四年に世界的な有名人としての地位を二度にわたって確立したとき――一度目はソニー・リストンを倒して番狂わせを演じたとき、二度目は〈ネイション・オブ・イスラム〉のメンバーであることを公にしたとき――その直後から、非難の大合唱に遭ってきた。ジミー・キャノン（元『ニューヨーク・ポスト』紙記者）は、まず彼の選んだ名前を使うことを拒否し、次には「私はクレイを哀れみ、彼が代表するものを嫌悪する」（彼が代表するものとは、言うまでもなく「黒人分離主義」のこと）と述べるなど、当時アリを二重に非難した記者たちの先頭に立っていた。[22] あれから約四〇年たっても、クラムは伝統を守り続けた。アリのファイターとしての才能は認めつつも、その人柄については酷評した。クラムは少数の同調者とともに、アリに媚びるような賛辞は、彼が周囲の人々に対してどう見ても冷淡であり残酷になることもあるという事実を見て見ぬふりをするものだ、と考えていた。アリのいわゆる「虐待」を受けた犠牲者として引合いに出される名前は多いが、その最たるものがジョー・フレイジャーである。彼を選ぶと都合がいいのは、フレイジャー自身がまだ遺恨を抱いている数少ない一人だからだ。試合前のアリの暴言を、ソニー・リストン、フロイド・パターソン、ジョージ・フォアマンが許したあとも、フレイジャーは数々の挑発的言辞、とくに「無知なゴリラ」と呼ばれたことに対して、ずっとアリを憎み続けた(23)。

「伝説の是正」という試みは、どんなものであれ無駄骨に終わる。少なくとも、有名人の伝説はファンの心に訴える魅力という波に乗っている。たとえば、ジョージ・フォアマンはジョー・フレイジャーとまったく同じように恥をかかされたが、その反応は違った。アリとジョー・フレイジャーが対戦した三試合は、ボクシング史上最もドラマティックな究極の対決だったかもしれない。しかし、ザイール(現在は再びコンゴ〔正式にはコンゴ民主共和国〕に改称)のキンシャサでジョージ・フォアマンと対決した一九七四年の試合のほうが、伝説の材料は豊富だ。フォアマンの練習中の怪我によって六週間延期された試合を待つ間、耐えがたいほどの精神的苦痛を味わいながらアフリカで過ごしたアリは、さまざまな機会をとらえては世界チャンピオンを言葉で叩き、とくに「無知」呼ばわりすることで傷めつけた。当時のフォアマンはまだ年若く、見るからに恐ろしそうな男だった。すでにフレイジャーとケン・ノートンを倒してもいた。アリはこの二人のどちらにも、最初の対戦では負け、リターンマッチで雪辱を遂げたもののノックアウトの勝利ではなかった。フォアマンは、ひとことでいえば〈獰猛〉だった。しかし、どんなときにも天才的ひらめきを見せるアリは、ここである種の魔法を使った。最初のラウンドは、まず右リードで開始し、そのあとは、ロープに背をあずけてフォアマンのパンチに耐えた。そしてフォアマンが力を使い果たしたと見るや、第八ラウンドでノックアウトした。その瞬間の写真は、あらゆるスポーツのなかでも格別象徴的なイメージである。アリは、拳を後ろへ引いた体勢で、倒れたフォアマンを見おろして立っているが、そうやってとどめを刺すパンチを自制しているところに、アリのずば抜けた能力から生まれる余裕が、さらにいえば美意識がおのずとあらわれている。(24) ジョージ・フォアマンはこの屈辱を克服するのに、ほぼ二年間を費やした。

しかし、何年も経たのち、アメリカで最も愛想のいい名士の一人に変身したジョージ・フォアマンには、「私はモハメドを誇りに思う。私は心の中では、自分の生涯で出会った最強の人間として、彼を高く評価していた……アリは今でも世界で最高のエンターテイナーだ」と言えるだけの度量が備わっていた。(25) どんな男でも――ここではあくまで男だ――言葉と拳で辱めを受けて、それでも(格闘家においてとりわけ顕著な)男の自尊心を乗り越え、フォアマンのようにアリを愛するようになるという例は珍しい。フォアマンは、ほんものの何か、普通のものを超えている何かに引き込まれてしまったのだ。あるいは、ジョージ・フォアマンのような男は、〈普通でない外面〉によって引き出される〈普通でない内面〉を持っている、と言ったほうがいいかもしれない。すなわち、さまざまな心的活動を内に秘めている有名人なのだと。いずれにしろ、人がアリのような人間に惹きつけられるときには、そこにほんものの何かが働いていることはまちがいない。

問題は、ほんものとは何かということだ。いろいろあるだろうが、とりわけ有名人であるあり方である。キャノンやクラムのような人たちが伝説に反感を持つのは当然かもしれない――または、彼らの抱いている偏見はわきに置くとして、少なくともアリの名声に不安を感じなさすぎるわれわれのような者に代わって、意見を述べているのかもしれない。もし私の両親がまだ生きていて、現役時代のロナルド・レーガンを見たら、フランクリン・ルーズヴェルトを嫌ったのと同程度に、レーガンを褒めそやしていただろう。そして有名人の好みをめぐって、私と口論していただろう。まったく、名声というのは理性では考えられないような魔術的な力を働かせる。人生には不合理なことが多い。手放しで持ち上げられている有名人についていろいろ心配するのは間違いではない。それでもアリのような有名人は、結果の良し悪しにかかわらず、そうした魔法をかけることができるのだ。マリリン・モンローも含めて、アリのような人たちについて問われるべきは、有名人かどうかということではなく、どんな種類の有名人か、そしてどんな影響をもたらす有名人かということだ。

――

私のような川沿いの町で育った白人の少年がアリに興味をそそられたり、ほかの無数の人々が〈現象〉になったアリを称賛したりするのは、それなりにわかる。だが、同じ分野のプロの選手――独特の温和なカリスマ性をつくりだしたジョージ・フォアマンのような男――が、この楽しみに加わるというのは、まったく別の話である。フォアマンはこうも言っている。「私はモハメド・アリの転向が宗教的体験だったとは思わない。私は自分が死ぬ日まで、あれは社会的な目覚めであったと信じる……。それは当時の彼が必要としていたもの、この国全体が必要としていたものだった」[26]。有名人（名声）を説明するのに、これ以上に適切な表現があるだろうか――〈彼が必要としていたもの、この国全体が必要としていたもの〉。そしてそこに〈世界が必要としていたもの〉と付け加えてもいいかもしれない。

ひょっとしたら有名人というのは、神話の神々以上に特別な存在なのかもしれない。彼らは、個人的必要と社会的必要とが、例外的に、かつタイミングよく、さらには奇跡的にさえ、互いに満たされる機会を利用する。有名人は、ある程度の規模をもった社会的集団だけが与えることのできる評判がなければ、自分が切実に感じている必要性に従って自分をつくり直すことはできない。そうした偉大な人物が、人々の社会生活のなかに共通して欠けている何かを満たしてくれないかぎり、社会の称賛は得られない。その契約は、ことの本質上、気まぐれという被害に遭いやすい――ほかにも理由はあるが、とりわけその点が、本書で取り上げるこのトリックスター、アリのきわめて興味深い理由なのである。

第2章　名声とトリックと文化

蝶のように舞い、蜂のように刺す

おかしなおかしなタールぼうや

「リーマスじいや。キツネどんはウサギどんを一度もつかまえたことはなかったの？」

つぎの晩、男の子がたずねました。

「ところが、もう少しでキツネどんはウサギどんをつかまえるところだったんだよ」……キツネどんはどこからかコールタールを手に入れてきて、そのコールタールに松やにをねりこんでべたべたの人形をこしらえた。キツネどんは、その人形に「タールぼうや」という名まえをつけたもんだ。キツネどんは、タールぼうやを表の通りに持っていって道ばたにおくと、自分はやぶの中にかくれて、さてどんなことになるかとわくわくしながらようすをうかがっておった。ウサギどんが道をこっちへやってきた。……キツネどん、腹ばいになってかくれてる。ウサギどんは、タールぼうやを見つけると、びっくりしてあと足で立ちあがり、じっとタールぼうやを見つめた。……

「やあ、おはよう。いい天気じゃないか」。ウサギどんは、タールぼうやにあいさつした。

タールぼうやはだまっている。キツネどんはかくれている。……

「どうしたんだい。おまえさんはつんぼかね」。ウサギどんはさけんだ。……

キツネどんは、おなかの中でくすくすわらってる。タールぼうやはだまってる。

「りっぱなお方にゃどうあいさつしたらいいか、ひとつ教えてやるとしよう。そのぼうしをぬいで、このおれさまに「こんにちは！」っていうんだ。さもなきゃ、おまえさんのどてっ腹にひとつおみまいするぞ」

タールぼうやはけろっとしてすわってる。キツネどんはかくれてる。ウサギどんが、そんなふうにおどしたりすかしてみても、タールぼうやはうんともすんともいいやせん。とうとうウサギどんは頭にきて、げんこつふりあげてタールぼうやの横っつらにポカリとひとつくらわした。ところが、どっこい、げんこつがそこへぺたりとくっついた。なにしろ、ねばねばのタールだからね。

「こらあ、はなせ。はなさなんだら、もう一発くらわせるぞ」。ウサギどん、もういっぽうの手をふりあげると、タールぼうやのほっぺたを平手でピシャッとたたいた。すると、その手もくっついてしまった。タールぼうやはそれでもだまってる。キツネどんはかくれてる。……ウサギどんはなき声出して、「はなせ、はなせ。はなさなんだら、頭《ず》つきをくらわせるぞ」といいながら、頭をぶちこんだ。とうとう、ウサギどん、頭までくっつけてしまって、身動きできんようになってしまった。

そこへ、キツネどんが、すました顔であらわれた。

「やあ、こんにちは。ウサギどん。けさはたいそうえらそうにかまえているじゃないか。このおれさまにあいさつもできんのかい」。そういうと、キツネどんは地べたをころげまわってわらった。わらってわらって、もう少しで息がつまってしまうほどだった。「ウサギどん、こんどこそは、おれといっしょにひるめしを食べてくれるだろうね。しょうがの根っこもちゃんとのこしてあるし、おれも仮病なんかつかわないからね」

［……ここでリーマスじいやは話を中断し、聞いていた少年を帰らせる。数日後、少年はウサギどんの話の続きが聞きたくて戻ってくると、ぼんやり坐っているリーマスじいやを見つける。］

「リーマスじいや。キツネどんは、タールぼうやでつかまえたウサギどんを食べなかったの？」

「さあて、どこからはじめようかな。そうそう、ウサギどんがおそろしくすばしっこいという話からしようかね」

なにしろ、そのころ、なにかことが起こるとすぐ、ウサギどんとその家族のものがさわぎの張本人ということになってしまってなあ。目をこすってウサギどんのゆくえをきょろきょろさがすより、ウサギどんのしでかすことをじっとまってるほうが手っとりばやいというわけさ。でも、まあ、そんなことはぼうやにとってどうでもいいことさな。

ところで、ぼうや。ウサギどんがタールぼうやにべたべたにくっついて動きがとれんようになってしまったのを見て、キツネどんはおおよろこびして地べたをころげまわってわらっておったが、そのうち起き上がってこういった。

「どうだい。こんどばかりはつかまってしまったようだな、ウサギどん。まだつかまえちゃあおらんが、もうつかまえたも同じことだ。長いこと、おまえさんはこのおれをつけましておったようだが、どうやらその苦労もこれで終わりというものさ。ここらあたりをしたいほうだいはねまわり、まるでみんなの親分みたいな顔をして、そこらじゅう、用もないのに鼻をつっこんであれこれ口出ししておったが。ところで、おまえさん。このタールぼうやとなかよくしてくれとだれがたのんだのかね。だれが、おまえさんをタールぼうやにくっつけたのかね。だあれも、そんなものおりゃあせん。おまえさんが勝手にくっついたまでのことさ」とキツネどんはいった。「おまえさんは、そのまま、そうしてまっておるがいい。おれは、これから木のえだをつみあげて火をつけるからな。きょうこそおれは、おまえさんをバーベキューにするつもりさ」

それを聞くと、ウサギどん、体をちぢめてあわれっぽい声を出した。

「キツネどん、おまえさんがなにをしようとかまわないが、どうか、あのイバラの中に投げこむのだけはかんべんしてくれ。バーベキューにされてもけっこうだ。だが、イバラの中にだけはほうりこまないでくれ」。キツネどんは、考え考えいった。

「火をもやすのは、めんどうだ。とすると、おまえさんをしばり首にしてやろうかな」

「どんな高いところからしばり首につるされたってかまわないさ。だが、たのむから、あの、イバラの中に投げこむのだけはやめてくれ」

「ぶらさげるつながないなあ」とキツネどん。「してみると、水の中に投げこんでおぼれさせてやらにゃあなるまいか」

「すきなだけふかいところへ投げこんでくれ、キツネどん。だけど、あのイバラの中だけはごめんだよ」

「近くに水がないわい」とキツネどん。「となると、皮をはいでやるとするか」

「皮をはいでくれてもけっこうだよ、キツネどん。おれの目玉をくりぬいても、耳を根こそぎ引っこぬいても、手足を切ってくれてもかまわないさ。けれども、あのイバラの中だけには投げこまないようにしてくれよ」

キツネどんは、ウサギどんをできるだけひどい目にあわせてやりたいと思っていたから、それでは、というわけで、ウサギどんのうしろ足をひっつかみ、タールぼうやからひっぺがすと、イバラのしげみのまん中にビューと投げこんでやった。ウサギどんが落っこったあたりでひどくガサガサ音がしたもんで、キツネどんは、どうなることかといったりきたりしてようすをうかがっておった。しばらくすると、だれかが、「キツネどん」とよぶ声がする。見ると、向こうの丘の上で、ウサギどんがクリの木の丸太に腰かけて、両足組んで毛についたタールを木ぎれですきとっているじゃないか。キツネどんは、また、まんまとだまされたというわけだ。ウサギどん、またも得意のにくまれ口をたたいて、こういったね。

「あっはっはっは。イバラの中で生まれて育ったこのおれさまさ。キツネどん。イバラの中で生まれて育ったこのおれさまさ」。こういうとウサギどん、もえさしにとびこんだコオロギみたいに、いきおいよくぴょんぴょんとんでにげていっちまったのさ。

——アフリカ系アメリカ民話(1)〔『世界むかし話9　北米』田中信彦訳、ほるぷ出版、より〕

一九六二年の夏、私は大学院に進んでまもない頃で、ニューハンプシャーの田舎で夏休みのアルバイトをしていた。山が多い州の東部なら、観光客が来て金を落としていくが、私が配置されたクロイドンは荒涼とした西部にあった。クロイドンは、一軒の店と、一部屋しかない学校（ストーブ付き）と、まとまりのない町役場の建物（図書館付き）、あとは丘の中腹に点々と散らばっているボロ家（多くはトレイラーハウス）のほかは、目ぼしいものがなにもないという町だった。私は図書館で仕事をした。私が使う以外にはなんの役にも立っていない図書館だった。寄宿先は隣の町で見つけた。ヘレン・トロウ夫人の家の一室を借りたのだが、夫人はとっくに八十歳を過ぎていた。

トロウ夫人には、同じような年頃の、同じくらい元気な男友だちがいた。名前は覚えていないが、地元で衣料店を経営している老紳士で、当時でもまだ毎日早朝に店を開けていた。一日の仕事が終わると、きっかり五時半に店を閉め、並木道を三ブロック歩いて、町の広場の北端にあるトロウ夫人の家へやって来た。そして夫人と一緒にポーチで一杯飲んでから夕食をとり、そのあとテレビを見て、十時になると自宅に帰っていった。その日によって来るときと来ないときがあったが、金曜日にはかならず姿を見せていた。

テレビが普及した初期の時代、アメリカ全土の、こんなところでと思うような意外な町で、金曜の夜にはボクシングの試合が行なわれていた。そしてトロウ夫人とその男友だちはこの試合を決して見逃さなかった。私は一度だけ、いっしょに見ないかと誘われたが、それきりだった。彼らは礼儀正しかったが、私がいると二人の友情の微妙な親密さに変化が生じた。その微妙な親密さがあればこそ、毎週、裸に近い男たちが跳ねまわったり押さえこんだり殴ったりして、どちらか一方の勝利が宣言されるまで戦う光景を、いっしょに見ようという気になったのだろう。シンシナティの私の母はひいきのボクサーが勝ったときには金切り声をあげて喜んだものだが、スモール・タウンの住民らしく上品で保守的なトロウ夫人でも同じような声を出すことがあった。

一九六二年の夏は、カシアス・クレイがプロになってから二年目の夏だった。彼は一九六〇年のローマ・オリンピックで優勝していた。嬉しそうに金メダルを首にかけ、得意満面だったクレイは、オリンピック村の村長として知られるようになった。女子の短距離で優勝したウィルマ・ルドルフに恋心も抱いた。どんな選手にも茶目っ気たっぷりに挨拶するので、誰もその魅力に逆らえなかった。しかし、それは一九六〇年のこと。クレイは十八歳で、子供から大人へ変わる境目にいた。その二年後、二十歳のクレイはプロ・ボクサーとしてチャンピオンへの道を順調に進んでいた。一九六二年七月二十日、私がニューハンプシャーにいたとき、カシアス・クレイはアレハンドロ・ラボランテという選手と対戦した。

若い選手はゆっくりと成長する。突然大当たりすることはほとんどない。いきなり勝ちまくる選手がいたとしたら、それは本人にとっても後援者や取巻きにとっても、まさしく本当の大当たりである。最初の対戦相手は、負けるとわかっている選手が下のランクから慎重に選ばれる。大当たりに挑戦するには記録をつくらなければならないが、クレイは第五ラウンドでラボランテをノックアウトしてそれを成し遂げた。プロになってから一五戦行なったが、これは一三回目のノックアウト勝ちだった。次は、かつてのトレーナー、アーチー・ムーアとの一戦が十一月に予定されていた。結果からいえば、これも四ラウンドのノックアウト勝ちでムーアの選手生命を終わらせ、クレイにとってはさらに階級を上げた二年後の対ソニー・リストン戦への道を開くことになる。

トロウ夫人とその男友だちが、七月後半にロサンゼルスで行なわれたその試合を見たかどうか、いやそれがテレビ放映されたかどうかも（たぶん放映されたろうが[2]）、私は知らない。私が知っているのは、見覚えはないが目覚ましい活躍をしたケンタッキー出身の若者を、あの二人も知ったにちがいないということだ。試合をテレビで見守っていた誰も——ニューイングランドに住む八十歳を過ぎた老婦人と、その友人の老紳士ですら——その若者について聞いたことがなかったかもしれない。彼らは、男性がいつも十時には帰途に着くほど、時と場所をわきまえる道徳基準に合った〈正しい〉人たちだったが、ボクシング好きだということを隠そうとしない点では、そうした基準に合わない〈正しくない〉人たちだった。

それとも、彼らはあらゆる点で〈正しい〉人たちだったのだろうか？　なぜ、勇気と運動の極致を称えるショーを、怪我のリスクすら負って人々に見せようとしているのに、あまり「正しくない」ものと考えなくてはならないのか？　もしかしたら、耳を噛みちぎったり、不正が明るみに出たり、たくさんの人間が殴られて死んだり見捨てられたりしている今日では、そう思われても仕方ないのかもしれない。しかし当時は（今でも少しはその名残があるにせよ）、勇気と戦争はマナーの良さやつつましい装いと同じくらい西洋文化の一部とされていた。ものごとは変わるものだというなら、変わったのはマナーとつつましさであって、勇気と戦いへの関心ではない。

一九六二年の夏、私は戦いの世界がどれほどあらゆる種類の人間の心をとらえるものか、まだ知らなかった。中西部に住む保守的な私の両親が格闘競技のファンだ（いちばん好きなのはレスリングだが、ボクシングも好きだ）ということすら忘れていた。父は医者だったが、地元の野球チーム、シンシナティ・レッズのユーウェル・ブラックウェルについてはほとんどなにも知らなかったが、ジョー・ルイスとビリー・コンについては延々としゃべることができた。一九四六年にルイスに二度目の敗北を喫したビリー・コンは、当時、〈白人の希望《ホワイト・ホープ》〉だった。[3] だから父は、自分のボクシング好きは不純な動機からだと知っていた可能性もある。ひょっとしたら、トロウ夫人とその男友だちもそうだったのかもしれない。野球は典型的なアメリカのスポーツだといわれる。昔は今以上にそう思われていただろう。しかし、衆人環視のなかで裸に近い姿になることもいとわず、その夜の賞金よりも熱心に求めながらなかなか得られない報奨を手に入れようと両手で戦う一人の人間に、膨大な感情と信念が凝縮して注ぎ込まれるという点においては、野球もクリケットも、あるいはアメリカ人がサッカーと呼ぶフットボールも、ボクシングとは比較にならない。プロになった頃のカシアス・クレイが一晩の試合で家に持ち帰る金は、一〇〇〇ドルに満たないことも多かった。[4] しかし、それはそれで無駄骨ではなかった。彼が目指しているものは別のところにあった。そしてそこを目指す彼の特異なやり方は、大言壮語やふざけた冗談も含め、前代未聞のものであり、と同時にそれもゲームのルールの範囲内だった。公的な生活が始まった最初の頃から、カシアス・クレイはきわめて特異なキャラクターだった——どういうわけか、仕事でも遊びでも世間にいきわたっている規範を破ることもできれば、それをリセットすることもできたのである。

「俺は最高だ《アイム・ザ・グレイテスト》」と彼は叫んだものだ。そんなことは、少なくともプロのファイターでは前例がなかった。ボクシングが現在知られているような競技になったのは一七四三年に遡る。[5] その時代、底辺に住む男たち（その多くは黒人）は地位の高い白人の男たちを楽しませるために戦った。このスポーツはそうして見世物として始まったのだが、それはあくまでブルジョア的な男らしさというルールの範囲内でのショーだった。ボクシングは当時も今も、憎悪や希望や失望や、その他もろもろの問題を抱えてやって来た人々のさまざまな感情を引き出す。この種のパフォーマンスが華々しい見世物になるのは、声援を送り野次を飛ばす観客を、日常生活のなかではそう簡単に表に出せない感情の激発へと駆り立てるときだけである。もし観客が、自分を覆っている保護膜がはがれないようにと（結局は無駄に終わる）望みを抱きながら、ボクサーにさまざまな決まりごとを破ってほしくないと本気で思っているなら、どんなボクサーもそれほど多くの心の奥まで触れることはできないだろう。有名人が大衆の心をつかむのは、決してボクシングだけではない。しかし、ボクシングは確かに、カシアス・クレイがまもなくなろうとしているような星《スター》が輝くための、うってつけの夜空なのである。

どんな社会集団であれ、有名人なくして存続していくのは、想像するのも困難である。〈われわれ人民〉は、一定の場所で平凡な日常を送るために自然に寄り集まって暮らしているわけだが、そんなときには自分の生きる場を、そこより別な——できれば、より良い——世界として見ることが必要になる。有名人がいなければ、すべての人間が今ある以上のものを求めて一つにまとまるということは、まず考えられない。有名人がいなければ、〈われわれ〉のような一般の人間は、多種多様な食べ物やら音楽やらの好みによって、あるいはどんな神を崇拝するか（または非難するか）、どんなゲームをするか（または夢見るか）、どんな仕事に就いているか（または拒否されているか）

などなど、きりがないほどの違いによって分裂するだろう。しかし、この、有名人がいなければ存在しないような〈われわれ〉人類は、今の日常以外の、より良い世界を求める願望で一致団結するのである。

聖人やシャーマンは、あるがままの一日一日を楽しむようにと説く。それは実に立派な理想である。しかし大多数の人間にとって、日常は単調な日々の繰り返しにすぎない。貧しすぎる者はみな、喉を潤す一杯を渇望しながら路上でひどい毎日と向き合う。裕福すぎる者は、倦怠をまぎらすために数え切れないチャンネルを回しながら、苦痛を和らげる薬を探し続ける。その中間にいる人々は、あいにく仕事中で、すべての不公平さに対する怒りでいっぱいになりながら、先行きの見通しの立たない車の渋滞のなかでむなしく坐っている。自分の送っている平凡な生活を黙って受け容れているのは、聖人か、普通の人間でもかなり少数にすぎない。だから、もっと別の何かを求める欲望が出てくる――その何かが無理なく手の届く範囲にない場合には、より良いものを夢見たいという欲望が。

有名人は、普通の人々の渇きをいやす一つの特効薬、それもかけがえのない特効薬である。確かに、ほかにも方法はいろいろある。高潔な人やよく鍛錬された人にとっては、神々が――たとえそれが報われない仕事に精を出す勤勉の神さまでも――精神を充電してくれる。あるいはまた、さまざまな長所のある余暇活動――テレビを見るとか、メディアにあまり頼らない種類の娯楽とか――で気分がよくなる人もいるだろう。ひどい人生を送っている人たちにとっては、常に満たされない欲望を、酒や薬が和らげてくれるかもしれない。

有名人は細かく詮索されるのに耐えられないかもしれないが、ほかの選択肢と比較して考えると、彼らは決して最悪の選択ではない――しぼんでしまった夢の活性剤にすらなるかもしれない。現実の出来事にしろ想像の産物にしろ、超人的レースの参加者の快挙を褒め称えるのは、自分の足で走ることから目をそらすという意見もあるだろう。しかし、称賛するということは、少なくとも諦めというソファから立ち上がり、何かを求める血を騒がせることである。そしてその何かが、平板な人生を送りながらじわじわと死を迎える生活から、新たな方向へちょっと動かし始めるのである。

そうした有名人はいたるところにいるのだから、ジョージ・フォアマンの精神にならって、われわれみんなの必要性が有名人を生みだすといってもそれほど間違ってはいない。このように〈必要〉という言葉を使うのには危険が伴う。必要から〈欲望〉への坂はつるつると滑りやすく、世界のより豊かな社会においてはとくにその傾向が強い。そこでは生産方式が、単なる〈欲望〉を〈必要〉と勘違いさせる商売に依存しているからだ。それでも、たとえそれが絶対に必要だというようなものではないにしても、待ち望んでいた対象の魔力があまりにも強く、その弱点や短所が見えなくなるほど魅惑的なときには、ほんものの何かを目の当たりにしているのかもしれない。

有名人は神話の神々に似たところがあり、どちらもちょっとした超越性に関係している。しかし、有名人は、普通の人間と断ちがたい絆で結ばれているおかげで、社会の目的にかなっている。神話の神々は、ほとんどの地域で人間の形をしたヒューマノイドとして存在するものの、彼らの不思議な力は〈普通ではないもの〉との断ちがたい絆に負っているという限られた範囲でしか活動しない。神々の楽園が地上のイメージで描かれてはいても、彼らの力は天上から来ているのだ。

神話の神々と対比してみると、われわれは自分たちと同じ人間の一人を称賛するとき、ある神の聖体を賛美しているように振る舞うことがあるかもしれない。政治集会やロック・コンサートや公開絞首刑などは、まるで宗教的熱狂の様相を呈していることも多い。だが、神聖な世界と世俗的世界の間には、縮めることのできない内面的な違いがある。神への祈りに没頭するということは——たとえそれが男と夕食やベッドをともにしたといわれる女神であっても——普通の日常生活の境界を超える可能性を求めて意識的に飛躍するということである。宗教とは、周知のように、まさしくそのように没頭する体験であり、生命のさまざまな限界、その有限性を受け容れる体験である。神を崇めることは、ほかの生命を生みだす死を肯定する行為である。仏教徒がそうするように呼吸の一息一息を称え、キリスト教徒やユダヤ教徒がそうするように受難の一つ一つを称え、ムスリムがそうするように来る日も来る日もメッカの方角を向いて頭を下げて祈る——それらはすべて人間の限界を受け入れることである。それらの限界を超えればほかの何か——自己を超えた非自己（自分ではないもの）、乳と蜜の流れる土地——が横たわっているのかもしれない。

しかし有名人を称賛し応援するということは、普通の生活が今あるようにやりきれないほど退屈なわけではないというフリをすることである。われわれが有名人をつくりだすのは、自分たちの贈り物の返礼として彼らに自分を励ましてもらいたい、今ある現実と、なるようにしかならない未来から、しばらく逃避させてほしいからだ。有名人がもっと高尚な社会的善行をやれないというわけではない。実際、より良いものを求める欲望を、社会的変革の必要へと転換させている有名人もいる。しかし、全員ではない。ほとんどの有名人は短期間で魔力を失う。マイケル・ジャクソン、マドンナ、ペレ、毛沢東、エヴァ・ペロン、リンゴ・スター。たとえわれわれがまだ彼らの魔力を楽しんでいるとしても、いずれその日が来るのを知っている。数年以上持ちこたえている有名人はわずかしかいない。フランク・シナトラ、サパタ、ボブ・ディラン、チェ・ゲバラ、ネルソン・マンデラ、ジョン・レノン。これらの有名人は、多くの人々の、心のより深いところまで何かを吹き込むのかもしれない――その愛への強い願いを、そのユーモア、その反抗心、その英雄的受難を。

神々と有名人とのもうひとつの違いは、神や有名人を称賛する者たちに、弱点を見ても見ぬふりをする準備がどのくらいできているかという点にある。いうまでもないが、神々の場合、自分が最終的な死を迎えたら、あの世ではもう命を与えることはできない。神々という概念そのものに価値を置かなかった仏陀でさえ、少なくとも、死が問題とならない涅槃を約束することによって、並みの有名人の域を超えている。そしてオデュッセウスが生活をともにした最も世俗的な男神や女神たちでさえ、彼が帰りたがっていた平原よりいくらか高い山の頂に住んでいると考えられていた。有名人はそうした神に似たところはあるが、それでもやはり違いがある。

有名人はこの世のものとは思えぬような輝きを放っているものの、その輝きは、意図的に修理したり手を入れたりして維持していかなければならない。神を信じるということは、先ほども述べたように、没頭するということである。有名人を信じるということは、彼らの失敗や欠点を我慢して受け容れるということである。マイケル・ジャクソンは本当のところ、あの子供に何をしたのか？マドンナは本当にそんなに悪い女なのか？　シナトラのギャングの友人たちはどんな不正を働いていたのか？　そしてケネディは？　ダイアナ妃は？　懸命に自己欺瞞に努めていたという理由だけで、有名人を追放してしまうのはきわめて難しい。熱愛の対象を求める欲望が仮想的必要という擬似的状態にまで達したときにのみ、人はそうした説明のつかないエネルギーを発揮する。したがって、宗教的有名人と世俗的有名人は、共通の基盤から生まれるかもしれないが、彼らが育む内的生活の傾向と質はかなり違う。一方は生命そのものを超えたものを求めようとする。他方は、今ある人生で望みうるベストなものを甘受する。憧れと甘受とでは、人間の心の傾く方向が異なる。一方は天上に向かい、他方は地上に向かう。神にしろ有名人にしろ、一部の人たちやある種の科学は、それは善だとか平凡だとか証明したがるかもしれないが、そのどちらでもない。そしてどちらも、必ずしも悪ではないし善でもない。

そして、時折、神ともただの人間とも違う、ゲームのルールをまったく新しく変えてしまうほど完璧に悪と善を体現しているように見える有名人が現われる。

それがトリックスターである。社会的集団の辺縁を徘徊し、ときには低い丘の、夜の地平線をうろつきまわるやつだ。(6) コヨーテは丘を下りて捕食し、丘に戻って遠吠えするが、その現場を押さえられることはめったにない。彼は猛獣のなかでも最も賢い動物の一種に数えられる。ときどき、社会的集団の深いところまで入り込み、ゲームのやり方を変え、形勢を一変させ、日常のものごとの運営をまったく新しくつくり直す。トリックスターは、外から町に対して攻撃を仕掛けるだけでなく、その平凡なコミュニティの一員として内からもトリックを仕掛ける。もっと正確にいえば、トリックスターは外と内の〈両方をいっぺん〉にやってのけるやつなのだ。トリックスターはたいてい動物——ウサギ、蛇、蜂、カラス、多いのがコヨーテ、アナグマ、クモ、などなど——の形をとり、〈普通〉の者を笑いものにする。集まった〈普通〉の者に対して行なう悪さは、どういうわけか、トリックスターの〈サプライズ〉（不意打ち）の良い部分の一つになっていく。トリック自体は良くも悪くもない。平原に生まれた人々は、トリックスターの夜の攻撃から、安堵と恐怖の両方を感じる。カーニバルの主役である道化のトリックスターとは違って、トリックスターは、退屈な日々から一時的に逃れる慰め以上のものを与える。彼はものごとを一変させてしまうのだ。その結果、新しい現実や新しい世界が生まれたり、少なくとも新しい可能性が呼び起こされる。

というわけで、トリックスターは神々や有名人と同じ不思議な魔力を持っている。しかし彼（この場合は「彼」の方が多い[7]）の魔力は変わっている。まったくのアイロニーではないとしても、サプライズがトリックスターの魔力の秘密だからだ。それとは対照的に、神々も並の有名人もひどくまじめである。ジョン・カルヴァンの神は深遠で計り知れない存在だったかもしれないが、だからといって、カルヴァン派の信徒がこの世で神に祈願するために骨身を惜しまず働く勤労の方法を思いつけなかったわけではない。宗教的熱意をまじめに表現しているこの方法の滑稽さは、この世の決まりきった日常的習慣の持続によって神にアピールしようという点にある。また、マイケル・ジャクソンの自己改造や、マドンナの手の込んだセクシュアル・プレイや、もちろんビートルズのウィットやからかいも、公正に判断すればトリックスターのプレイよりずっとまじめである。トリックスターは、サプライズ（意外性）とどんでん返し（逆転）を利用して、人知を超えるトリックを成功させてしまう。ついに、熱心な信奉者は、トリックスターが繰り返すつぶやきと神々の意志を同一視するという、考えられないような確信を抱くようになる。また、たとえば「イエロー・サブマリン」のビートルズが好きだという人たちはいろいろな事情を承知しているし、頭がこちこちの保守的な人たちでさえ、ジェンダーが問題になるマドンナのショーの要点はわかっている。トリックスターは神々を困らせる神、称賛を無視する有名人、と言ってもいいかもしれない。トリックスターは社会的要素の秩序のなかで自分だけが持つ特権をじっくり味わい楽しむことはめったにない。

確かに、トリックスターは（どれか一つでなくてはならないなら）特殊なタイプの有名人ともいえる。何に近いかといえば、もちろん、同類のなかでは神より有名人に近い。トリックスターの非凡な力を勢いづけるのは、オリュンポス山のほかの神への信心ではなく、怠惰な日常のせいで沈黙している大衆の力をともに信じることである。トリックスターは、半分は神、半分は人間と考えてもいいかもしれない――ただし、トリックスターは動物の形をとることによって、その神と人間の両方に、生死を超えたどっちつかずの世界に誰もが知っている忘れられた力が存在することを、思い出させる。こうしてトリックスターは自分の魔力を使って、普通の人々のあるがままの姿を明らかにし、虐げられた者がもう少し高い希望を持てるようにする。トリックスターは、どうも（文字どおり）地面に小便をかける《ピス・オン》癖があり〔piss onは「人にひどい扱いをする」という俗語〕、それによって、広がり続けるアフリカの砂漠の砂塵のように平凡な生活に積もった不自然な憂鬱を吹き飛ばす。

トリックスターはほとんどの場合、社会学者なら前近代的社会とか因習的社会とか呼びそうな社会で活動するが、たまに完全に近代的な社会、ポストモダン的な社会にさえ現われることがある。トリックスターが現われて仕事にとりかかると、平穏が乱される。

モハメド・アリが一九九六年にキューバのフィデル・カストロを表敬訪問したエピソードがある。(8) ボクシング界を引退してから一五年もたっていたアリは、当時五十四歳だった。一九七〇年代終わりの最盛期を過ぎてからの戦いで、神経系を蝕まれてパーキンソン症候群に冒されていたので、かつてのおしゃべりは影をひそめて、話すときにもささやくような声しか出せなかった。それでも、自身ボクシングをたしなんだこともあるキューバの指導者は、アリに会いたがっていた。

場所はハバナにある革命宮殿のレセプション・ルーム。夕方になっていた。カストロは約束の時間になっても現われず、うんざりするほど待たされた。椅子もなく、飲み物もなかった。待っている一行は誰も食事をとっていなかった。それでも、みんな待っていた。ようやく到着したカストロは、もちろん、アリの心をとらえ、ほかの人たちもカストロに魅了された。しかしアリは、今ではもうアイドルとはいえないものの、明らかに特別だった。アリはほとんど聞き取れないような声でカストロと雑談を交わしたが、それは長く待たされて疲れていたからというより、かつてのようにしゃべれないからだった。よく知られているように、アリの頭は以前と変わらず明晰で鋭かった。震えたりつまずいたりするのは体だけ、歌えないのは声だけで、ある意味で彼はまだ歌っていた。

アリは自分の詩を口ずさんだり、蝶のように舞うことはできなくなったが、魔術《マジック》に凝っていた。文字どおりのマジック、つまり手品である。今ではどこへ旅行するにも、アタッシェケースにマジシャンの道具を詰め込んでいく。やがて、アリはいろいろ取り出してカストロのために手品を始めた。とくにカストロが気に入ったのは、昔からあるゴムでできた親指のトリックだ。たいした手品ではないのだが、世界で最も有名な人間が、世界的に有名な革命指導者にやってみせるとなると事情が違う。実際にはニセ親指のなかに隠していくスカーフが、見ている者には視界から消えていくように見える。アリはそんな子供でもできる手品でカストロを喜ばせた。カストロがひどく感動したのは、その手品にだったのか、そんな体でも哀れむような気持をまったく起こさせないアリにだったのか、このエピソードからはわからない。しかし、カストロは本当に喜んだようだ。

　アリのやり方はマジシャンの基本的ルールに反する。いつも手品のタネをばらしてしまうからだ。だましてはならないというイスラムの教えに基づいているらしい。辞去する時間がくると、アリはカストロの手にゴム製の親指を押しつけた。カストロは最初、面食らっていたが、それをカストロに持っていてほしいのだと理解した。このエピソードの語り手によると、アリと随行者たちが乗り込んだエレベーターのドアが閉まるとき、ほほえみながら手を振っていたカストロが、一瞬、手の中にあるゴムの親指を見つめたあと、それをポケットにしまって政務に戻っていく姿が、ちらっと見えたそうだ。

　有名かどうかを問わず、どんな人間にしろ、宮殿のど真ん中に入っていき、いろいろな事情をものともせず、そこにいる権力者に魔法をかけて喜ばせるとは、どうしてそんなことをやってのけられるのだろう。それはどういう魔法なのか。アリの場合、それはトリックを超越したところにある彼の魅力だ。無言のトリックスターの存在そのものが、驚くべき力であり、魔術となっている。それは、モハメド・アリが子供の頃から――ケンタッキー州ルイヴィルのグランド・アヴェニューのカシアス・クレイだった頃から――どこへ行っても人々の手に押しつけてきた力である。

では、この二十二歳のカシアス・クレイは一九六四年以降、どんな人間になっていったのか？　それから三〇年たって五十代になり、衰えていく肉体に閉じ込められてからもなお、カストロに手品で一杯食わすようなトリックスター的人物とは、いったいどういう人間なのか？

トリックの使い手だからトリックスターだと簡単に思われがちだが、それは偶然の一致にすぎない。実際、トリックスターは、いわゆる近代以前の社会の民間伝承や文化にはよく出てくる。そういう例が一つもないという方が珍しい。ほとんどは数例かそれ以上ある。もっと興味深いのは、トリックスターは近代社会におけるさまざまな文化（近代社会そのものの文化ではなく）によく見られ、とりわけヨーロッパや北米、あるいはカリブ海諸島とアフリカの中心都市や、ラテン・アメリカに住むアフリカン・ディアスポラにそれが顕著だということだ。そればかりか、二十世紀後半の数十年においては、ヨーロッパのアフリカ系住民の中心をなす人物（グループ）が、否応なく自分たちの多文化的あり方という事実に気づかされるにつれ、そのトリックスターは、地球上のさまざまな文化の時空を出たり入ったりする偏在的人物として出現してきた。

では、もっと正確には、トリックスターとは何者なのか？　昔からトリックスター的人物に魅了されてきた人々は大勢いるが、ルイス・ハイドほど、時代と文化の全般にわたる詳細をきちんと把握した知識を持っている論者はいない。ハイドの『トリックスターの系譜』は次のような条件付きの記述で始まる。

トリックスターは境を越える者である。どの集団も端、内と外という観念を持っている。そしてトリックスターは、つねに端にいる。交流が生じるようにと、都市の出入り口、人生の門口にいるのだ。また集団は、その社会生活を分節化するための内的境界をもっている。そこにもトリックスターはいる。われわれはつねに、正と邪、聖と俗、清と濁、男と女、若と老、生と死を区別している。そしてトリックスターはあらゆる場合においてそれらの境界を越え、その区別を混乱させるであろう。それゆえトリックスターは、創造力をもった白痴、賢明なる愚者、白髪の赤子、異性の服の着用者、聖なる冒瀆的言葉の語り手である。体面を考えて行動できなくなった人がいる場合、トリックスターが現われて、その人に道徳にとらわれない行動、人生を再び活気づける正でもあり邪でもある行動をとるようにほのめかす。トリックスターは曖昧と両面価値、二重性と表裏、矛盾と逆説の、謎に満ちた体現者なのだ。(9)

（ルイス・ハイド『トリックスターの系譜』伊藤誓ほか訳、法政大学出版局、より）

トリックスターを定義しようとすれば、それこそトリックスターの力が働いているのがわかるだろう。ある一つの特徴を持っているわけではない――〈二重性〉ですらない、なぜならトリックスターは無数の存在だから。一人の文学的人物がいるわけではない――彼は〈創造力をもった白痴〉ですらない、なぜなら同時に〈賢明なる愚者〉でもあるから。場所も一つではない――〈外〉ですらない、彼は〈内〉でも活動するから。真実も一つではない――〈神話的〉ですらない、彼は非常に〈世俗的〉だから。方法も一つではない――〈欺く〉ことですらない、なぜなら彼のトリックは〈真実〉を語るから。役割も一つではない――〈境界を超える者〉ですらない、なぜなら彼は〈境界を守る者〉でもあるから。〈両面価値〉とか〈宣伝〉、〈矛盾〉、〈逆説〉といった現象を表わす普通の言葉では、トリックスター的人物を表現できない。トリックスターとは、要するにトリックスターであり、留保条件も割引も変形も訂正もなしの、ただそういうものとしてあるキャラクターなのだ。

私の考えを疑うなら、小さい子供に対して、その子が持っている本に登場するトリックスターたちがどういうことになっているのか、正確に説明しようとしてみてほしい——たとえば、『まよなかのだいどころ』のミッキー、アステリクス〔フランスの漫画の主人公で、超人的な力を得た小柄で利口なガリア人〕はもちろんのこと、モーリス・センダックの怪物たちや、『ひとまねこざる』シリーズのおさるのジョージ、あるいはウサギどんや、ビアトリクス・ポッターの『ピーター・ラビット』に出てくる農夫マクレガーをかんかんに怒らせる可愛いウサギたち、あるいは密林の巨人たちから盗みを働く西アフリカのクモのアナンシ、あるいは、バッグズ・バニーたちを追いまわすがいつも逃げられてしまう、ロードランナーとコヨーテ〔ワーナー・ブラザーズ社の漫画映画の人気キャラクター。ロードランナーは鳥（ミチバシリ）〕、そして『げんきなマドレーヌ』シリーズに登場するパリの孤児マドレーヌ（マドレーヌは悪気はないのにクラベル先生の寄宿学校の秩序を引っくり返してしまうが、それはパリでもテキサスでも、どこへ行っても変わらない）、などなど。

眠っていたミッキーは大きな音を聞く。と思ったら、ぐんぐん落ちていく——ベッドから落っこちて、服も落っこちて、パパとママの寝てる家からも落っこちて、まよなかのだいどころの、どでかいボウルのなかにつっこんでいく。かいぶつサイズのでっかいパン屋の三人は、ちっとも気がつかない。パン屋はミルクと小麦粉とふくらし粉を入れる。かきまわして、混ぜあわせる。こねたパン生地《きじ》をたたきつける。ミッキーは中に入ったまま。オーブンに入る寸前、ミッキーが飛びだす。「ボクはミルクじゃないし、ミルクはボクじゃない！」パン屋はミルクがほしい。ミッキー、パン生地で飛行機と飛行服をつくる。それに乗って、計量カップを持って飛びあがり、牛乳びんのビルをこえ、ミルクの流れる天の川へ。ミッキー、ぴょんとつっこむ。パン生地の飛行服をなくして下に落ち、小さいちんちんがまる見えだ。ミッキー、ため息ついて、「ボクはミルクのなか、ミルクはボクのなか。ああ、なんてこった」。ミッキー、上まで泳いで浮きあがる。カップはミルクでいっぱい。ミッキー、天の川のびんのふちから生地にミルクをそそぎこむ。パン屋は「生地にミルクだ！ 生地にミルクだ！ ケーキを焼くんだ！ まかせとけってんだ！」と歌う。そのとき、太陽がのぼってくる。ミッキー、またもや落っこちて、天の川からベッドに、パジャマに、消えそうな夢のなかに入っていく。「だからね、ミッキーのおかげで、毎朝、ケーキが食べられるんだよ」

モーリス・センダック『まよなかのだいどころ』(10)

三歳になる私の娘は、この話が大好きだ。いったいどうなっているのかと娘から訊かれることはめったにない。しかし、訊かれたら、こういう話をきちんと説明するのは不可能に近い。夢に出てくる歪みや、丸見えの性器、むさぼり食う怪物（この話に出てくる怪物はおとなしい）、食欲や変身（この話では、少年がパン生地になり、パン職人になり、パイロットになり、魚になって、また少年に戻る）――その間ずっと夜と空と家の中を落ちていく――そんなことを理路整然と話せるものではない。子供たちにとってトリックスターは、ミッキーのように世界をつくるときでさえ、ただそういうものとしてあるのだ。

信じられないかもしれないけど、さっきも言ったようにこんなことがあったの。私が前のパラグラフをちょうど書き終わったとき、アニーが書斎のドアのところにあらわれたの。網を使ったネット・スカート（去年のハロウィンの衣装ね）に、ヒッピー風のネックレスとダンス・シューズとタイツを着けて、バンダナで頭を覆ってるのよ。私、その格好を見て笑っちゃった。アニーのまっ茶色の肌に、ジャンルも色もごちゃ混ぜのいでたちだもの。アニーはにこにこしながら、「あたし、シンデレラ」って言うの。子供たちはそういう夢と現実の狭間にある架空の世界に住んでいるのね――自分たちが絶え間なくつくり上げ、つくり直している世界に。それより二時間前、私たちが土曜日の朝のパンケーキをつくる前には、アニーはベッドのシーツでテントをつくって遊んでいたのよ。本人の解説によると、「お城にいるイエスさまがネズミから隠れていて、そのネズミはあたしを十字架にかけて、血を流して殺そうとしてるの」ですって。

――アンナ・ジュリア・レマート、二〇〇一年八月二十五日土曜日の朝

子供たちはいわばパートタイムのトリックスターである。きっと、それだから、夜の物語の世界に住みながら人を惑わす獣たちや、ネズミ、コヨーテ、クモなどが大好きなのだろう。それにしても子供たちはなぜ恐がらないのだろう、と思われるかもしれない。しかし、自分自身が一種のトリ

ックスターだったら、ジャングルや真夜中の台所にいても恐いものは何もない。子供たちはわれわれ大人が失ってしまったものを持っているのではなかろうか。それは〈これでもなくあれでもないもの〉と一緒にやって来る〈サプライズ〉と共生する喜びだ。トリックスターは幽霊とよく似ていて、どこにでもいるけれど、どこにもいない。それでも、彼らの姿を見たり、彼らを見分けるのは難しい。それには理由がある。トリックスターがつくり上げる世界は、いわゆる大人の生活をしていれば無視せざるをえない世界だからだ。トリックスターは人を〈普通〉から追い出し、自由奔放な考え方や感じ方に駆り立てるのだが、官憲に捕まりたくないなら、そんな自由奔放さは抑えつけておかねばならない。

トリックスターはどこから来るのだろう？ 彼らの現実はどんなところにあるのか。正確には、どんな目的で、どんな手口を使うのか。神話的人物だとしたら、それがどうしてまったくの世俗的人物にもなれるのか。それが子供の遊びなら、どうして大人がそれに悩まされたりするのか。そして、とりわけここが肝心だが、最も近代的な文化ほど彼らを厳しく抑圧するのはなぜか。考えられる一つの答えは、そうした文化は、経験豊かな大人のように、彼らにしつこくかかわれると失うものが多いからだ。トリックスターは人をだまし、悩ませる。しかし、理不尽にそうするわけではない。トリックスターは新しい交流を呼び起こすために、きれいにリンゴを積み上げた手押し車を引っくり返し、文化的伝統を覆す。トリックスターは文化の転換者なのだ[11]。

トリックスターの最初のトリックは、普通の人間や普通の動物に見える自分から、それ以上かそれ以外のものになることによって他者を欺くことである。トリックスターは手近にある世界をつくり変えるためにみずから変身する。したがって、われわれよりトリックスターに慣れている文化で、最も印象的なのは、トリックスターが最初はごく普通の外見をして現われるということだ。トリックスターが変えようとしている退屈な日常には、この〈普通〉が欠かせない。トリックスターの〈普通〉さは、その地域で見慣れた動物や何かの形をとって現われるといったことにあるのではない。もしかしたら、トリックスターのコヨーテやウサギやクモが、最もありふれた人間的属性――貪欲、欲望、誘惑、明白な限界のないその他もろもろ――を持っているということでも、動物と人間の性質が混じり合っているということですらないかもしれない。肝心なのは恥知らずだということだ。たいていの場合、トリックスターは最も基本的な身体的機能と関連させて他者をだます。その食欲と性欲はすさまじく、そこから食べ物やセックスに関する〈サプライズ〉が生み出される。トリックスターは屁を放ち、糞を垂れ、げっぷをし、性交し、並外れた性器を露出し、ペニスなどの体の一部を取りはずして、空洞になった場所や木のてっぺんに置き、そこから普通の者たちが予想するようなことを探り、それを見きわめ、それを歪めるのである。

アナンシとアクワシは一緒に食事をする。クモのアナンシは、アクワシの食べ物にこっそり下剤を入れる。夕食のあと、アナンシは、自分の名前は「起きてアソと性交しろ」という意味だと説明する。アソはアクワシの妻だ。それからアナンシは、村のご主人さまのニャムに、アクワシとアソと同じ部屋で寝るように命じられている、と告げる。夜になって、下剤が効いてくる。アクワシの腹がぐるぐる鳴って痛みだす。苦しさにもだえながら、アクワシは友だちのアナンシの名前を呼ぶ。

「起きてアソと性交しろ」。アクワシが外で糞を垂れている間、アナンシはそのニセの命令に従う。アクワシは九回糞をする。そのたびにアナンシはアソと性交する。

数ヵ月後、アソが子を宿していることが目に見えてわかるようになり、アクワシは途方に暮れる。アソはアクワシに、あなたがアナンシに、起きてアソと性交しろ、と言ったんじゃありませんか、と思い出させる。やがて、子供が生まれる。アクワシはアソをアナンシにくれてやろうと決心する。アナンシが住んでいるニャムの村に着いたアクワシは、トリックスターのクモにびっくりする。クモは小屋の棟木から垂れ下っている。アナンシは当然の権利としてアクワシにいけにえを要求する。アソはアナンシと結婚する。赤ん坊は殺され、その体はバラバラにされて、あちこちにまかれる。

こうして、人間に嫉妬が広がった。

——西アフリカのトリックスターの話(12)

西アフリカのアシャンテ地方のクモ、アナンシは真夜中の台所のミッキーよりも、トリックスターであることがもっと歴然としている。センダックの童話のなかで、ミッキーが夜の世界のトリックと歪みの供給者になったのは偶然にすぎない。西アフリカの民話では、アナンシはみずからトリックをやってのける。それでも、アナンシもミッキーも、生きていく上での厳然たる社会的現実——ミッキーの場合は食べ物、アナンシの場合は嫉妬——を明らかにしている。しかし、トリックスターそのものだけを見れば、この文化の説明者／転換者であるアナンシは、よりあからさまに性的である。ミッキーのペニスは小さい。トリックスターのペニスは、並外れて大きいか（アシャンテ地方の民話のように）異常に強力なことが多い。娘のアニーと私は、アフリカ系アメリカ人の童話の本で、アナンシの話の子供向けバージョンに出会った。ペニス（三歳のアニーに言わせると「ピーニッツ」）は削除され、アナンシは褒美をもらうかわりに罰を与えられているが、それでもクモは、自分より強い力を持つ者をだまして食べ物（そこでは性欲や飢餓感が食べ物に対する欲望だけに凝縮されている）を盗んでいる。トリックスターは、一部の精神分析学者が二つの基本的衝動または本能と呼ぶものの根源を巧みにあやつる。二つの基本的衝動または本能とは、すなわち、もっぱら結合し合体すること、それも性交によって合体することと、ウンチやオシッコをしたり放屁したりするだけでなく、社会のあり方を変えるために盗みを働くことによって、人間を互いから引き離したり、その持ちものを奪おうとすることである。

トリックスターは他者に対してゲーム（駆引き）を仕掛けるが、そのプレイは常にルールを破る結果をもたらす。いったん破られたルールは容易には元に戻らない。それが文化の転換者のやり方である。トリックスターは他者を鼓舞するヒーローや独創的なリーダーや新しい方式の発明者としては活動しない。ヒーローやリーダーは平凡な日常からよりよい生き方を浮かび上がらせ、その可能性を想像させるのが普通だが、そのようなやり方ともまったく無縁だ。それどころか、トリックスターは、平凡さから逃れたいという欲求を強く感じている対象を相手に、冗談を言ったり放屁したり、性交したり糞を垂れたり、小便をかけたり侮辱的言辞を吐いたりする。ミッキーの無害なペニスのように、何かを暗示するものが物語作者によって抑制される場合でも、そしてカシアス・クレイの性的エネルギーが多少隠されているにしても、トリックスターは大勢の想像力にトリックを仕掛けるのである。そしてきわめて大切にされている文化的対象を、最もありふれた動物の機能と結びつけることによってつくり変える。文化的反抗者に打ちのめされて、文化は新しく生まれ変わるのだ。

一九六二年の夏のあと、秋にアーチー・ムーアを倒してからのカシアス・クレイは、彼がやがてなっていくような〈トリックスター的有名人〉に少しずつ変身していった。神さまはいつも私の息子を、たくさんの人にとって特別な存在にしようとしていた、という母親の言葉は、そのまま鵜呑みにするわけにはいかないにしても、それほど間違っていたわけではなかった。

われわれは誰でも(正気と狂気の境目をさまよっている少数の者を除けば)精神分析学者のいう「キャラクター」(性格)を持っている。それは、人前で見せる劇場的な顔が、比較的安定した状態にある内面的特質を覆っている、というパラドックスである(この内面的特質は、もし意識的に選ぶ外面の下にそれほど深く潜り込んでいるものでなければ習癖と呼ばれたかもしれない)。その意味で、カシアス・クレイは、ジョー・マーティンに出会った頃にはもう、彼の心理的キャラクターをはっきりと示していた。彼はそのように、トリックスターになる運命にあったのだろうか。

トリックスターはだいたい神話の神との類似点を持っているものだが、オデッサ・クレイの神さまが、カシアスがなるようなジョーカー(おどけ者)を選んだとは考えられない。しかし少なくとも、非の打ちどころのないしっかり者の母親と、夢破れて限度を踏み外した父親から、興味深い刺激を受けながら成長したことが、カシアスがその後になるキャラクターへと導いた可能性はなきにしもあらずに思われる。オデッサからは、ゲームのルールを教わり、それを大切にした。カシアス・クレイ・シニアからは、ルールを破る許容範囲と芸術家肌の危険性を汲み取ったにちがいない。いずれにしろ、〈最高《ザ・グレイテスト》〉になるべく、ボクサーの厳しい鍛錬を始めた頃には、カシアスは、少なくとも自分のまわりの文化をきわめてよく知っているキャラクターになっていた。そして同時に、何を修正しなければならないかもよく知っていた。この川岸の町で育った黒人の少年で、白人のアメリカとのトラブルを学ばなかった者はいない。それでも彼は、この時代のどこかで、そうした問題だけではなく、それに対処するための驚くべき(ときには愉快な)活動——それを変える活動、少なくとも重要な転換者の一人になる活動——の微妙な手法を学んだのである。

では、彼が転換者になった転換はどこで起こったのだろう? カシアス・クレイが——神々によってか彼のキャラクターによってかはともかく——その後に〈なったもの〉になる運命にあったという意味では、どこでという特定の場所があるわけではない。しかし、もっと別の、日常的角度からみてみれば、トリックスターとしての人生を発展させるクラスのおどけ者は、ある日、クラスのみんなを爆笑させて喜ばせ、自分でも驚くといったようなときに、その転換を体験しているといえる。内面ではずっと前から起こっていたのかもしれないが、そうした転換には、カシアスが自分にうまく魔法をかける何かの機会(それがどんな機会だったかはすっかり忘れられている)が必要だった。転換が起こってしまえば、あとは、トリックスターが自分のショーを見せる出し物を磨いていくだけである。人間の自己についての社会心理学では、また多くの人も主張するように、演技は演じている者の内面にある本当の性格とは無関係だとする説もあるようだが、この説は誤りであろう。アーヴィング・ゴッフマンが最初に、それ以前の誰よりもうまく説明したように[13]、われわれが自分の公的な顔を披露するのは、まさしく、自分にとって本来の自分になるところ（とき）なのである。あとは自分の演じるショーの観客を見つけ、働きかけていくだけだが、そうしたショーはだいたい青春期に熱心に行なわれる。カシアス・クレイは一九六〇年のローマ・オリンピックで金メダルを取ったときには十八歳の若者にすぎなかった。オリンピック村の村長としての役柄を演じたときには、明らかにすでにその道をかなり進んでいた。それはまちがいなく、自分で意識しながら注目を惹くためにやったおしゃべりであり、同時に、持ち前の自信や威勢のいい性格の自然な発露でもあった。

一九六二年夏にロサンゼルスで行なわれた試合のほぼ一年前、一九六一年六月二十六日、クレイはデューク・サベドンと一〇ラウンド・マッチを戦うためにラスベガスにいた。クレイは判定で勝利した。しかし、この遠征でそれより重要だったのは、当時エンターテインメント・レスリングの世界でおそらくいちばん有名だったゴージャス・ジョージに出会ったことかもしれない。デイヴィッド・レムニックはジョージをこう表現している。「ゴージャス・ジョージ（本名はジョージ・レイモンド・ワグナーとして知られる）は、演劇的ナルシシズムの可能性と自在な性的アイデンティティをうまく利用したテレビ時代の最初のレスラーで、いわばタイツをはいたリベラーチェ〔米国のピアニスト・エンターテイナー。派手な衣裳や私生活で有名〕だった[14]」。今日では、マドンナやマイケル・ジャクソンがセクシュアリティ・トリックスターの新種と考えられている。しかし、先駆者がいたわけだ。この先輩たちは、まったくのゲイではないが男女の区別が曖昧な、スパンコールを散りばめた衣装を身に着けて、良識に反する宣伝文句で世間の注目を集めるという、当時としてはショッキングな演出で認められていたキャラクターだった。ゴージャス・ジョージやリベラーチェ、それにリトル・リチャード、突飛なスタイルになった時期のエルヴィスは、この分野のパイオニアだ。彼らの芸はテレビに出ていないときでもテレビ向きであり、実際に見なければ信じられないような驚きがあった。トリックスターとしてのアリは、まもなくそのリストに加わろうとしていた。

最近、レスリングのテレビ放映が、少年や子供っぽい大人の男向けの、性的魅力を売り物にしたエンターテインメントとして再び流行している。暴力とセックスの見せかけの奔放さがいたるところに見られる時代がまたやって来たのだ。ゴージャス・ジョージの時代は現代とはまったく異なっていた。テレビの初期をくぐり抜けた者でなければ、中西部の川岸の町の退屈な日常で〈プロフェッショナル〉なレスリングのテレビ放映が果たす役割を、本当には理解できないだろう。もちろんプロ・ボクシングの試合もあったが、レスリングはまた別ものだった。あるとき、シカゴの〈パーマーハウス〉で開かれていた米国医師会の大会に参加していた私の父（憂鬱になるほど慎重な男）は、母（恥ずかしくなるほど軽率な女）を連れてレスリングの試合を見にいった。どうやってそんなことができたのか今もって謎なのだが、母は休憩時間にリングのエプロン・ステージに這い上がり、中西部の平原を越えたはるか彼方の自宅でテレビを見ている私と弟に手を振ったのである。型にはまったホーム・コメディのネットワーク放映などもまだ発達していなかった一九五〇年代、アメリカ中西部のテレビは、ローカル局が広範囲の地域を網羅してつくるごちゃ混ぜの番組を寄せ集めて、奇妙なコラージュにしたようなものを放映していた。あの晩、ゴージャス・ジョージが試合に出ていたとは思わないが、当時にあっては、私の母がオハイオの家にいる子供たちに向かってシカゴから手を振るといった、ドサクサまぎれの行為もそれほど珍しくはなかった。要するに、レスリングはきわめて魅力的なうえにいろいろな要素を持ったエンターテインメントだったのだ。そしてゴージャス・ジョージはほかの誰より、レスリングを私たちの町のリビング・ルームに持ち込んだ立役者であり、そうすることによってテレビ時代の到来を一緒に楽しんでいた。

〈突飛〉という言葉はゴージャス・ジョージのためにあるようなものだったが、やがてモハメド・アリにもそれが当てはまるようになる。ラスベガスでの試合の前に、二人は地元のラジオ番組に出演し、どちらも自分の今後の興行を派手に宣伝した。カシアスは一九六一年にはすでにトリックスター的キャラクターの道を進んでいた。それでもゴージャス・ジョージの振舞いには目を見張り、そこから、のちに自分の生業の秘訣となるものを取り入れた。とてつもない騒々しさ、あきれるほどの大言壮語、勝利予告、負けたら相手の足にキスする約束など、すべてゴージャス・ジョージから借用したのだ[15]。そうした芸人的所作がなくても、カシアス・クレイはその後になったようなキャラクターになったかもしれない。それにしても、アリはみずから、ゴージャス・ジョージに出会ってから演技に磨きがかかったと認めている。

俺は謙虚だったとはいえないけど、ひどく騒々しかったわけじゃない。そのあと、同じアリーナでやるレスリングの試合のことで、ゴージャス・ジョージが質問されると、彼は叫びだしたんだ、「あいつを殺してやる、腕をちぎってやる。もしあのバカが俺を負かしたら、俺はリングの端から端まで這いつくばって行ってみせる、頭を丸刈りにしてみせる、だがな、そんなことにはならねえよ、俺さまは世界最高のレスラーだからな」って。その間じゅう、俺は自分に言い聞かせてたんだ、「へぇ、その試合を見てみたいもんだ。やつが勝つかどうかなんてどうでもいい。何が起きるかこの目で見ておかなきゃ」って。ゴージャス・ジョージの試合のチケットは全席売り切れた。俺も含めて何千人も客が来ていたよ。そして、そのとき俺は、これからは絶対しゃべるのをためらったりしないと決めた。だけど、俺がしゃべりまくったら、どのくらい金を払って俺を見にくるのか、全然見当もつかなかったね。[16]

アリがトマス・ハウザーとのインタビューでこの話をしたのは、ゴージャス・ジョージとの出会いから三〇年近くたっていた。作り話をしている可能性もあるかもしれない。あるいは、すでにみんなの語り草となるほどの人物になってから久しいのに、なぜ今さら手の内をばらそうと思ったのか、不思議がる向きもあるだろう。彼はゴージャス・ジョージというレスラーの芸に、自分のキャラクターと野心にぴったり合う何かを見つけたのだ。たとえ、実はあの頃は演技をしていたのだと言ったところで、今でもジョー・フレイジャーにこすられるたびに痛みだす心の傷が癒えるわけではない。結局、良いことにしろ悪いことにしろ、アリは承知の上でやっていたのだろう。しかし、それは本当に、単なる営業用の駆引きだったのだろうか、観客動員のための努力にすぎなかったのだろうか？

「蝶のように舞い、蜂のように刺す」。アリのトリックスターへの転換を決定的に表現する言葉があるとすれば、このせりふ以外にはない。「俺は世界最高《ザ・グレイテスト》だ」という決めぜりふはゴージャス・ジョージから借りてきた。しかし、ボクシングの〈蝶と蜂〉になると決めたのは、アリ自身だった。

このせりふはアリのオリジナルではない。作者は、アリの初期の友人で冗談好きのドゥルー・〝バンディーニ〟・ブラウンだ。バンディーニは一九六三年三月頃からアリの人生に入ってきたようだ。この年、アリはソニー・リストンとの世界タイトル・マッチに向けて動きだした。バンディーニは黒人だったが、白人女性との付合いが多く、そのうえ人種統合主義者だった。アリはこの頃にはもう〈ネイション・オブ・イスラム〉の集会にひそかに参加していたから、人種問題でブラウンと意見が違うのは障害になったにちがいない。しかし、アンジェロ・ダンディと袂を分かつことがなかったように、自分とは異なるブラウンの人種的行状も大目に見ていた（少なくとも、世界チャンピオンのタイトルを獲得し、彼のなかでイスラム教の教えが固まったあとの一九六五年、結局その問題が原因となってブラウンと決裂するまでは）。バンディーニがアリを取り巻く一人となったのは、ダグ・ジョーンズとの対戦直前だった。ジョーンズは手ごわい相手で、アリは判定で勝利したが、ＫＯはできなかった。アリの主治医であり、信頼していた白人の一人でもあるファーディ・パチェーコは次のように述べている。

> バンディーニは街の詩人だった。アリはたえず彼からエネルギーを補給してもらっていた。アリの言いたいこと、そしてアリに理解できることを、正確に表現するように言葉をつなぎ合

わせるやつだった。「蝶のように舞い、蜂のように刺す」というのも、バンディーニの言葉だ。彼はよく言ったもんだ、アリとその取巻きはケーキのようなもので、小麦粉と卵と砂糖からできている、そして彼、つまりバンディーニは、そこにちょっとした風味を加えるナツメグだ、と(17)。

収入を約束されたチャンピオン級のボクサーともなると、常に周辺に人が寄ってくる。アリはかなりうまく人を選んでいたようだ。バンディーニが取巻きに加わったのは、ハワード・ビンガムのあと間もなくだった。バンディーニがまわりを活気づかせ、アリに言葉と自信を与えたとすれば、ビンガムは友だちとしていつも変わらぬ慰めを与え続けた。バンディーニとアリは何回か関係が途絶えた。時がたてば、トリックスターがもう一人入る余地はなくなる。結局、バンディーニは孤独のうちに死んだ(18)。ビンガムは生涯アリのもとにとどまった。

ボクサーの表向きの顔がどうであろうと、人生と仕事そのものは、厳しく孤独なものである。ほかの選手とは違って、アリは自分のトレーニング・キャンプを公開していた。ペンシルヴェニアの丘陵地帯にあるディアレークのキャンプですら、ミシガンの農場にある現在の自宅と同様、一般に開放していた。だが、上昇中の孤独な有名人は、まわりに群がってくる人間との付合いで自分を見失いやすい。有名人によくあるように、アリもまた、少なくはない生涯収入のかなりの部分をまわりに分け与えたが、なかには信用できない連中も多かった。だが、そういう状況にあっても、アリは自分が信用できる人間を選んだ。最も信頼を置いていたのがビンガムだ。バンディーニの役割は、アリの自負心を支え、強化することにあった。人前で見せる派手なショーとは裏腹に、試合を前にした者は誰でもそうなるように、アリの心はしばしば揺れ動いた。大きなリスクを背負ってカメラの前で裸で戦うのに、恐怖を感じない人間はいない。表面的には男らしく行動する。感情はその表面下にある。一九六三年の対ジョーンズ戦の前とその後の二年間、バンディーニはアリの不安を歌に乗せて取り除く魔術師だった。

では、それはどんな歌だったのか。浮世離れした詩人と違って、街頭詩人はそのコツを心得ている。彼らは自分の感じることや目に見えるものを歌う。いずれにせよ、どんな人間に対しても、なるほどと思わせる真実を語らずに自信をつけてやることなどできるものではない。まだ若かったカシアス・クレイは、実際、蝶や蜂として表現されるだけの身体的能力に恵まれていた。恵まれすぎていたあまり、最初の頃の試合ではよく何ラウンドで勝つか予告するほどだった。その突飛な行動は、少数の例外を除くマスコミを含めて、多くの人を敵にまわした。しかし、そんな人々も彼の戦いの実績については認めざるをえなかった。彼のフットワークはあまりにも美しく、まるでカンヴァスの上を躍っているようだった。それまで人々の記憶に残っているヘビー級の試合で、アリのような動きをするボクサーはいなかった。『ニューヨーク・ポスト』紙のジミー・キャノンや『ニューヨーカー』誌のA・J・リーブリングら保守派のライターたちは、カシアス・クレイはボクシングの原則を破っていると非難し、とくに両手を下ろして軽快にステップを踏んだり、相手のジャブの届かない位置で跳びまわる戦法を非難した。それまでそんなことをやったボクサーはいなかった。クレイはやった。彼の両手を使ったディフェンスはあまりにも素早く、パンチの威力は蜂に刺されたように遅れてやってきた。蜂に刺されても、刺されたときにはたいした痛みを感じない。しばらくして徐々に痛みが増してくる。何キロものロードワークと何時間もの縄跳びをこなして巧みなフットワークを身につけた選手や、サンドバッグに向かって長時間の打ち込みをやって素晴らしい強打をものにした選手は今までにも存在した。しかし、その両方の才能をあり余るほど持っていたボクサーは、アリ以前にもアリ以後にもいない。

前述したように、一九六三年三月、ダグ・ジョーンズは恐れるだけの理由のある相手だと自覚していたカシアス・クレイには、そんなときには誰でもそうだが、自分が歌うのを助けてくれる人間が必要だった。そこにバンディーニが現われ、彼に詩を与えた。少なくとも、アリが心の奥深くですでに知っていたものに栄養を補給するにはそれで十分だった。ダグ・ジョーンズ戦が思ったようにうまくいかなかったのは、一つには、新聞ストライキ中だったニューヨークのマディソン・スクエア・ガーデンで試合が行なわれたからだ。新聞によるパブリシティもなく、新聞記事に取り上げられてボクシング・ファンを興奮させるおしゃべりもなかったら、当然、観客動員が危ぶまれる。そこでアリは数週間前からラジオやテレビに出まくって、客の入りについても臆せず話題にした。ヴィレッジの〈ビター・エンド・カフェ〉に店の詩人として出演したのもこのときだった。試合前にそんな重労働をこなすのは尋常ではない。クレイは疲れ切っていた。それでもチケットは売り切れた。クレイがジョーンズを予告どおりにノックアウトできなかったことは、観衆をわくわくさせた。ジョー・ルイスはみんなに好かれたボクサーだった。クレイはルイス以後のどの選手よりも好かれそうになっていたにもかかわらず、人々はあんな振舞いをするやつは嫌いだと公言した。

クレイには手と足のほかに、実は三つめの身体能力があった。それは長い目でみると彼の神経組織を破壊する遠因となったのだが、短期的にみればきわめて役に立った。彼は打たれ強かったのだ。ダグ・ジョーンズを一八人目の犠牲者にまつりあげたあと、クレイは英国チャンピオンのヘンリー・クーパーと戦うためにロンドンに飛んだ。クーパーには不利な試合展開だったが、彼にも一発があった。第四ラウンドの終わり間際、クレイは不覚にもクーパーのパンチを受けて倒れこんだ。クレイはダメージを負った。これは有名な話だが、そのときアンジェロ・ダンディはクレイのグラブに小さい切れ目を入れて時間稼ぎをした。審判らが集まってグラブの解決策を検討したが、結局解決策はなく、そのわずかな時間でクレイは回復した。そして何ごともなかったかのように元気を取り戻してリングに戻ったクレイは、次のラウンドでクーパーに思い知らせた。英国チャンピオンは血まみれになってマットに沈んだ。ずば抜けて素晴らしい試合とはいえなかったものの、この一戦で、クレイにはスピードとサイズのほかに、強靭さと驚異的な回復力という秘密兵器があることを、期せずして世に知らせるところとなった。

一九六三年四月、ソニー・リストンはフロイド・パターソンと二度目の対戦を行ない、またもや屈辱的敗北を味わわせていた。最初に対戦したのは一九六二年九月二十五日。リストンはパターソンを一ラウンドでぶちのめしてヘビー級王座に着いた。その夜、パターソンが付け鼻と付けひげで不面目を隠そうとしたことはよく知られている。リストンはパターソンに雪辱の機会を与えた。結果はまたもや一ラウンドKOという屈辱的敗北。歴代チャンピオンのなかで最も恐るべきチャンピオンだったリストンには、もはやふさわしいと思われる対戦相手がいなくなった。リストン陣営は、ジョーンズとクーパーとの試合で見せたクレイの弱点に目をつけた。客寄せがうまいうえに、楽勝できる相手と見たのである。そこで、クレイに王座挑戦権を与えた。

金を儲けたい人間はリストン陣営と同じ考えだった。試合は翌年二月に行なわれた。クレイの賭け率は試合当日までに八倍になった。それ以上のオッズになってもおかしくはなかった。しかしカシアス・クレイは、そんな考えが間違っていることを証明した。一九六四年二月二十五日、蝶であり蜂であるトリックスターは、逆風を乗りこえて真の実力を発揮することになる。その試合はみんなの予想をはるかに上まわる事件となった。

リーマスじいやとトリックスターのウサギどんの登場するアフリカ系アメリカ人の民話は、数百年にわたり奴隷制の続いたアメリカ南部で語り継がれてきた。しかし、この民話は、広く世界に伝わるトリックスター伝説の一例にすぎない。その足跡は南米および北米の先住民の間やエジプト、西アフリカ、東アジアにも見られるという(19)。小さな子供たちは児童向けの本や学校の授業を通してそうした話を知っている。カシアス・クレイももちろん聞いたことがあるにちがいない。ウサギどんが、強くてずる賢いキツネを出し抜く話が、クレイ少年の想像力にどのように影響したか、正確なことは知りようがない。カシアス・クレイがそうした民話のどの話を覚えていたにせよ、ゴージャス・ジョージに出会った頃には、あるいはルイヴィル時代に近所のゴロツキあがりの恐ろしげな相手と向き合う頃には、すでに彼の心の中にこのトリックスターが存在していたということは十分に考えられる。もしそこに天賦の才があるとすれば、それはおそらく彼の身体的素質であり、そう

いう素質を持ち合わせた人間が、ウサギどんのように、イバラの茂みで生まれ育ち、相手を罠におびき寄せて打ち負かす方法をよく知っていたのである。

第3章　トリックスターは世界をぶち壊す

俺はあんたが望むような人間になる必要はない

トリックスターは言葉を盗んで世界をひっくり返す

私はヒューという主人の家に約七年間住んだ。その間に読み書きを覚えた。そのためには、さまざまな策略をめぐらさなければならなかった。私には決まった教師はいなかった。好意で読み書きを教えようとしてくれた女主人は、夫の助言と指示に従い、教えるのをやめただけでなく、私がほかの人から教わることも頑として許さなかった。

そこで、私がとった方法でいちばんうまくいったのは、道で出会った白人の少年たちと友だちになることだった。私はできるだけ多くの子供たちを先生にした。そしてさまざまなとき、さまざまな場所で得た彼らの助けによって、文字を読めるようになった。私はいつも本を持ち歩き、使いにやらされたときに素早く用事をすませることで時間をつくり、帰る前に授業を受けた。また、主人の家には常に十分なパンが置いてあったので、それを持っていき、いつも歓迎された。そういう点では私の暮らしのほうが近隣に住む貧しい白人の子供たちの大半よりずっと豊かだったからだ。腹を空かせたわんぱく小僧にやったパンは、もっと価値のある知識のパンとなって返ってきた。

――『アメリカの奴隷――フレデリック・ダグラス自伝』（一八四五）

ボクシングについては、ほとんどの人が良くも悪くも一家言を持っている――ニューハンプシャーの年老いた恋人たちも、リヴァプールの港湾労働者も、オハイオの孤独な主婦たちも、プリンストンの花形文学者も、ニューメキシコのコンピューター学者も、コンゴの貧しい村の住民も、どこにいるのかはさておきノーマン・メイラーも、あらゆる町のコーヒーショップやバーにたむろする男たちも、とにかくみんなである。一般に公開される大がかりな見世物がすべてそうだというわけではない。ボクシングは特別なのだ。どういうわけか、信じがたいほど強く心をとらえる。暴力は嫌いという人はもちろん、スポーツにあまり関心がない人でも、ことボクシングの話や、少なくともボクサーの話になると、すぐに興奮してくる。それが、アリのような男たちの（そして今では新たに加わった女たちの）驚くべき引力なのだ。

ボクシングのように、多種多様な文化領域を受け容れるほど広くゆきわたっている見世物やスポーツはほかにない。ボクシングが好きという〈ファン〉の典型的イメージが、活字を読むのは賭け率表くらいという葉巻をくわえた肥満体の男だとするなら、ボクシングの筋金入り〈マニア〉のイメージは、高尚な文化的嗜好の世界で高い評価を受けながら、その名声もボクシングに利用するためだといわんばかりの博識な文学者といったところだ。なかでもずば抜けているのがジョイス・キャロル・オーツで、彼女にとってのボクシングは、デイヴィッド・ハルバースタムにとってのボート・レース、ドリス・カーンズ・ジョイス〔一九四三年―。米国の歴史学者・伝記作家〕にとっての野球のようなものであり、[1]オーツの『オン・ボクシング』は、ボクシングの試合について鋭く分析している書物の一冊に挙げられる。このエッセイはノーマン・メイラーの『ザ・ファイト』ほど自分について言及せず、ジョージ・プリンプトン〔一九二七年―。米国の著述家・編集者〕のボクシング物ほどこね回してもいない。抑制がきいていて、全体的視点からとらえているという意味では、A・J・リーブリング〔一九〇四―六三年。米国の作家〕やマレー・ケンプトン〔一九一七―九七年。コラムニスト〕の解説に近い。そして、おそらくジェラルド・アーリー〔一九五二年―。英文学者・作家・詩人〕を除けば、人間的な言葉でボクシングを語らせたらオーツの右に出る者はいない[2]だろう。彼女はボクシングの細部だけでなく、このスポーツのより大きな可能性をも知っている。

私が、ボクシングに興味を持ったのは、子供のころのことで、それは、父のボクシング好きに根を発している。私のように子供時代からボクシングを見てきた人間には、ボクシングのことを、ボクシングを超越した何かの象徴と考えるのは不可能だ。私にとって、ボクシングの特異性とは、何かを表すための略語でもないし、単純化した図像でもない。けれども、人生は、ボクシングの暗喩だという論題を考えてみることはできる――例えば、一ラウンド、また一ラウンドと続く試合、ジャブ、当たらなかったパンチ、クリンチ、何も決まらない、またゴングが鳴る、あなたと、そして、あなたの対戦相手、二人はあまりによく似ているので、あなたの対戦相手があなたなのだと思わずにはいられない。なぜ、闘争するのか？　ライトが情容赦なく照りつける檻の中、ロープで囲まれたこの高い壇上で、いまかいまかと待ち受ける群集を前にして、なぜ闘うのか?――といった忌まわしい文学的隠喩。人生は多くの点でボクシングに似ている。だが、ボクシングは、ボクシングにしか似ていない。(3)

〔『オン・ボクシング』北代美和子訳〕

これがいかに魅力的な文章でも、そう簡単に鵜呑みにはできないものがある。

ボクシングはそんなに真剣になって取り上げるべきものなのだろうか。オーツのような鋭い洞察力の持主であっても、あまり評判の芳しくないこの見世物を、崇高かつ特異《ユニーク》であると断言すべきものなのだろうか。それでは、ソニー・リストンやマイク・タイソンのような社会的に悲惨な境遇にあった男たちを、醜く刻んでさらに悲惨にしてしまうこともあるボクシングの試合から、長年にわたって富と名声を手に入れてきたドン・キングのような評判の悪い連中については、いったい何と言ったらいいのだろう?(4) もし誰かがオーツに、人生はボクシングの暗喩だと強く確信させたのだとしたら、ボクシングはいわばカメラ・オブスキュラ〔カメラの原型となるもので、暗い部屋や箱に空けた穴を通して外界が上下逆さまに映し出される〕のように現実を逆さまにした見世物にちがいない。つまり、実像を逆さにして見せるのだ。そう考えると、オーツの言うことにも一理あるかもしれない。有名人が凡人の退屈な日常生活の苦痛を和らげる万能薬の一つになるように、ボクシングも、過度に意味のある人生を追い求めて見せかけの幸福感を得ようとする焦りを抑える薬になっているのかもしれない。それなら有名ボクサーたちは、胸のすくようなやり方で鎮静剤と覚醒剤をカクテルにして供しているわけで、とりわけ特異《ユニーク》だといえるかもしれない。

人生に何か意味があるとしたら、それは、きわめて限定された場所の個々の人生において意味があるということだ。〈人生〉をそれ自体として、まるで生活とはかけ離れた高尚なもののように賛美するのは、すでに毎日同じことの繰返しという日常のなかで生きている人々を侮辱することになる。死や傷害を、自分の夢や希望に割り込んできた取消し不能なものとしてそのまま受け止める文化においては、人生の浮き沈みに適応する準備ができている。女性などの類型化され差別されている人たちのほうが、過酷ではあっても平凡な生活をうまく乗り越えているように見えるのは、そのためかもしれない。いずれにしろ、ヨーロッパやヨーロッパからの移住者が住み着いたところではどこでも、西洋人は人間の生命に対して深い敬意を払っていると考えられ、そうした考え方が重視されている。西洋人の人種差別的外面よりもっと複雑な理由から、少なくともアメリカ人は、東洋人が人間の生命を尊重していないと指摘するだろう。もっと一般的にいえば、西洋人にとって〈東洋〉とはぼんやりとした道徳地理学の用語でしかなく、市場や敵を必要として現実にその場所に移り住む場合にのみ、たとえば日本、中国、韓国、ベトナム、イラン、イラク、アフガニスタンといったような特定の場所となる。このように、西洋文化においては、西洋にとっての東洋は白人にとっての黒人と似たような役割を果たす。アフリカの奴隷を読み書きのできない状態にしておくことが、白人の人種的優位性と差異の象徴として必要だったように、西洋の道徳的正当性を主張するには、東洋人は人権を無視していると仮定しておくほうが便利なのである。[5]

二〇〇一年、ニューヨークの世界貿易センターが攻撃を受ける九月十一日の数日前、家族の集まりに出ていた私は、あまり恥じる気持もなしに、昔からさんざん言われてきた西洋の優れた人間性に対する自信が再現される席に居合わせていた。そのとき集まった家族や友人の誰一人、その数日後にアメリカが攻撃されることも、どこから攻撃されるかも、知るよしもなかった。それにしても、あの恐ろしい出来事を二日後に控えた穏やかな九月の日曜日、悪意のない礼儀正しい会話から、こんなせりふが飛び出した。「あの人たちには命を尊重する気がない」。その言葉は、『タイム』のような軟弱なメディアの偏った知識の受け売りから、ふいに脱線して出てきたものだった。誰かが、中国では死刑執行が増えているという話をどこかで聞いてきたのだ。あのお上品な郊外の場に舞い降りてきたのは、中国における死罪には、移植用の臓器を摘出するために新鮮な死体を供給するという隠れた役割があるという噂だった。

太陽は明るく輝いていた。私たちはプール・サイドの木陰にいて、プールは今年最後の泳ぐ人をぼんやり待っていた。穏やかな会話がわずかに議論めいてきた。問題となったのは、望まずして臓器提供者となる人間を的確に殺す手段についてだ。その集まりはなぜかやたらと医療関係者が多かったので、話はまたたくまに貴重な臓器を損なわないためには、どういう殺し方をしたらいいかという技術的な問題に発展していった。臓器の組織を傷つけるので、電気椅子はもちろんのこと、ガスも注射もダメ。絞首刑は効率が悪すぎる。ギロチンがいいと熱心に推奨する声もあった。だが最後に勝ったのは銃殺だった。無菌の外科的使用部分を損なうことなく効率的に「患者」を撃ち殺す確実な方法は、ブランチの用意ができたと告げる声によって結論を出すまでには至らなかった。私はあとになってはじめて、もしも誰か招かれざる懐疑主義者が立ち聞きしていたら、人間の生命への敬意が足りないのはどっちなのか断定できなかっただろう、と気がついた。

それから、まる二日もたたないうちに、まるで私たちが嵐を引き起こす蝶であったかのように、〈あの人たち〉の数人がニューヨークにある資本主義帝国の金融の中枢を破壊した。このことから権力者たちは、〈われわれ米国民〉は今すぐには公表できない手段によって、生死を問わず、彼らを徹底的にやっつけるべきだと決断を下した。どんな場合にどちらの側にいようと、気持が昂って、死ぬか生きるかの限界に立ち向かうところではどこでも、偏見などなくても暴力（すなわち人間の生命を尊重しない究極の行為）は育まれる、というのがより普遍的な真実なのだ。普通の人の直観に反するようなジョイス・キャロル・オーツのボクシングと人生に関する考えには、こうした賢明な判断があるのかもしれない。生きることは途切れることなく何ラウンドも続く試合のようなもので、そこで生き残れるかどうかは容赦ないむきだしの力によって決まるのだから、人生はボクシングに譬えられるかもしれない。ボクサーがリング上で命を落とすことはめったにないが、人間は必ず、自分の生きている舞台の上で死ぬ。ボディブローの日常を免れる者はほとんどいないということから考えると、人間の暴力は天性のもののようだ。そのボディブローによって、はっきり目覚めている者は、もはや打たれてもなにも感じないところまできてしまったと気づかされる。一九六五年十一月二十二日にラスベガスでアリに敗北したフロイド・パターソンが述べているように。

頭にがんがんパンチが浴びせられるようになると、ものすごく奇妙なことが起こり始めた。幸せな気分になってきたんだ。終わりが近いことはわかっていた。リングに立っている苦痛も、体を動かすたびに背中をナイフで刺されるような痛みも、もうすぐ終わる。もうすぐ意識を失うだろうって。そしてクレイが次々にパンチを繰り出してくると、意識が朦朧としてきて、気持よくなっていった。するとそのとき、レフェリーが割り込んできて、われわれを引き離した……あのときの映像を見ていた人なら、私がレフェリーのほうを向いて、「だめだ、だめだって！」と首を振っていたのを覚えているかもしれない。レフェリーが試合を止めようとするのを抗議していると思った人が多いらしいけど。実は、レフェリーがあいつのパンチを止めようとするのに抗議していたんだ。私はほんもののすごいパンチを食らいたかった。最高のパンチを受けて気を失いたかった。(6)

苦痛のあまり精神に歪みが生じると、妙な快感を覚えるものだ。人間らしいところは、死を恐れることより、むしろ死への願望をかわすことにある――日々の単調な仕事があまりにも辛いときに湧き起こる死への願望を。

いずれにしろ、西洋における〈人生《ライフ》〉は、耐えがたいほど意味に満ちている――もっと正確にいうと、意味を見いだしたいという意志に満ちている。どんな世界的文化にしろ、〈人生《ライフ》〉には意味があると思われている文化において、意識が朦朧としている人間にとって最も安心できるのは、何よりも命が大事なのだと思い出させてくれる健全な助言だろう――たとえそれが、大上段にかまえた大文字の〈人生《ライフ》〉ではなく、小文字の〈生命《ライフ》〉〈生活《ライフ》〉であっても。したがって、西洋文化がきわめて注意深く見直されるようになった一九六〇年代という時代に、ボクサーのトリックスターという存在が人々の関心を集めるようになったことは、不思議な形でつながり合ったさまざまな事象の一つなのかもしれない。ひょっとしたら、一九六四年二月二十五日にソニー・リストンを倒したあと、カシアス・クレイがトリックスターの有名人モハメッド・アリに変身したのは、ちょうどその頃に世界がまさにそうしたキャラクターを必要としていたからなのだろうか？

ある意味で〈人生〉に情熱を傾ける世界的文化にとって、人生に究極の意味を求める見かけ倒しの希望を支えておくために、モハメッド・アリが必要とされたのだろうか？

一九六四年の初め、カシアス・クレイはフロリダ州マイアミで、二月下旬のソニー・リストン戦に向けてトレーニングに励んでいた。

この季節になると、南フロリダには北部から太陽を求める人々が集まってくる。冬に閉ざされたニューヨークからもたくさんやって来たが、そのなかにマルコムXがいた。休暇というより、もっと重要な任務で来ていたのだ。すでに〈ネイション・オブ・イスラム〉の指導者イライジャ・ムハンマドとの関係は悪化し、決裂寸前になっていたが、利発で前途有望なボクシング選手クレイの教団導師という役割はまだ続いていた。

マイアミのボクシング関係者や少数のスポーツ・ライターやその一戦に利害を持つプロモーターたちは、カシアス・クレイのそばにいつもマルコムがいるのに気づいていた。もちろん、イライジャ・ムハンマドも知っていたが、距離を保っていた。世界ヘビー級チャンピオンとなら教団が公然と関係を持つのもメリットがある。しかし、クレイは恐ろしい現チャンピオンに破滅させられるというのが大方の予想だった。試合の夜が近づくと、取材にきていたスポーツ記者の九三パーセントはリストンが勝つと信じていた。クレイに賭けたごく少数は勘だけが頼りだった。〈ネイション・オブ・イスラム〉は敗者と同一視されて得するものはなにもない。イライジャ・ムハンマドは本心を隠しつつ、万一奇跡が起こった場合に備えて、カシアス・クレイとマルコムXが関係を深めていくのを黙認していたのである。

こうして、一九六四年初めの数週間、そもそもの起源から白人世界の攻撃的文化に寄食してきたボクシング界と、あくまでも黒人にこだわる〈ネイション・オブ・イスラム〉は、ありえないほどの奇妙な都合の良さで利害が一致したのだ。白人のボクシング界はクレイが教団の一員であることが公になれば観客が減って売上げを失うことを恐れ、教団は世界チャンピオンという大きな金づるになるかもしれない大穴を失うことを恐れた。密約があったわけではないが、クレイが自分の客としてマイアミを訪れていたマルコムに、しばらく町を離れているように頼むことを了承したときには、両者ともほっと胸をなで下ろしたことはまちがいない。

教団の聖職者たちは、数週間前に起こったケネディ大統領暗殺については沈黙を守るようにとイライジャに指示されていたが、マルコムは公然とその命令に違反したため、厳しい譴責を受けていた。イライジャは白人の怒りが教団に向けられるのを望まなかったのだ。それでなくとも運動は独自の内部問題を抱えていた。教団のなかで最も才気にあふれ、主張を歯切れよく明快に表現できる指導者だったマルコムは、すでに自分の思うままに行動するようになっていた。表面的にはイライジャに忠実だったが、世間からみれば〈ネイション・オブ・イスラム〉を象徴する存在はマルコムだった。嫉妬もあったのかどうかはさておき、イライジャの神聖な地位は教団発足当時からの原則である。何者も聖なる指導者の上に立つことはできない。たとえうわべだけでも、あってはならないことだった。イライジャはマルコムを牽制しなくてはならなかった。だが、それは簡単にできることではない。きっかけが必要だった。マルコムがケネディの非業の死について触れたのが、そのきっかけとなった。マルコムのその発言は教団の信者たちにとって耳新しいことではなかった。それでも、アメリカ人の神経がぴりぴりしていたあの当時、大統領暗殺を、白人の暴力という鳥がねぐらに帰ったようなもので、起こるべくして起こった、と言い放ったマルコムの発言は、アメリカの白人と教団自身の両方を傷つける諸刃の剣になりかねなかった。マルコムは頭が切れる。自分のとった行動の危険も承知していた[7]。実は、マルコムは譴責を受けるずっと以前に、イライジャ・ムハンマドに女性問題のスキャンダルを突きつけていたのだ。したがって、ケネディの死について言及したのは、イライジャの権威に対する正面切っての挑戦だった。結果的に、マイアミでカシアス・クレイと一緒に過ごしながら、マルコムに容易に察しがついたことは、クレイにとって教団のメンバーだと認めるのは時期尚早であり、それを認めるのは危険だということだった。マルコムは自分が何をすべきかわかっていた。そしてそれを実行したということらしい。というのも、当時カシアス・クレイとマルコムは兄弟のように慕いあっていたからだ。マルコムはマイアミを離れ、試合の夜に戻ってきた。

　ある意味で（だが独特の意味で）、白人が支配するボクシングの試合と〈ネイション・オブ・イスラム〉との微妙な利害のバランスは、これから社会全般に振りかかろうとしていることの、個別的、局地的な表現の一つにすぎなかった。名声というのは地球上の抽象的な場所で生まれるはずのないものだが、名声が高まるとともに、それが生まれた土地の影は薄れがちだ。一九六四年の初めには、ルイヴィルはすでにクレイの過去に埋没しつつあった。クレイは、一九六〇年のオリンピックのあとトレーナーになったアンジェロ・ダンディとマイアミに住み、そこでトレーニングをするようになっていた。しかも、その前年に行なわれたヘンリー・クーパー戦、およびダグ・ジョーンズ戦の散漫な試合内容にもかかわらず、カシアス・クレイはもはやケンタッキー出身の田舎の若者ではなくなっていた。遠く離れたニューイングランドの片田舎に住むヘレン・トロウ夫人さえ知っていた可能性があるほど、喝采を浴びる人間になっていたのである。

とはいうものの、クレイの運命の上に着々と名声が築かれるにつれ、それなりの場所が必要となった。バンディーニやマルコムのような友人や支持者と交流する場所や、子供たちと遊んだり信仰生活を深める場所、あるいは彼の父親がそうだったように、その周辺で美女を追いかける場所もほしかった。そして、まもなくカシアスがそうなるように、有名人がさらに有名になると、マイアミという限定された場所にいる彼のところまでさまざまな世界的事象が降りてきて、彼はその波に乗ることになる。マルコム、ダンディ、〈ネイション・オブ・イスラム〉、マイアミの試合の観衆、ビル・マクドナルド（リストン戦の地元プロモーター）は、その限定された場所において、すでに世界的な現実の表層にひずみを起こしつつあった緊張と展望を体現している人々であった。

白人にとって、チャールズ・ソニー・リストンは限りなく黒い存在だった。ムラート（白黒混血）

であるアリに比べてそれほど濃い黒でもなかったのだが、ともかく、ソニー・リストンは白人が最も恐れる神話の悪霊〈ブラックマン〉そのものだった。リストンはアーカンソー州フォレストシティ近くにある田舎（人口約三五〇人）で一九二七年から一九三四年の間に生まれたらしいが、極貧生活を送ったためか詳細は明らかではない。死んだのは一九七〇年十二月の最後の週。ネバダ州ラスベガスで、後ろ暗い取引の謎に包まれて死んだのだが、それもほぼ見当のつく謎だった。リストンが貧困にあえぐ掘っ建て小屋を出たのは、母親を探すためだった。ほんの子供だった彼は、わずかな着替えとバス代を工面するために盗んだペカンの実の入った袋を持って、セントルイスに向かった。都会でもっとましなチャンスにめぐり合うかもしれないと、少年と同じようにはかない望みを抱いて田舎を出ていった母親を探そうとしたのだ。

だが、セントルイスに行っても田舎より希望があるわけではない。たいした教育も受けていないリストンは、まともな仕事を見つけることができず、食べていくこともままならなかった。リストンがセントルイスで見つけたのは、家族とは名ばかりの人間関係と、街にあふれるトラブルだった。まもなく、警察に目をつけられるようになった。逮捕につぐ逮捕。やがて、ささいな犯罪から暴力沙汰へと進み、刑務所に入れられ、そこでボクシングを始めた。それは、ほかの方法では一人前になれない男の怒りが育んだ獰猛さのはけ口となった。一九六二年、当時のヘビー級王者フロイド・パターソンに挑戦するまでに出世したソニー・リストンは、白人の目には暗黒そのものに映っていた。怒り、威圧感のある肉体、犯罪の匂い、性的興奮、威嚇するような雰囲気。白人世界にとって、リストンは〈悪いニグロ〉そのものだった（そしてこれに対抗する言葉はほかには一つしかない

――〈良いニグロ〉だ)。

一九六二年九月二十五日、リストンは第一ラウンドの二分六秒でフロイド・パターソンを打ちのめした。ボクシング関係者は、似たような展開だった一九三八年六月二十二日の王座決定戦を思い出さずにはいられなかったろう。それは、ジョー・ルイスがドイツのマックス・シュメリングに対して、リストンより二秒少ない時間で前回の雪辱を果たした試合だ。そして、そうした記憶のなかで、ボクシングの世界が引き出したのは、世間に深く根づいた人種的原型であり、近代ボクシングはそうした人種的原型を軸にして組み立てられていた。

リストンが獰猛そのものだとしたら、パターソンはボクサーにしては異常なほどおとなしかった。その卑屈さはリストンの怒りと同様、スラム育ちという生い立ちによって培われたものだ。二人の子供時代は不気味なほど似ている。どちらも南部の貧しい田舎で生まれ、北部の都会へ移り住んで貧困のなかで成長し、どちらも問題を起こした。少年時代の違いは、リストンは刑務所に入れられ、パターソンは矯正施設送りという皮肉な幸運に恵まれた点だ。パターソンはその施設で教育を受け、どうやらそこで、貧困が育む怒りからある程度解放されたらしい。こうして、二人の性格は、リストンの場合は怒りによって、パターソンの場合は確信のなさによって形成された。二人は、まさに経済的暴力という点では精神的同類であり、暴力こそ、「鶏がねぐらに帰るように、起こるべくして起こったこと」とマルコムが表現した「鶏」のことだ。これは厳しい実社会の掟が都市スラムに住む黒人男性のチャンスをどれほど制限しているか、あまり理解されていなかった頃のことである(8)。満足のゆく中流の生活を獲得できる少数派と、凶悪な犯罪に走るしかない多数派のどちらかで、その中間に、自尊心を持てるようになる選択肢は少なかった。ろくに教育を受けていない身でそうした過酷な二者択一を迫られれば、徹底的に染みついた心理的不安定さに苦しむことになる。パターソンの誠実さは、そうした不安定さの存在を否定することなく、それと戦うことだった。告白して心の安らぐ人間もいるだろうが、ボクシングの世界で誠実であろうとすれば、パターソンのような男を弱くする――誰よりも自分自身に対して脆くなる。ましてや、心理的不安定さをあくまで暴力によって否定するリストンみたいな男の恐怖に立ち向かうときにはなおさらである。ボクシングが人生のようなものなのか、人生がボクシングのようなものなのかはともかく、ボクシングが男の政治学であるのは明らかで、それは人種的恐怖によってより熾烈になり、ほんものの男になるという黒人男性の期待を高めると同時に彼らを欲求不満に陥らせる。

しかし、フロイド・パターソンは暴力的なゲームにはまったく向いていなかった。ボクシングでは、どんなに優秀でも遅かれ早かれ力の拮抗する相手と出会い、困難にぶつかる。ほかのことはともかく、年齢がそれを教えてくれる。肉体は衰えていく一方なのに、始末に負えないのは精神のほうで、男らしさを見せてやれと何度も容赦なく要求する。明らかに自信喪失が見てとれるボクサーは、近いうちにまちがいなく敗北する。だから、パターソンが一九五六年にアーチー・ムーアを破り、ヘビー級チャンピオンになったのは、注目すべき出来事だった。周知のように、パターソンは一九五九年にインゲマル・ヨハンソンに王座を奪われるのだが、その後、一九六一年三月にヨハンソンを倒して、ヘビー級では初の王座奪還を果たしたことでもよく知られている。だが、勝利はしても、ヨハンソンを倒した残酷さを後悔しているところに、パターソンの隠れた性格が出てしまった。[9]

それにしても、リング上のパターソンは、そのように自分のせいで招く問題よりずっと大きな問題を抱えていた。一九六二年のリストン戦でパターソンに期待されたのは、ボクシングを、そして暗にアメリカを、不名誉から救う〈良いニグロ〉という役柄だった。二四年前にジョー・ルイスがシュメリングを相手にその役を演じたように。

〈良いニグロ〉と〈悪いニグロ〉のテーマは、二十世紀初めに君臨したジャック・ジョンソンのようなニグロは二度と出さないという〈偉大なる白人の希望《グレート・ホワイト・ホープ》〉から派生したテーマにすぎなかった。そして、パターソンの置かれた苦しい立場は、人種問題が注目を浴びる時代の流れによってますます難しいものになった。一九六二年という年はまだ公民権運動の黄金期であり、人種間の協調を求める白人の願望が、長い間与えずにきた公民権を認めて市民的公正をもって黒人をなだめれば、マルコムXの訴えの裏にある経済的公正の要求を黙らせることができるという見通しに立っていた時期だった。その後すぐに、黒人と白人の協調という公民権の理想は破綻することになる。しかし、パターソンとリストンが対戦する数週間前の一九六二年の夏には、黒人と白人のフリーダム・ライド〔一九六〇年代に公共交通機関における人種差別の撤廃を要求してバスなど公共交通機関を用いて南部諸州へ押しかけた示威運動〕の活動家たちが暴力の犠牲になり、市民的公正の確立が急務であると痛感された。フリーダム・ライドの活動家たちは、異人種同士で公共の州間バスに乗って旅をする権利を試していただけなのに、バスが停留所に止まるたびに、乗客は白人も黒人も関係なく人種差別主義の白人たちにめった打ちにされたのである。南部アラバマにおける白人の男たちの将来は、都市におけるリストンやパターソンのような男たちの将来と同じくらい、不安定な状態にあった。また、マルコムXのいう「鶏」が「ねぐらに帰る」（それは一九六三年六月十二日、黒人の公民権運動指導者メドガー・エヴァーズが活動中に暗殺され、それから数ヵ月後の十一月にケネディ大統領が暗殺されるという形で起こる）まで、あと約一年弱という時代状況にあった。当初、ケネディが市民的公正への傾倒を深めていたことが暗殺の背景にあったのではないかと懸念され、南部で殺されたという事実はその懸念の解消には役立たなかった。今日でもまだ、リー・ハーヴェイ・オズワルドのような無計画でイデオロギー的に支離滅裂な白人の男が単独の狙撃犯だと考えるのは、理性的に判断すれば相当無理がある。しかし、この場合の真実がどうだったにせよ、マルコムはまちがいなく力強い真実を語っていた。経済的収奪によって育まれた人種的暴力が表面に出たとき、鶏は破壊的な卵を産むのである。

このように、〈良いニグロ〉のパターソンが〈悪いニグロ〉のリストンと対決する一九六二年九月下旬には、パターソンは単なるタイトル以上のもの、あるいはほんものの男らしさ以上のものを防衛することを期待されていた。すなわち、内部に矛盾を抱えたアメリカの理想そのものを防御することである。ケネディ大統領はみずからそれをほのめかした。リストン戦の前に「あいつ」をやっつけることの国家的重要性を伝えるためにパターソンをホワイトハウスに招いたのだ[10]。この「勅令」によって、ケネディは国民全体を表わす〈われわれ〉という言葉を使った。そのときにはまだ、特権を持つ白人が〈われわれ〉という言葉を使っても何もとがめられない時代だった。アメリカ合衆国大統領は、自分の考えをフロイド・パターソンに説明する必要はなかった。パターソンのほうは何を要求されているかわかっていた――と同時に、おそらく期待に添えないだろうということも知っていたにちがいない。

黒人の期待に加えて、白人の期待も一身に担うプレッシャーを想像してみてほしい。それはまだ、マルコムＸのメッセージが確固たるものになる以前、〈ブラック・パワー〉が時代のキーワードになる以前、アフリカやカリブ海諸島の植民地が白人支配に対して起こした反乱が世界的にみてどんな意味を持つか、少しでも理解されるようになる以前のことであり、当時、人種的メッセージはおもに二つの形をとって出てきた。一つは植民地化された地域の暗部で、縛り首にするぞという脅迫も含めて悪意に満ちた侮蔑的言動となって発信され、もう一つは植民地支配者の社会で、家政婦をファーストネームで呼びつけるのに返事は苗字に敬称をつけて答えねばならないといったように、きわめて無頓着にねじ曲げられた形で伝えられた。しかしボクシングは、そうした暗部の外にある世界、お上品な社会とは別の世界のひとつだった。そこは真実がものを言うところだった。

黒人のチャンピオンたちは、人種の戦いにおける立場を明確にしないまでも、少なくとも、人種の象徴としての役割を果たすという無理な注文に従うことを期待された。一九六二年において、それは〈ニグロ〉の模範となることを意味した。つまり、そこで演じられていた公民権ドラマで平和的解決を求める白人の思惑を体現できる〈ニグロ〉だった。〈良いニグロ〉と〈悪いニグロ〉という象徴的人物は、長い年月を通して伝えられてきたもので、今その役をパターソンとリストンが背負わされることになったわけだ。そしてリストンが相手なら、パターソンは〈良いニグロ〉にならざるをえない。〈良いニグロ〉という言葉は、もちろん、不安を隠した白人の希望《ホワイト・ホープ》の比喩的表現だった。現代ボクシングの試合におけるこの言葉の起源はよく知られている。

ジャック・ジョンソン（一八七八―一九四六）は、近代ボクシングにおける初の黒人ヘビー級チャンピオンだった。それまでも同じような実力を備えた黒人はいたが、タイトル戦を許可されることはなかったのだ。ジョンソンはあらゆる挑戦者のなかでもずば抜けて強く、彼の挑戦を許さなければやがては王座そのものの信用を失いかねなかった。ジョンソンは一九〇八年に世界チャンピオンとなり、八年にわたってすべての挑戦者を退け、タイトルを守った。そして無敵の王者として君臨する間に、さまざまな意味でこの世界の常識を変えていった。カシアス・クレイのように舞うがごときヘビー級のボクサーがいるとすれば、それはジョンソンだった。半世紀後のリストンのように白人を怒らせ恐怖させる黒人がいるとすれば、それはジョンソンだった。ジャック・ジョンソンはリング上の挑戦者をすべて打ち負かすことによって、白人に問題を突きつけた。一九一五年、ついにジェシー・ウィラードに二六ラウンド目でノックアウトされるまで、白人でも黒人でもジョンソンにかなう者はいなかった。

ボクサーとして抜群の才能を持っていたパパ・ジャックは、白人の対戦相手をもてあそんでいるように見えたが、危険をおかすような真似はしなかった。素晴らしい攻撃型のボクサーだったものの、白人の相手をからかうためにディフェンシヴに戦うことも多かった。そうやって敵の体力を消耗させ、士気をくじいた。試合の身支度をするとき、自分のペニスをタオルでくるんだこともある。リングのまわりの白人たちに、彼らが何を最も恐れているのか、なぜ自分を破滅させたいと思っているのかに気づかせるためだ。黒人差別政策がまかり通っていた時代、ほとんどの白人が、黒人はあらゆる点で劣っているという考えにしがみついていた。ジョンソンが登場するまでは、強い白人ボクサーと互角に戦える黒人がいるはずはないと考えられていたのだ。そのイデオロギーの裏にあったのは、もちろん恐怖心であり、その恐怖心から、白人男性の優れた能力を再確認させてくれる〈偉大なる白人の希望《グレイト・ホワイト・ホープ》〉探しが始まった。白人の希望を探すのは困難をきわめた。ジョンソンはキューバでウィラードに負けたときには三十八歳になっていた。しかも老いぼれた三十八歳である。酒とセックスとスピード狂、夜な夜なのパーティのツケがまわってきていたのだ。そのうえジョンソンは、戦う男はみずからの男らしさを証明するために戦うという原則からやや外れていた。少なくともリングでは、何かを証明するためというより、裁判費用と放埒な生活にかかる出費を稼ぐために戦った。

リングの中では自分の力量を見事に証明していたジョンソンだが、世間によく知られた放埒な生活やおおっぴらな性生活が、どこまでリングの外で自分の正しさを証明しようとするやり方だったのか、その判断は難しい。私生活では、心に抱えた人種的傷口を開いて塩をすり込まざるをえなかったのかもしれない。アメリカの黒人差別はどこにでもある人種差別のようだが、一つだけ違いがあった。黒人に対する白人の憎悪はあからさまだった。試合の間じゅう、ジャック・ジョンソンの耳には黒人差別の悪口が聞こえていた。彼は動じることなく、無関心を装ってそれに応じた。私生活では、白人女性と出歩くという形で公然と反抗してみせた。売春婦にしろ妻にしろ（あるいはその両方にしろ）、彼が提供するはずのものを求める若い白人女性を連れて、あちこちに出かけた。[11]リングサイドに陣取った連中が、ジョンソンをやじり倒して心理的に傷めつけようとする一方、法と秩序の番人である警官は性犯罪の容疑で合法的に彼を捕らえようとした。検察側は何度も失敗を重ねた末、一九一三年、ジョンソンに振られた元愛人の虚偽の証言に基づき、ついに有罪判決を勝ちとった。

売春などの目的で女性を州から州へ移送することを禁じた〈白人奴隷輸送禁止法〉――マン法という別称のほうがよく知られている――の風変わりなところは、無垢な少女の性的搾取に照準を定めているように見えるが、「白人奴隷」という驚くべき表現を使うこと自体、アメリカのピューリタニズムの底には、人種と性が同じような厳しさで扱われるという深い流れがあったことを示唆している。いずれにせよ、ジョンソンが辱めたとされる女性の多くは有名な売春婦だったという事実にもかかわらず、マン法によって有罪判決を受けた者のなかではジョンソンの悪名が最も高い。ジョンソンは判決を下される前にヨーロッパに逃げ、最終的にはキューバにたどりついて、そこでウィラードにタイトルを奪われた。そして、自分を喜んで受け容れてくれる国が次第に少なくなったため、残りの人生を自由に生きようと、アメリカに帰国して刑に服した。刑務所を出たときには、かつて常にそうであったように自信に満ちあふれ、ただちに、一分のすきもない身なりの世慣れた男の生活を再開した[12]。一九四六年六月十日、その時代の〈グレイト・ホワイト・ホープ〉となったビリー・コンとジョー・ルイスの第二戦を、リンカーン・ゼファーを飛ばして見にいく途中、道路状況を無視したスピードの出しすぎで亡くなった。彼らしい死に方だった。その死に方は彼の生き方に似ていた。人種差別が過酷だった時代状況を無視して、猛スピードで走り抜けた生き方に。

ジャック・ジョンソンの存在がアリの念頭にあったことはまちがいない。特に、ジョンソンの女性遍歴に対する有罪判決と同様、どう見てもでっち上げだった徴兵拒否に対する有罪判決が一九七〇年に破棄されたときには、なおさらジョンソンのことが頭をよぎったにちがいない。しかしアリは、連邦最高裁判所が有罪判決を取り消したあとの最初の試合で、黒人の男二人分の名誉をいっぺんに回復した。

あの晩、アリはジェリー・クォーリーに勝利した。第三ラウンドで、白人ボクサーの目が切れてぱっくり傷口が開いた。大混乱だった。短い試合の間じゅう、アリのセコンドとしてついた親友のドゥルー・〝バンディーニ〟・ブラウンは「ジャック・ジョンソンがここにいる！」とか「会場に亡霊が来てる！　亡霊が来てる！」と言い続けた。アリは名誉を取り戻しつつあった。同時に、ジャック・ジョンソンも名誉を取り戻しつつあった。というより、多くの人にとってそう思われた(13)。

ジャック・ジョンソンは確かに亡霊だった——アリだけでなく多くの人にとっても。白人たちは、男らしい勇気の象徴たるヘビー級王座を獲得し維持できる白人の男を探さなければなかったが、ジョンソンはその〈グレイト・ホワイト・ホープ〉探しを邪魔する亡霊だった。ジョンソンが最後に敗北を喫してから二二年間、黒人はヘビー級タイトル戦の機会を与えられなかった。ようやくその機会を与えられたジョー・ルイスは（ジョンソンと同様にあまりにも強かったのでタイトル戦を許可しないわけにはいかなかったのだ）、一九三七年六月二十二日、ジェームズ・ブラドックを倒して王座についた。パパ・ジャック・ジョンソンの亡霊は、チャンピオンになる以前も以後もルイスにとりついていた。もちろん、チャンピオンになってからちょうど一年目、マックス・シュメリングと戦ったときにも背後についていた。亡霊は、私生活のなかではもっと頻繁に姿を現わした。ルイスはジョンソンのように、白人も含めて女性からしつこく追いかけられた。ジョンソンのように、性生活も奔放だった。だがジョー・ルイスは後援者から、白人女性と一緒にいるところを見られないように、人前で無礼な口をきかないように、と厳しく言い渡されていた[14]。それでも、ルイスはジャック・ジョンソンの亡霊の単なる運び屋にすぎなかったが、その亡霊によってもっとおぞましい形で悩まされたのは、〈悪いニグロ〉の再来ソニー・リストンと対戦したフロイド・パターソンだった。アリが徴兵を拒否した一九六七年までには、アメリカ人の人種意識のなかには〈悪いニグロ〉の亡霊がしっかりとこびりついていた。ジョー・ルイスやフロイド・パターソンの温和な〈良いニグロ〉の亡霊が白人の頭に入っているなら、アリの徴兵拒否は「悪」と見なされるほかはない。アリは、アメリカの人種に対する規範というきわめて単純な原理にのっとって、徴兵忌避罪で告訴され、有罪を宣告されたのだ[15]。

〈悪い黒人《バッド・ブラック・マン》〉の亡霊は、近代のボクシングにたえずつきまとってきた。亡霊とは消えることのない、ある過去の状態である。白人はジャック・ジョンソンを攻撃し、ジョンソンはそうした人種差別に公然と歯向かって、起訴と回避が繰り返されるうちに、結局、有罪を宣告されてしまった。白人の怒りの実態は常にねじれている。だから、ジョー・ルイスのような人徳のある黒人は、リベラルでまじめな白人のうわべを繕う隠れみのとなる。そしてマックス・シュメリングに雪辱を果たしたジョー・ルイスは、ヒトラーの悪に対するアメリカの善を象徴する国民的英雄となった。それぞれの国がつくりだした二つの異なる形の人種差別を転覆したとき、ジョー・ルイスは、アメリカでたぶん初めて白人に敬愛される黒人となったのだ。とはいえ、亡霊はまだ、ジミー・キャノンの「彼は人種の誇りだ――人間という人種の」という馬鹿げた言葉のなかに存在していた。今では不朽の名せりふとされているこの言葉には、白人の人種政治学が端的にあらわれている。こんなふうに人間という人種の一人としてルイスを讃えることは、まさに、彼の人種は人間の仲間に入っていなかったという考えを裏づけるものだ。ジャック・ジョンソンが王座を失った一九一五年から、カシアス・クレイが王座についた一九六四年まで、試合のカードは、黒人を公然と締め出すか、ルイスが王者になった一九三四年以降は性的および人種的中立性（もちろん中立でも何でもない）のルールに従っていることを強調するかのどちらかの形で展開された。フロイド・パターソンを悩ましていたのはそうした過去の亡霊であり、一九六二年、ソニー・リストンが〈良いニグロ〉を叩きのめしてぶち壊したのはそうした体制だったのだ。

そして、ボクシング界の文化をひっくり返したのは、一九六四年のカシアス・クレイ対ソニー・リストン戦だった。悪役リストンは、急にあらわれたわけではない。その頃すでに、ジョンソンの不気味な影として存在していた。唯一違うのは、適当な白人がいないため白人の代役を押しつけられていた黒人のパターソンを倒した点だけである。しかし、カシアス・クレイは、一九六四年二月二十五日にリングに登場した時点で、すでにそれまでの選手とは別の存在になっていた。悪玉でも善玉でもなく、白でも黒でもない、人種問題に無知な白人たちの理解をはるかに超える存在だった。

アリにはアメリカが持つ人種的強迫観念の鋳型を壊す準備ができていて、実際、人種の違いに関して世界に広くゆきわたっている文化をほどなくひっくり返すことになる。

勝ち上がっていくクレイの姿を見ていた人たちにとって最も衝撃的だったのは、その騒々しい大言壮語だった。俺は偉大だ、と叫ぶ子供っぽさには、誰もがげんなりした。だが、そこにショー・ビジネスの世界、ゴージャス・ジョージや、さらにはリトル・リチャードにつながるものを見抜いていた人々もいた。それでも、その種の自己宣伝は、真剣勝負のボクシングの世界とはどこか相容れないものがあった。レスリングならたぶん（舞台劇であればまちがいなく）許されていただろう。だが、ボクシングは人生のようなものだった——たとえ、人生がボクシングのようなものでないとしても。難しい思索はさておいて、一九六四年のアメリカは、ジョー・ルイスとフロイド・パターソンに課せられていた社会的要求が弱まったことによって、ジャック・ジョンソンの亡霊もすっかり影が薄くなってしまった頃で、そんなときに白人に対する優位性を宣言し、その後それを証明してみせた黒人を、世間は何と呼んだらいいのかわからなかった。真の意味で肌の色の境界線を超えていたごく少数を除けば、当時の白人が新しいタイプの黒人と聞いて思い浮かべるのは、ほとんどの場合マーティン・ルーサー・キング・ジュニアだった。キングにはキングの恐ろしさがあったが、それでも、その非暴力の主張に、白人たちはとりあえずほっとしていた。まもなくブラック・パワーのシーンに登場してくるストックリー・カーマイケル〔一九四一年—。米国の市民運動指導者で〈ブラック・パワー〉の理念の創始者〕やブラック・パンサー〔一九六六年に設立された黒人解放運動の急進的組織のメンバー〕などは言うまでもないが、マルコムXやカシアス・クレイのような男たちは、ほとんど想像もできないような存在だったのである。

言葉や拳《こぶし》や、それよりもっと恐ろしいもので破壊することができると、男女を問わず表明していたブラック・パワーという思想こそ、アメリカのカースト制の支配層にとって、最も暗く根強い恐怖だった。アメリカの人種差別をヨーロッパからの移住者が定住したその他の土地の人種差別より（もっと悪いということはないにしても）特異なものにしていたのは、この恐怖だった。どこよりも悲惨な事態を生み出した南アフリカでさえ、アパルトヘイトは法律という形をとり、その邪悪さは白日の下にさらされていた。アメリカでは、一八六三年のリンカーンの奴隷解放宣言以来、抑圧された感情が活動のエネルギーとなり、法律で禁じられたことが隠れた暴力の形で行なわれていた。従って〈グレイト・ホワイト・ホープ〉は、紳士的ボクサーたちの意味のないドラマだったのでは決してない。それなりに、アメリカ流人種差別の核心にあったのだ。

亡霊とはやっかいなものである。それは抑圧された感情の漏出、無意識の揺らぎであり、自分で選んだ生身の人間にとりついて息を吹き返す。ジャック・ジョンソンは、白人の恐怖（すなわち、セックス、抵抗、暴力、白人を不安にさせる識字力《リテラシー》）の投影だと言われることが多かった。ジョンソンが彼なりに、カシアス・クレイと同じように言葉をうまく使う能力があったという事実に言及されることはめったにない。二人ともろくに学校教育を受けていないにもかかわらず話す言葉は歯切れがよく、しかも自分が挑戦する世界の既成文化をはっきりと理解していた。たとえでっち上げにせよ、政府がジョンソンを刑事事件で有罪にするのになぜあれほど時間がかかったか、その理由のひとつは、彼が身の処し方をよく知っていたからだ。たとえばランディ・ロバーツは、最も深刻な状況に陥って裁判にかけられたときのジョンソンの様子を次のように語っている。

ジャック・ジョンソンは自分の弁護をしながら、手を左腿のほうへ落ち着きなく動かしていた。彼は窮地に陥っていた。だが、顔にはまったくそれが現われていなかった。不安に眉を寄せるかわりに、謎めいた微笑を浮かべていた。マン法違反の疑いで裁判にかけられているというのに、罪を悔いている様子はみじんもなかった。その声には、尋問するハリー・A・パーキン地方検事をあざ笑うような響きしかこもっていなかった。ジョンソンは言った。ええ、自分は白人の売春婦をたくさん知っていたし、そのうちの数人を連れて州を越えて移動しました。ええ、そうです、と彼は言った。検察側の重要証人ベル・シュライバーについてはとりわけよく知っていますよ……そう、一度ならず夜を共に過ごしたこともあります。一九一〇年八月、アトランティックシティに、ベルが自分を訪ねてきたときもそうだった。彼女のほうから訪ねてきたんですよ、とジャックは強調した。当然じゃないですか？　あの偉大なジム・ジェフリーズを倒して、誰も文句のつけようのないヘビー級チャンピオンになったばかりだったんだから[16]。

敵の気持をいちばん逆なでするものを正確に知り、それをはっきりと口にすることができる。窮地に立たされた男にとって、これ以上の文化的リテラシーがあるだろうか。ジャックがいちばん強い白人の男を倒したからこそ、ベルはセックスを求めてジャックに会いに行ったのだ。

カシアス・クレイのリテラシーは、ジョンソンのそれとは少し違っていた。カシアスはすでにジャック・ジョンソンの亡霊と、その亡霊がもたらした混乱とともに生きていたからだ。しかし、リングの内外で困難に直面したとき、自分が言いたいことをずばり言う能力については、ジョンソンとまったく同じだった。ハーヴァード大学のソーンダーズ・シアターで行なわれたアリの公開講義に出席したジョージ・プリンプトンが、そのときのことを語っている。[17] 会場は数千人のアメリカのエリート学生で埋まっていた。高校さえ正式に卒業していないアリは、それでも全員を魅了した。終盤近くなって、学生たちはアリに詩をせがんだ。アリは間髪を入れず、「ミー/ウィー(私/私たち)」と応じた。プリンプトンに言わせればこれは英語でつくられた最も短い詩ということになるが、それはともかく、その切り返しには聴衆の心をとらえる魅力があった。学生たちは陶然となった。

ジョンソンとクレイは、それぞれの生きた時代と持って生まれた性格の違いからその才能は異なっていたものの、どちらも天性の詩人だった。そしてそれこそ、黒人の社会的能力に対する白人の恐怖を引き起こすリテラシーを物語っていた。それは事実上、フレデリック・ダグラスが腹をすかせた白人少年たちをうまく操って自分に読み書きを教えさせたとき、彼らから盗んだものと同種の文化的リテラシーだった。やがてダグラスが話し方を身につけると、その話し方は、奴隷として生まれた仲間たちの誰とも違っていた。ダグラスはその後、アメリカとヨーロッパの各地をまわり、ほとんどの地域において、白人が黒人の劣等性を願いながら入念に安定させていた世界を覆す先駆者の一人になった。[18] 疎外された者が話しだすとき、彼らは自分たちが劣等だというのは嘘であることを、力で押さえつけられてきた真実に照らして明らかにしてみせる。同じであれば、彼らにも優位に立つ潜在的可能性があるのだ。

それにしても、カシアス・クレイはまた別のキャラクターであり、おそらく、ジャック・ジョンソンよりずっとデリケートで洗練された策略家だった。一九六〇年ローマ・オリンピックで注目を集めて以来、ハーヴァードでやったようなことをやり続けてきたのである。ゴージャス・ジョージのスタイルを盗んだときには抜け目ない計算があったかもしれないが、その場で「ミー／ウィー」と切り返すのは、計算でできることではない。アリが持っているような魅力は、魂の奥深いところに流れているものなのだ。ローマのオリンピック村で、愛すべき村長を務めたときのアリは、無邪気な子供だったが、人々がずっとそのままでいてほしいと思うような無邪気なだけの子供ではなかった。関心を持っていた白人は、彼の魅力を、ある育ち方をした黒人少年――小銭稼ぎのためにダンスをするような少年の魅力だと考えていたにちがいない。実際、自転車が盗まれた日の十二歳のアリはそんな少年だった。そしてすべてがジョー・マーティンのジムから始まった。クレイの魅力と当意即妙のウイットは、次第にボクシング文化を熟知した多くの人の心をつかむようになり、ジミー・キャノンのような人々までも納得させた。ジミー・キャノンは、両手を低く保ったままスピードと挑発だけでチャンピオンになれるボクサーなどいるはずがないと信じ切っていた。事実、そんなボクサーはかつて一人もいなかったのだ。

ボクシング好きの人間――ついでにいえば、黒人の本質をありのまま偏見を持たずに見ている人間――で、それまでクレイのようなボクサーを見た者はいなかった。ましてやクレイのような黒人を見た者はいなかった。彼らにとっても私たちにとっても、クレイは、人種にまつわるわれわれの語彙を広げたという意味で、今までとは勝手の違うタイプだった。こうしたクレイの人間としての生き方という基本的事実と、ソニー・リストンは無敵だという思い込みは、相互に作用した。何と言ってもリストンは、黒人の身で〈白人の希望《ホワイト・マンズ・ホープ》〉となったフロイド・パターソンを、二度も完膚なきまでにやっつけていた。だから、初のリストン―クレイ戦が行なわれた夜、リストンがノックアウト勝ちするお膳立てはそろっていたのだ。クレイは、自分の役回りを完全に自覚していたようだ――道化を演じ、群衆を興奮させ、観客を動員して売上げを増やすという役回りを。トリックスターの思惑どおり、パフォーマンスはうまくいった。だが、何よりもうまくいったのは、試合前の計量場面で行なわれたパフォーマンスだった。

試合のずっと前、まだ試合の契約が成立する前の段階から、カシアス・クレイは、泰然自若としたリストンを動揺させようともくろみ始めていた。そこにいたる数年間で、クレイが公衆の面前でリストンを挑発したことが数回あった。一度は、ラスベガスのカジノで（ここではリストンの勝ちだったかもしれない）、またあるときは、デンバーで……。クレイは真夜中にデンバーのリストンの家まで車を走らせ、それをレポーターやカメラマンたちが追っていった。リストンは、すでにクレイを理解していた。だが、その頭にはどんなクレイのイメージがつきまとっていたのだろう？マイアミでも、クレイは公衆の面前で嫌がらせを続けた。空港でリストンを待ち構え、ダウンタウンまで追っていき、そのたびにリストンのことを、「まぬけ野郎《チャンプ》」〔チャンピオンのチャンプと発音が異なる〕とか、「アグリー・ベア」〔醜い熊〕と呼び続けた。それから十年後にジョー・フレイジャーが「アンクル・トム」〔白人に迎合する黒人〕と呼ばれて傷ついたように、そのあざけりの言葉は、無表情な顔に隠れたリストンの心をぐさりと突き刺した。一九七〇年代のクレイが、ジョー・フレイジャーの心の奥に流れる黒人としてのプライドをよく知っていたように、一九六〇年代のクレイは、リストンが王座にいる自分に世間の敵意が向けられるのを気にしていたことを知っていたにちがいない。フレイジャーは決してアリを許さなかったし、リストンもクレイのあざけりを許すことができたとは思えない。マイアミで、リストンは若いクレイを二度威嚇しようとした。クレイもまた、侮蔑的な言葉を吐きながら、その場で喧嘩を買おうとした。こうした遭遇について、デイヴィッド・レムニックは、「フェザー級のスピードを持つクレイが実は大男で、自分より背が高いということに、リストンは嫌でも気づかざるをえなかった」と鋭く指摘している。[19] クレイは、まさにパターソンに欠けているものを持っていた――状況を読み、敵を理解しているという自信。その自信のおかげで、クレイは、リストンに対して持っていたにちがいない恐怖を抑えこむことができたのである。

一九六四年二月と一九六五年五月の二度にわたって行なわれたリストン－クレイ戦は、ボクシング史上最も議論の多い試合である。ほぼ四〇年たった今、アリは崇敬の対象として世界に君臨しているが、ボクシング界にはまだその試合で見たものを信じようとしない人々がいる。一九六四年初め、クレイにリストンを倒せるはずはない、クレイ自身が本気で勝てると考えているとは想像もできない、と多くの人が思っていたというのもよくわかる。だからこそ、当時も今も、試合当日の計量時におけるクレイの行動は理解しがたいのである。[20]

試合前の計量のとき、カシアス・クレイの行動があまりにも異常なので、トレーナーのアンジェロ・ダンディでさえ、正気じゃないと言ったほどだった。クレイと側近たちは、時間を間違えて計量の一時間前に到着してしまった。クレイが何を思っていたにせよ、たぶん早く着きすぎたことが火に油を注いだのだろう。まちがいなく言えるのは、相手を罵倒し、俺は偉大だと豪語するショーの続演を、クレイが最初から計画していたことだ。一時間待って計量が始まったとき、クレイは荒れ狂っていて、普段からありとあらゆる奇矯な行動に慣れている地元ボクシング協会でさえ、罰金をとる始末だった。こうしたことはすべて、いつもの〈ザ・カシアス・ショー〉だったのかもしれない。クレイジーな人間という型にはまった役柄を演じることは誰にでもできる。しかし、このときの病院へ送られてもおかくないようなクレイの躁状態——精神状態がどうだったかは別にして——を証明していたのは、上二〇〇、下一〇〇という血圧と、いつもは五四という心拍数が倍以上になっていた事実である。肉体の自動反射を示す数値の測定で、それほど驚異的な結果を出すのは、演技だけでは難しい[21]。ボクシング・コミッションのドクターは、試合時間までに血圧が下がらなければ試合は中止にすると警告した。デイヴィッド・レムニックによれば、その言葉はたちまち広まり、カシアスはリストンが怖くて町から逃げ出したという噂まで飛び交った。演技だったのかほんものだったのかはともかく、クレイの狂気を信じ込んだ唯一の重要人物がリストンだった。もともと躁病的気質のクレイではあるが、確かにこのときは度が過ぎた。しかし、狂気とは？　誰がそんなことを言えるだろう？　そして、クレイとリストンのどちらがより怖がっていたのだろう？　リストンの妻ジェラルディンによれば、試合直前にソニーはクレイのことを「あの綿摘み野郎は正気じゃなくなっている。頭のおかしなやつは何をするかわからない」と言っていたという[22]。

結局、どちらがより怖がっていたのか。のちにクレイは恐怖を感じていたことを認めているが、実際には、試合開始までに血圧と心拍数は正常値に戻っていた。午後から夕方にかけてはいつもどおり、食べて休んで気晴らしをした。最後の身支度をする前に、ひと眠りまでしている。第一ラウンド開始前のにらみ合いのシーンでは、リストンを見おろすようにして立ち、いつもの罵倒を浴びせた。ショーの幕開けである。試合開始のゴングが鳴ったときから、クレイは攻めに入った。動きの素速さは一目瞭然で、口も動き続けた。第二ラウンドも第一ラウンドと同じ展開だった。明らかに、賭け率はとんでもなく間違っていた。リングサイドにはジョー・ルイスがいた。当時はすでに、ドラッグの影響もあってパンチ・ドランカー特有の怪しい状態になってはいたが、第一ラウンドは久々に見る素晴らしい試合だったと語った。第三ラウンドで、クレイの左フックの連打を浴びたリストンの右目が切れた。番狂わせは確実と思われた第四ラウンドで、後半に入ったとき、突然クレイの顔がゆがみ始めた。目が見えなくなったのだ。何かが目に入って焼けつくように痛かった。

今でも、なぜクレイの目が痛くなったのかはわからない。リストンが負ったような傷の手当てに使う収斂剤が、偶然グラブについたという可能性もある。あるいは、クレイの目をつぶすために意図的に何かが仕込まれたのかもしれない。顔の切り傷は、リング上で起こる最悪の事態だ。流血ほど敵を調子づかせ、自分の動きが不自由になるものはない。傷そのものはさておき、流れる血はボクサーの視界を遮り、ジャッジの目も曇らせる。流血して良いことはなにもない。リング上ではすでにリストンの敗色が濃厚だった。リストン敗北の予感は誰にとっても衝撃的だったが、とりわけリストンに賭けていた連中は青くなった。リストン勝利の確率があまりにも高かったので、腹黒い一派が自分たちの投資を守るために窮余の策に出たのではないかと多くの人が考えたほどだった。

クレイのスポンサーはルイヴィルの合法的なビジネスマンたちのグループだったが、リストンにはギャングがスポンサーとしてついており、当時はそのほうが一般的だった。クレイがこの世界の常識を変えるまでは、不正行為はボクシングに暗い影を落とす問題の一つだった。有望なボクサーを発見しチャンピオンに育て上げるには巨額の投資が必要で、ボクサー一人でどうなるものでもなかった。興行収入やテレビ放映権料などが今とは比較にならないほど少ない時代であればなおさらだ。絶頂期のジャック・ジョンソンは、自分で財政を管理をしていた数少ないボクサーの一人で、試合の映像権も自分が握っていた。そんなのは例外中の例外だった。一九六四年当時、賭け率を操作するために八百長を仕組むのは、投資をする動機でもあり、過去の損失を回収する方法でもあった。リストンの前科と裏社会とのつながりはよく知られていたから、疑惑はいっそう濃くなった。たとえクレイの目が一時的に見えなくなったことがアクシデントだったにせよ、リストンが潔癖だったと信じる人はほとんどいなかった。

第四ラウンドが終了し、休憩になったとき、痛みと混乱が激しくなったクレイはグラブの紐を切ってくれと要求した。もうやめたかったのだ。無理もない。痛みだけならともかく、狭いリングで、目も見えずに獰猛なリストンに対峙する――何年もあざけりの言葉を浴びせ続けられたうえに、またこの三ラウンドで痛みと流血を見舞われ、怒り心頭に発しているリストン――そんなリストンと対決するのは、まさに獰猛な熊に立ち向かうのに等しかった。逃げだしたくなるのも当然だ。しかし、カシアス・クレイの優秀かつ賢明なトレーナー、アンジェロ・ダンディは、タオルを投げ入れるのを拒んだ。リストンの勝利が宣言されようとした数秒前、アンジェロは文字どおりクレイの背中を第五ラウンドへと押し出した。もし彼がそうしなかったら、モハメド・アリは生まれなかったし、世界は違ったものになっていただろう、たぶん今よりつまらない世界に。第五ラウンドのほとんどを、クレイは直感だけでリストンの攻撃をどうにかすり抜けた。ほかに身を守る術はなかった。リストンはもちろん強打で押してくる。そしてラウンドも半ばを過ぎたころ、カシアスの視界が広がり始めた。

そのとき、リストンの運命は閉ざされた。クレイはリストンの閉じかけた傷口を再び開かせ、第六ラウンドになると傷口から裂けた肉が見えるようになった。リストンはなんとか第六ラウンドを持ちこたえたものの、第七ラウンドが始まる直前に、試合の中止が宣言された。クレイは勝った。モハメド・アリがもうすぐ誕生しようとしていた。

勝利したカシアス・クレイは傲然としていた。クレイの忘れがたいもう一つのイメージは、ロープに寄りかかる新チャンピオンを撮った写真だ。彼は右手を高く振り上げ、目を剝いておどけた表情をつくり、リング下のスポーツ・キャスターたちに向かって「前に言ったことを訂正しろ！」と叫んだ。(23) しかし、常に誰の支配も受けないカシアス・クレイの挑戦的な態度は、ジャック・ジョンソンのそれとは天と地ほども違っていた。元祖〈悪いニグロ〉がクールで非情で超然としていたのに対し、こういうときのクレイはいつも、子供じみたとまではいわないが、少なくともややひょうきんで、まわりの人々を惹きつけた。勝利の前に誘い込んでトリックを仕掛けた人々を。

リング上は大混乱だった。リストン陣営の男たちがリストンを介抱していた。レポーターやジャッジや試合の運営者、そしてクレイのセコンドたちが騒ぎに加わっていた。その瞬間の映像を見ると、クレイは人々にもみくちゃにされながらマイクに向かって叫んでいる。観客に向けて、その先の世界に向けて叫んでいた。音声は聞き取りにくいが、メッセージは明白だ。

アイム・ザ・グレイテスト（俺が最高だ）！……俺の顔には傷ひとつついてないぜ……俺はソニー・リストンを倒した……まだ二十二になったばかりの俺が……最も偉大なのは俺のはずだ……世界に見せてやったぜ……世界に言ってやってくれ……俺は毎日神と話をしている……ほんものの神だ……俺は世界の王者だ……世界を揺るがした……俺は人類史上最も美しい人間だ。(24)

そこにはすべての筋書きがある——最も偉大、最も美しい、最も若い、世界の王者。リングサイドで彼の言葉を聞いていた人たちのうち、ごく少数ではあっても、ひょっとしたらいくつか不相応な言葉があることに気がついたかもしれない。それは、「俺は毎日神と話をしている……ほんものの神だ」というもうすぐ世界を劇的に揺るがすことになる言葉だった。

試合のあと、マルコムXはカシアス・クレイのそばに戻った。相変わらず飛行機を怖がっていたクレイは、車で北上してニューヨークへ行った。そしてハーレムのホテル・テレサに滞在した。マルコムは公然と彼を連れて街を案内した。カシアス・クレイとしての日々が終わろうとしていた。

もうすぐ生まれようとしているアリという存在は、もはや秘密でも何でもなかった。彼は〈ネーションを・オブ・イスラム〉のメンバーだった。わずか数日後の三月六日、彼はイライジャ・ムハンマドから、今ではおなじみになった聖なる名前、モハメド・アリという名を授けられる。新しい人生をスタートさせた代償は、友人を失うことだった。イライジャ・ムハンマドの命令で、マルコムと訣別したのだ。試合後の中東とアフリカへの旅行に出発する直前のことだった。アリに拒絶されたマルコムは、当然のことながら傷ついた。教団から脱退していたマルコムはかつてのブラザーに近づこうとして、侮蔑をもってあしらわれた。なかでも最悪だったのはガーナのアクラで偶然出会ったアリに、口をきくことも拒否されたときである。それから一年もしないうちに、マルコムXは、人生の全部ではないにしろ大部分を捧げてきた教団に暗殺されることになる。一方アリは、実際には未熟な若者だったのに、突如として世界的有名人になっていた。イライジャ・ムハンマドには、どんな欠点があったにせよ少なくとも信者の信頼を集めるだけの力がある男であり、アリには確かに導いてくれる人間が必要だった。アリはそれ以後ずっと熱心なイスラム教徒として生きることになるが、のちになって、かつて愛した友人にひどい仕打ちをしたことを後悔した。

アリはマイアミでボクシング界を揺さぶった。だが、〈ネイション・オブ・イスラム〉のメンバーであることを公表したとき、もっと大きな世界に激震を起こした。二月二十五日、試合が終わり、世界は彼の手中にあった。その後の数日間で、アリは、頭は切れるが単なるふざけた若者ではないことがはっきりしてくるにつれ、自分の揺さぶった世界の半分、ほとんど白人からなるその半分を、たちまちのうちに失った。二〇〇一年になっても、イスラムを理解しているヨーロッパ系アメリカ人がほとんどいないとしたら、一九六五年に、当時まだアメリカの小さなムーヴメントだった〈ネイション・オブ・イスラム〉をわずかでも理解しようという気になれた人が、いったい何人いただろう。ほとんどの人にわかったのは、イライジャ・ムハンマドやマルコムXのような人間は、自分たちの気風とは異質な、不可解な存在だということだけだった。アメリカのブラック・ムスリムは、アメリカの人種的秩序を脅かすという問題は別にしても、当時のロジックに従えば外国勢力の手先以外の何ものでもなかった。このときはまだ、最悪だった「赤の恐怖」が終わってから一〇年しかたっておらず、ロナルド・レーガンが「悪の帝国」について語る二〇年も前の話である。冷戦時代の思考は、身近でなじみがあって「いいやつ」という無邪気な行動規範から外れるものは理解できない、理解できないものは何でも疑う、という単純さだった。そんなわけで、アリの凱旋パレードには嵐が吹き荒れた。

モハメド・アリは侮蔑をもって扱われた。大口ばかりたたくチンピラにすぎないという試合前の悪口が、優しく思えるほどだった。今になって考えると、理由は明白だ。ジャック・ジョンソンは人種的抵抗を桁外れの性的能力というタオルに包んで見せたのだが、アリは白人のアメリカに対して正面から人種的トリックを仕掛けた。すなわち、アメリカ文化のなかでも最もアメリカ的な特徴――ドワイト・アイゼンハワー大統領が言うところの「篤い信仰心」――をみずから進んで引き受け、彼なりのアメリカの宗教に対して、表面的に敬虔なアイゼンハワーより深い信仰心を持つようになったのである。〈ネイション・オブ・イスラム〉は、一部のアフリカ系アメリカ人にとっては、人種差別に対する彼らなりのアメリカ的反応であったわけだが、当時の白人にとって、そういう考え方があるとは想像もできなかった。それは、アメリカ唯一の土着的宗教である末日聖徒イエス・キリスト教会を、そのあからさまな人種差別主義を理由に批判しようとは想像もしなかったのと同じことだ。モルモン教徒は当時（一部では今も）いろいろな意味できわめて奇異に思われていたが、彼らの人種差別主義についてはおかしいとは思われていなかった。[25] それとは対照的に、アフリカ系アメリカ人がきわめて異質な世界的宗教の名において、白人のアメリカを否定することができるという考え方は、メッカ巡礼に行ったマルコムが、有色人種と並んで礼拝するイスラム圏の白人を発見したときの驚きと同じくらい、不思議なものに思われた。マルコムはこの発見を契機に白人に対する根深い憎悪を改めた。こうしてマルコムが精神的に優位に立ったことが明らかになり、人々に恐れられるようになった。イスラムを信じるアメリカ黒人だという理由でマルコムXを憎み、今またモハメド・アリを憎むようになった人々は、精神的な劣等者だった。アメリカの人種に関する強迫観念は、再び深い無意識の共通基盤に戻っていた——それは折しも、人種問題はどのように重要であるかについて、公民権運動が国民を教育していたときだった。人種問題の方向転換は、肌の色の境界線の両側で起きていた。その意味で、アリは孤独ではなかった。一九六五年末までには、ブラック・パワーのスローガンとそれが突きつける現実を前にして、ヨーロッパ人がアフリカ大陸の植民地の反乱で二〇年前から直面していたことを、アメリカ人も考えざるをえなくなり、とくに一九六六年に入るとその傾向が顕著になった。世界の有色人種は、子供でもなければ、植民地支配者の文化の卑屈な崇拝者でもなかった。アリが最初にこうした運動を始めたわけではないし、その点ではブラック・パンサー党員やその他のブラック・パワー運動の活動家も似たようなものだ。マルコムXやマーティン・ルーサー・キングとその賛同者たちも含めて、彼らはみな、世界中で高まりつつあった白人支配に対する抵抗運動の波に乗ったのである。そうした世界的動向は、ヨーロピアン・ディアスポラたちが住み着いたあらゆる地域に見られつつあった。

アリは、アフリカの貧困のなかに取り残された大勢の人々と同じように苦しんだわけではないし、西側先進国で警官に撃ち殺される黒人たちと同じように苦しんだのでもないが、やはり苦難を体験させられた。最大の快挙を成し遂げたその瞬間に、白人からのありがたい贈り物を拒否する反逆者として無情な扱いを受けたのである。いうまでもなく、その後もっとよく知られている苦難、すなわち宗教的信条のためにアメリカの司法・軍事機構など巨大な国家体制と正面から衝突するという苦難を味わうことになる。アリに対する攻撃は、リストンを破ってからの二年間は主として言葉によるもので、その攻撃もアリがリングの内外で見せる卓越したショーマンシップのせいで力が殺《そ》がれていた。アリを否定するのは難しかった。それでも、既成の文化が長い間認めようとしなかった人種的恐怖に支えられた疑念は、リングにさえ忍び込んできた。

アリはリストンに再戦の機会を与えた。ルールというより、それが慣例だった。しかし、試合の開催地探しにはトラブルがついてまわった。どの町も、アリと関わりになるのを嫌った。アリの取り巻きのなかでもひときわ目立つようになっていた威嚇的な〈フルーツ・オブ・イスラム〉〔〈ネイション・オブ・イスラム〉の下部組織〕のメンバーがついてくるとなればなおさらだった。ルイヴィルのスポンサーと契約が切れたあと、アリのマネジメントは教団が引き受け、主としてイライジャ・ムハンマドの息子ハーバート・ムハンマドが取り仕切っていた。かつて黒人のステレオタイプを拒絶しそれを変えようとしたアリは、再び変身していた。

新しい生き方について執拗な質問や挑発的なコメントを浴びせられて、アリが言い返した最も有名なせりふは、「俺は、あんたが望むような人間になる必要はない」。それまでのボクシング界のチャンピオンは、社会から期待されるような人間になろうとした。ジョー・ルイスとフロイド・パターソンはプレッシャーに負けた——一人は、愚かにも年とってから報われるはずだと信じ、もう一人は才能に命じられてとった自分の行動を嫌悪した。だが、ソニー・リストンが、社会に広くゆきわたった人種的文化の規範によって受けたダメージは、いろいろな事情はあるにしろ実に悲劇的なものだった。とりわけひどかったのは、一九六二年、チャンピオンの座を勝ち取って故郷に凱旋したときのことだ。リストンは王者らしく立派に振る舞うつもりでいた。フィラデルフィアが公的な式典で歓迎してくれると思っていたし、少なくともそれなりの群衆の出迎えを期待していた。ところが、飛行機から降りてみると、そこには誰もいなかった。市役所の下級役人一人おらず、まばらな人影さえなく、航空会社の地上職員がいるだけだった。ソニー・リストンに割り当てられた役割は〈悪いニグロ〉であり、凱旋のときでさえそれを忘れることを許されなかったのだ。ある文化が、あるグループやそのグループの代表者に役割を与え、あくまでその役割を演じることを期待するとき、立場をわきまえさせるためのあらゆる努力が払われる。

文化はプロセスだといわれる。そのとおりだ。しかし、無意識の働きと同じように、文化が実際にはどのように機能するのか、特に、どのようにして排除作業を行なうのかを理解するのはひどく難しい。フィラデルフィアで起きたリストンの悲しい一日は、地元出身のならず者から政界の指導者たちが距離を置こうと決めた結果であることは明白だ。ちょうど、二十世紀初め、アメリカの辣腕法律家たちが〈悪いニグロ〉のジャック・ジョンソン――リストンに影となってつきまとっていたあのジャック・ジャクソン――を罰したように。だが、大勢のスポーツ・ファンの少年や男たち、あるいは普通の市民の誰も空港に行かなかったのは、どうしてなのだろう？　野次馬すらいなかったのはどうしたことか。私は、かつてカレッジで教えていたことがあるが、あるとき学校のスポーツ・チームが何かの大会で優勝した。カレッジがあったのは小さな町で、地元メディアも存在していなかったが、どういう経路でか、そのチームが真夜中に到着するというニュースが広まった。私は息子たちに厚着をさせて、たいして関心のなかったそのチームの到着を見にいった。するとなんと、そこには町の人々が集まっていたのだ！　いったい、これはどういうことだろう？　アメリカ屈指の大都市フィラデルフィアに、暇にまかせて地元のヒーローを見にいった私のような物好きな人間が二人や三人さえいないとは。そういうことは組織的にできるものではない。なんとも定義しがたい社会的無意識の抑圧的機能から出ている現象に違いない。これがもし、深刻な人種的矛盾を抱えているアメリカでなかったら、ボクシング界の〈悪いニグロ〉たちのなかでもひときわ輝かしい黒人に対して、そんな不当な扱いをするのは理解できないだろう。たとえ理解されたとしても、どうしてそうなるのか、説明するのは難しい。しかし、実際そうなるのである。

安心の拠りどころとなる既成概念に真っ向から反対しながら、なおかつ尊敬に値するという人物が、憎悪を引き起こす原因になったとき、恐怖から生まれる集団的憎悪はそれだけにいっそうあからさまに機能する。モハメド・アリは確かに黒人だったが、白人が理解できる黒人ではなかった。

彼らはただの道化者なら、たとえそれが戦うことも勝つこともできる道化者であっても、黙認できるようにはなったかもしれない。しかし、謎めいた反抗的集団に公然と忠誠を誓う道化者となると、それは文化の規範やあり方を根底からひっくり返してしまう。そして、その結果もその原因と同様、目に見えるものと見えないものとが並存して出てくる。

アリとソニー・リストンの再試合は、(アリの急性鼠頸ヘルニアの緊急手術による延期も含めて)すったもんだのあげく、ようやく一九六五年五月二十五日に決まった。この年の二月二十一日にマルコムXが暗殺されたことで、アリと〈ネイション・オブ・イスラム〉との関係はいっそう世間から懸念されるようになっていた。試合会場は、メイン州ルイストン。ニューイングランドの北のはずれにある小さな産業の町の青少年センターだった。理由はいろいろあるが、少なくとも、そこなら暴力沙汰を起こしそうな黒人を発見しやすいと思われたのだ。それでも、厳重な警備体制が敷かれ、観客は一部で推測された四千人という数字より少なかったようだ。テレビの生中継による収入があったおかげでプロモーターはどうにか破産を免れたが、ルイストンまで足を運んだ人々はショックを免れなかった。アリの目の覚めるような勝ち方はあまりにも衝撃的だった。リストンは前回タイトルを奪われたにもかかわらず、再戦でアリに勝てると予想されていた。アリはまたしても予想を裏切った。マイアミでの勝利がまぐれではなかったことを、わずか数分で証明してしまったのだ。あまりにも早く決着がついたので、ただでさえ少ない観客のなかにはまだ席についていなかった者さえいた。トマス・ハウザーの描写は、試合の経過をしっかり目に焼きつけた観客の一人とし

て、見たままを語っており、説得力がある。

多くの人が見逃したのは、ほとんど完璧といってよい一発のパンチだ――なかには、このパンチがリストンに当たらなかったと断言する者もいる。この試合で、アリは有効な強打を三発しか打っていない。一発目は開始直後。リングに飛び出していったアリは敵を追いつめ、右ストレートを打ってリストンを驚かせた。そして一分後、また右を放って挑戦者を呆然とさせた。リストンは相手をコーナーに追いつめようとして、前へ前へと出ていった。そしてジャブを出した。アリは身を引いてかわし、重心をかけた左足を軸にして右足を勢いよく振り、右ストレートでカウンター・パンチを放った。それがリストンの顎に命中した。衝撃でリストンの左足が浮いた。体重のほとんどがかかっていた左足が浮き、挑戦者はマットの上に倒れた(26)。

アリ自身、このノックダウンには動揺していた。誰も信じてくれないのではないかと心配していたのかもしれない。彼はリストンを見おろし、立ち上がって戦え、と怒鳴った。そのためにカウントが遅れた。アリはようやくニュートラル・コーナーに連れていかれた。リストンの耳にカウントが聞こえたときには、もはや手遅れだった。試合は終わった。リストンが名声を確立した対パターソン戦より短い時間での勝利だった。しかし、今回は困惑が渦巻いていた。

リストンは自分から倒れこんだのではないか?という疑惑は、彼が死んだあとも、それどころか今になってもまだ解明されておらず、今後も解明されることはないだろう。ボクサーが札付きのワルで犯罪歴がある場合、おまけにギャングの言いなりになっている場合、八百長試合は組もうと思えばいつでも組める。第一戦でギャングが損失を出している可能性が高いのだから、なおさらそれが疑われる。再戦ではほぼ二対一の賭け率でリストン勝利と予想されていたので、八百長なら前回の損失はいっぺんに回収できたはずである。リストン自身は、アリのようなクレイジーな男が真上に立ちはだかっているところで、とても立ち上がる気がしなかったと語っている[27]。アリが必死でつくり上げてきた恐怖のイメージが、その夜、ありえないほどの見事さで実を結んだのかもしれない。今でもまだ、リストンが時間内に立ち上がっていたら、アリが負けていたかもしれない、と言う人々がわずかながらいる。その一方で、最後のあのパンチを確かに目撃したという人や、あれはボクシング史上屈指のチャンピオンを倒すだけの威力があったと言う人もいる。このパンチについては、アリでさえジョークを言っている。彼は最初これをアンカー・パンチ（ジャック・ジョンソンの技にちなむ）と呼んでいたが、やがてファントム（幻の）・パンチと呼ぶようになった[28]。

試合について調査が行なわれた。ときどき、公正さを求めてこうした調査が行なわれる。八百長だったという証拠はなかった（不自然にアリに賭けていた者も見つからなかった）。月日が過ぎるうち、アリにはあのような圧倒的勝利をおさめるだけの力が確かにあったという証拠が、あり余るほど出てきた。それでもまだ、リストンは自分から倒れたと信じている人々がいる。〈悪いニグロ〉はいつまでたっても〈悪いニグロ〉のままだ。それ以外、考えようがないではないか、というわけだ。あるいは、アリのように人種的政治運動に深く関わっているらしい人間が、リストンほどの男をやすやすと倒せるはずがないという論法に基づいた疑惑だったのか。アリ－リストン戦にまつわる疑惑の反証となったのは、その後、何度もアリが見せてきた実績である。アリはそれ以降の現役生活のなかで、少なくとも三回、リストンとの初戦と同じくらい劣勢を予想された状況を克服し、再戦で見せたスピードとパワーで不可能と思われる試合をひっくり返した。一九七四年にジョージ・フォアマンを破った驚異の逆転劇は言うまでもなく、二度にわたる対ジョー・フレイジャー戦での勝利は、どう見てもありそうもないと考えられていた。二人ともアリより若く、かつてのリストンと同じように恐ろしい敵だった。それでも、アリは勝った。

アリには、その偉業を信じられなくさせるような何かが、いくつか同時に存在していた。その何かのために、アリを疑う人たちは、きわめてはっきりした事実さえ見えなくなってしまう。ソニー・リストンがいつ生まれたかについては本人でさえ知らなかった。一九二七年生まれという説もあり、そうするとアリと対戦したときは三十八歳ということになり、彼が最高のコンディションを保っていたとしても、ボクサーとしてはかなり高齢といっていい(29)。しかも、アリ以前に本当の意味での挑戦を受けたことが一度もなかった。だから、一部の人によって見過ごされているのは、一九六五年のあの夜のリストンについて最も注目すべきは、あの年齢にしてはきわめて良いコンディションにあったという事実である。そう考えると、才能のある若い青年がパワフルな年老いた男を倒した、という結論が妥当なのではないか。だが、それでも人種問題がからむと、目を向けるべき事実もほとんど問題にされなくなる。

アリは、いくつかの意味で一挙に世界を揺さぶった。リング上では、彼のようなボクサーは今までいなかった。さらに、黒人が押し込められていた文化的鋳型を打ち破った。文化的プロセスはアリに対して〈良いニグロ〉と〈悪いニグロ〉の分類方式を一応は試してみたのだろうが、どちらにも当てはめることができず、したがって黒人に対する白人の恐怖という観点からみたアリの人種的性格を判断することもできなかった。さらに、これもまた一応試してみたのだろうが、人種問題で紛糾している世界的な文化状況をもってしても、〈白い悪魔〉に憎悪を投げ返してくる人種政治学と一体になった、アリの新奇な宗教を説明することはできなかった。アリはなぜイスラムに入信したのか。まもなく、唯一説得力のある仮説が登場する。アリの父親がはからずも口走ったものだというこの仮説は、要するに教団に洗脳されたというのだ。黒人は、自分の頭で考えたり信じたりすることができない。少なくとも、長い間信じられてきた人種に関する心理的分類を超えようとすると、考えることができなくなるのだ、と。

しかし事実はまったく異なる。アリに対する教団の影響力は確かに大きく、友人のマルコムを捨てさせるほどだったが、〈白い悪魔〉という理論を受け容れさせるほどの影響力はなかった。アリは、人種の分離という教団の原理には賛同し、実践していたが、〈白い悪魔〉の教義に固執したことは一度もなかった。アンジェロ・ダンディやファーディ・パチェーコといった白人たちがそばにとどまっただけではなく、アリ自身、白人たちとの陽気で気のおけない関係を楽しんでいた。その点で最も特筆すべきは、うるさ型の評論家ハワード・コーセルとの関係だ。今では有名になったアリとコーセルの友情には、両者にとって対外的に都合がいいという側面もあったが、いろいろ見ていくと、すべてが友情はほんものだったことを示唆している。もしアリが白人を憎悪していたとしたら、もう少し付きあいやすい人間を友だちに選んだはずではないか。

アリは、アスリートとして優れた技量を見せ、人種的類型の裏をかくトリックを仕掛けて、既成の文化を困惑させたが、そんな微妙なニュアンスの及びもつかないさまざまな方法を駆使して、さらに世界を揺さぶることになる。このトリックスター的有名人は、単なる黒人の偶像を超える存在になるのである。そうしたストーリーが、一九六七年には早くも社会的影響力を持ち始める。だが、チャンピオンになってから数年間の時期に、アリが息を吹き込んだトラブルが、すでに見える形で存在していた。

一九六五年ではなく、今の時代に、誰かが世界や社会の仕組みを「クイアする」と言ったとき、同時にいくつかのことを暗示する。こうした言回しは、クイアという言葉がホモセクシュアルに対する侮蔑語になる以前から使われていた[30]。クイアの意味を逆手にとって、クイア政治学（ゲイ、レズビアンなど、ヘテロセクシュアル以外の人々の政治活動）のスローガンとして用いられるようになった今でも、まだ同じような使われ方をする。「クイアする」とは簡単にいうと、決まりごとを混乱に陥れることだ。したがって、クイアすることこそが、抑圧的な政治構造の転覆がほとんどできないような状況のなかで、一般に受け容れられている文化的体系に挑むトリックスターの仕事となる。クイアするということは、政治的、経済的勢力が堅固で揺るがず、根本的な社会変革を望めないとき、文化にトリックを仕掛けることである。

若いアリが活躍していたのは、そういう時代だった。一九六五年――ホワイトハウスにはリンドン・ジョンソンがいて、世界のキーワードが冷戦で、ベトナム戦争が激化し始めた頃――になってもまだ、リベラルな信条や習慣はおおむね疑問の余地なく受け容れられていた。少なくともアメリカにおいては、冷戦によって左翼的政治活動はすでに勢いを失っていた。十分に組織化された左派は存在せず、一九三〇年代に盛んだったマルクス主義的な政治活動の類もほとんど行なわれていなかった。マルコムXのような黒人急進派の台頭は、三〇年代あるいはそれ以前のニューヨークなど、ごくわずかな土地で育った人間を除いて誰も経験したことのない、ある意味で真に土着的と言える初めての急進的政治活動だった。アメリカで圧倒的多数を占める中流層が知っている政治といえば、フランクリン・ルーズヴェルトの貴族的進歩主義（あまり人気はなかった）、アイク・アイゼンハワーの祖父のような保守主義（絶大な人気があった）、JFKの新鮮でリベラルなレトリックと古典的保守外交政策の奇妙な折衷（意外にもけっこう人気があった）あたりに限られている。ハリー・トルーマンもリンドン・ジョンソンも問題にならなかった。どちらも政治的には意味をなさず、あまり存在感がなく、何かの政治運動を起こすきっかけもつくれなかった。学生運動はまだラディカルではなく、ブラック・パワーの台頭も数ヵ月先のことだ。ベトナム戦争反対運動が他の抵抗運動と連動してアメリカを揺るがすようになるのは、まだ三年先の話である。トラブルが近づいている。それは明白だった。だが、一九六三年から六五年にかけての時期は、古い秩序がまだ機能していた。これが、若き日のアリが置かれていた政治的現実だった。

その上、アリ自身は決して政治的人間ではなかった。アリの信奉する宗教の政治性は、あらゆる分離主義運動と同様に、あるとしても非常に保守的だった。それでも、アリに備わった類まれな文化的リテラシーは、政治的煽動力を持っていた。一九六七年、彼がベトナム行きを拒否したとき、それはきわめて明確になる。アリの徴兵拒否は、本人も驚いたことに、全米および世界各地の、アメリカの外交政策に反対する運動の盛り上がりに少なからぬ影響を与えたのである。しかし、まもなく終わろうとしていた一九六五年のアリの活動は、ほとんど政治性のないもので、当時言われていた「カウンター・コンシャスネス」(反意識)の意図すらなかった。アリは冗談をこめて「五人目のビートルズ」などと呼ばれていたが、遠くからアリを見ていた人たちに対する影響力は、リトル・リチャードのような他の黒人トリックスターとは種類が異なっていた。アリは若い頃からすでに、驚くほどセクシュアルな意味で、クイア的な駆引きの先駆者だったと言ってもそれほど大きく外れてはいないだろう。「クイアする」という言葉を中立的に聞くことができる人もいるかもしれないが、やはり人前でこの言葉を発するときにはどうしても、ヘテロセクシュアルを正常と考えないような連中はいろんな意味で現状を脅かすのではないか、という昔ながらの恐怖心を引き起こす。

アリのやり方が意識的にセクシュアルだったと言うつもりはない。そんなことはまったくなかったのだ。彼以前のボクサーたちと同じように、アリは桁外れの性的能力を持つヘテロセクシュアルの男で、美女を前にするとほとんど自制力がなくなった。ジョー・ルイスのように自分の女遊びを隠すこともなかった。ジョー・ルイスやジャック・ジョンソンの時代に比べて自由な精神の六〇年代には、セックスがそれほど詮索の対象にならなくなったとはいえ、アリは特に隠すこともなく女と遊んでいた。もちろん、ジョンソンのようにセックスをひけらかすことはなかったが、アメリカ的性規範を持つ文化に対して一種のトリックを仕掛けたのである。それはアリの他のトリックと同じくらい永続的効果があったかもしれない。

黒人にしろ白人にしろ、男たちは〈男らしさ〉という素朴な概念に取りつかれているが、アリはそうした幻想にまったく縛られなかった。人一倍精力的な男でありながら、マチズモの傾向はなかった。それどころか、ヘテロセクシュアルの男たちが持つ伝統的な男のプライドを、最初から否定していた。これは、ゴージャス・ジョージのスタイルをまねたことに顕著にあらわれている。ジョージは、昔から純粋なマチズモが演じられていたレスリングというショー・ビジネスの文化にあって、自分をゴージャスに――つまり美しく――見せようとした。そうすることで、ほんものの男たちが最も恐れること――「女々しい」と言われたり「お嬢ちゃん」と呼ばれること――を利用し、ヘテロ・ノーマルに対して公然と挑戦し、それを営業用の勲章にしたのである。アリもほぼ同じことをした。しかも、優位に立つ男が表に出すことのなかった大事な部分をさらけ出しながら、そうしたのである。

鍛えぬいた屈強な体を持つ恐ろしい男たちが、暴力を振るう（あるいは暴力を振るうフリをする）ために公衆の面前で裸になり、そのほとんどの時間を、仰天すべき抱擁に費やすスポーツを、私はボクシング以外に知らない（もっとも、レスリングもそうかもしれない）。クリンチで体を抱き合いながら、相手に立ち向かう力を搾り出し、次の一発を準備する。しかし、このとき相手に話しかけてもいる。抱擁しながらささやいているのは、恋の睦言《むつごと》ではないかもしれない。だが、まったく甘くないささやきかというとそうでもない。リストンやパターソンやフレイジャーやフォアマンの熱い耳にアリがささやいたと言われているのは、別種の甘い言葉である。タフな男たちが互いを罵るとき、その言葉に含まれる辛辣な真実は、この種の男たちがお互いに対して示す、精いっぱいの優しさに近いものなのだ。彼らは、街なかで喧嘩をするにしろリングで戦うにしろ、男なら誰でも恐れる真実を語る。それを認めるのはフロイド・パターソンのようなごく限られた人間だけである。人を震えあがらせるような男たちが恐がっている。当たり前だ。自分のなりたい男になれるかどうかは、ごくわずかな勝利のチャンスを物にできるかどうかにかかっている、という相手と戦うのだから。多くの場合、人並みの暮らしができるかどうかは、相手を倒せるかどうかで決まる。八百長試合でさえ、怪我をすることもある。そしてクリーンな試合では、敗者は賭け率の悪いマッチョなボクサーとして深く傷つくだろう。男としての力、尊敬を勝ち取る力を試されるテストを受けて、気がつくとマットの上にのびながら、あるいは茫然と立ち尽くしながら、公衆の面前で不合格になったことを知るのだから。現在、特にバスケットボールでよく使われるトラッシュ・トーク〔対戦相手を刺激するような言葉〕は、きわめて男性的な特異な意味で擬似的な優しさといえる。相手の母親の悪口を言い合うのは黒人特有の言葉遊びだったが、今ではどこのロッカールームでも聞かれる。ジャック・ジョンソンは、自信にあふれた冷静さで、狡猾にこれを行なった。白人に対して、おまえたちの秘密を知ってるぞ、と言ったのだ――黒人が白人と平等だということだけでなく、黒人が自分たちを倒しにくることを恐れているという秘密を。アリも言葉と身振りでほとんど同じことをしたが、そこには一種独特の優しさがあった。アリがソニー・リストンを「アグリー・ベア」（醜い熊）と呼んだとき、リストン自身が十分自覚していることを言っただけである。ソニー・リストンの人生について語られた言葉で最も痛ましいのは、「彼は、生まれた日に死んだ」という文句だ。[31] リストンの人生は極端に悲劇的だったが、ボクシングの世界に入ったほとんどの少年や男たちは、人生の厳しい現実を知っている。絶望のサイクルから抜け出そうとかすかなチャンスを求めて、トレーニングに励むために汚いジムに通うとき、その途中のいたるところに、いやというほど悲しい現実を見せつけられる。金持になるというはかない夢を、バスケットボール選手や麻薬の売人になることで追い求めるようになる以前の時代、希望への道はボクシングしかなかった。ボクシングはリストンにとって唯一の希望だった。そして、その夢をかなえたとき、フィラデルフィアと世界から「舞い上がるな。わかってるだろ、おまえは価値のない人間のクズだ」と告げられたのだ。アリの攻撃もテーマは同じだが、実際にはそれほど陰険ではなかった。

敵を罵るとき、アリはいつもトリックスターだけに見られる一種の抑制をきかせていた。ジョー・フレイジャーを除いて、アリの対戦相手はほとんどがこのことを理解していた。どうして理解せずにいられるだろう。彼らもまた、男らしさの極致を証明するために暴れまわるという、芯から愚かな目的のために裸になっていたのであり、そのこと自体、彼らが心に抱いている母親を喜ばせる人間になろうとしてなれなかったことの現われにすぎないのだ。相手をけなすとき、常に〈マザーファッカー〉という言葉が何らかの形で出てくるのはそのためである。

アリは、当時、性的な意味でクイアなわけではなかったが、その独特の存在にクイア（風変わり）なものがあった。詩をそらんじ、蝶のように舞い、彼の言葉に耳を傾けるすべての者に自分がいかに美しいかを思い出させる史上最高のファイター。実際、若き日のモハメド・アリは、単に魅力があるとかハンサムというのではなかった。ノーマン・メイラーが言ったように、見る人が息をのむような美しい男だったのだ。そういう美しさは常にセクシュアルで、そこに男らしさが加わるとそれは恐怖の対象にもなった。

一九六四年二月終わりのアリには、自分は世間が望むような人間になる必要はないと言い放つだけの冷静沈着さがあった。アリは彼なりのやり方でわれわれが望むような人間になったのであり、長い時を経て、白人の善意という表面下に存在する性と人種の奇妙な共謀をぶち壊す（すなわち「クイアする」）ことになった。

第4章　グローバル文化のアイロニー

ベトコンが俺を黒んぼと呼んだことはない

大だんなさまの鉄砲

大だんなさまが黒んぼを一人、鹿狩りに連れて行きなさって、場所を決めるとこう言いなさった。

「いいか、銃を構えてここで待っているんだぞ。わしは丘の向こうへまわって、隠れている鹿をこっちへ追い立てるからな。鹿が前を通ったら、撃つんだぞ」

黒んぼは「はい、わかりました、だんなさま、そのとおりにいたします」と返事したとさ。そして、そこに坐って、銃の撃鉄を起こして待っていると、しばらくして鹿が通ったとさ。まもなく白人のだんなが丘をまわってくると、鹿を殺したかと聞きなさったとさ。黒んぼは「まだ鹿なんか通っちゃいねえです」と答えたとさ。

「いや、鹿はまっすぐこっちに向かって来た、見えなかったわけはないぞ。見逃すはずはない」

「いいや、鹿なんて見てはいねえです。おいらが見たのは、椅子を頭に載せた白人のだんなだけで、だからおいらは帽子をちょいと上げて、ごあいさつ申し上げやした」

——ラーキンス・ホワイトのものとされる(1)

ことば遊び——刑務所の詩

牢獄を出た人々は国を築くことができる。

逆境は人々の忠誠をためす試練である。
不正に抗議する人々こそ、真に称賛に値する。
獄舎の扉が開かれたとき、ほんものの龍が飛び出すだろう。

——ホー・チ・ミン(2)

トリックスターのこととなると、見かけどおりのものはなに一つない。トリックスターが手がけるのはどんでん返しである。黒んぼは、白人の獲物を撃つように言われる。そうする代わりに、彼は椅子を頭に載せた大だんなさまに対して腰をかがめる。主人の所有物である黒んぼが、白人の愚かさを暴く。黒んぼの抵抗は、服従という形で差し出される。白人の最も陰険な侮辱が、黒んぼが白人を欺くパワーとなる。(3)そういうことが延々と続いていく。一目瞭然なほど明らかに思われることが、実はまったくそうではなく、トリックスターの自己変身が疑われるケースにすぎないのかもしれない。

　アリが〈ネイション・オブ・イスラム〉の一員としてカミングアウトしたのは、彼の最も劇的な自己改造――デイヴィッド・レムニックの言葉を借りれば「取替え子」[4]〔民話で、妖精が子供をさらい、代わりに醜い子を残す〕の表われだった、というのが現在一般に受け容れられている意見である。表面的にどう見えたかはさておき、アリの改宗は彼の行なった魔術《マジック》のなかでは簡単なほうだったかもしれない――それは、自分の感情的本性、自分のキャラクターをつくり直すマジックなのだから。アリが〈ネイション・オブ・イスラム〉に興味を抱いたのは、ソニー・リストンを倒したあとに異例の脚光を浴びたことが原因ではない。彼が宗教について考えていたことは、ほとんどの若者たちと同じように、日曜学校で教えられた初歩的な宗教的知識と、アメリカのすべての黒人少年たちが直面していたジレンマに対して与えられた力強い心理的解決法とが、ちぐはぐに混ざり合ったものだった。

　のちにアリが主張しているような、一九五五年（十三歳のカシアスがジョー・マーティンのトレーニングを受け始めた頃）のエメット・ティルのリンチ殺害事件[5]に大きな影響を受けたという話の真偽はわからないものの、ルイヴィルのウェスト・エンド出身の少年なら、あれほど憎悪に満ちた恐ろしい人種差別事件がなくても、世の中の不公平さは身に染みて知っていた。〈ネイション・オブ・イスラム〉が北部の都会の少年たちに示してみせたようなことを、エラ・ベイカー〔一九〇三―八六年。米国の社会改革家。公民権運動に貢献〕やマーティン・ルーサー・キングは、深南部の田舎の少年たちに与えていたのかもしれない。教団のプログラムが、ルイヴィルから出てきた若者にとってどれほど魅力的に映ったかは容易に想像できる。都会だが北部でも南部でもないルイヴィルには、それゆえに普通以上のアメリカの人種的矛盾があふれていた。カシアス・クレイは、（ジョー・マーティンとの出会いとその後の関係が示すように）本来は白人に敵対的ではなかった。しかし、人種に関するクレイの寛容な感覚はさておき、彼はやはり黒人であり、男であり、まだ若かったわけで、したがって、最も偉大な人間になるという内に秘めた思いを確認する方法がぜひとも必要だった。

〈ネイション・オブ・イスラム〉がデトロイトで初めてアメリカ社会に登場したのは、おそらくは一九三〇年、ウォーレス・D・ファードが世界の人種の歴史に関するグノーシス派の思想を説き始めたときだった。その運動は当初から、都市の貧しい黒人が日常的に直面している人種差別を説明するイデオロギーを提供したが、同時に、黒人の貧困地区ではめったに得られない特別な目的意識を与えた。一九三三年、ファードは早くもイライジャ・ムハンマドを後継者に任命した。そして一九三四年にファードが姿を消すと、今度は〈ネイション・オブ・イスラム〉のリーダーとなったイライジャがファードに神性の地位を授けた。[6] 一般的に、一九六〇年代以前のアメリカの白人はブラック・ムスリムについてほとんどなにも知らなかったと言っていい。やがて知ることになったのは、衝撃的な内容だった。

ファードの教えには、古代の宇宙船など奇妙な話がたくさん盛り込まれているが、ファードもその後継者のイライジャ・ムハンマドも、人種差別を受けていた被抑圧者の心に訴える教団の魅力と、白人による抑圧への抵抗とが密接につながるように、巧みに組織化していった。女性に求められる厳格な貞操、男性が優位に立つムスリム（イスラム教徒）家庭の理想、食べ物に対する制約、身体的清浄と人前での地味な服装、そしていつも闘志にあふれた男たちの顔——こうしたことがすべて、青い目の悪魔たちの人種差別に関して述べた〈ネイション・オブ・イスラム〉の教義に、別の意味で独特の説得力を与えた。この教義全体が実際に意味するところは、信者を分離することだった。それは単に黒人の白人からの分離だけでなく、白人から蔑まれる恰好の対象となっている黒人からの分離をも意味した。この〈ネイション・オブ・イスラム〉にジム・クロウ〔ミンストレル・ショーに登場する田舎のみすぼらしい黒人を戯画化したキャラクター。白人が顔を黒く塗って扮した。差別を甘んじて受ける黒人の意〕は不要だ。教団のムスリムたちは、白人の軽蔑する黒んぼになり下がることを拒否するという巧妙なトリックで、白人の人種的憎悪を根本から断ち切る生き方を目指した。それが〈ネイション・オブ・イスラム〉（イスラム国家）の内部からの、外部の国民《ネイション》に対する呼びかけだった。このトリックは、白人の暴力に対する報復の脅しというよりは、むしろ白人社会の恥辱を暴く生き証人として力を発揮した。自己矛盾をはらんだアメリカ的人種社会は、本質的にそうした恥辱から逃れることができなかった。実際的な指示と断固としたイデオロギー的指導という二つの要素は、社会運動を展開するためのきわめて強固な土台を築いた。結果的に、この運動は、ときには参加者が減少することはあるものの、それを年月で補うように長続きしている。

部外者の目にはどう映ったにせよ、マーカス・ガーヴィの〈全世界黒人地位改善協会〉（一九二〇年代初期に頓挫）〔一九二二年ガーヴィは郵便詐欺罪で投獄され、その後ジャマイカへ強制送還された〕などに比べると、〈ネイション・オブ・イスラム〉は現実的で世俗的な常識のお手本のようなものだった。ガーヴィは、自分が指導者となってアメリカの黒人を移民としてアフリカへ集団帰還させるという、現実離れした大胆な構想に夢中になっていた。ファードとイライジャ・ムハンマドは分離主義的教義を、ガーヴィとは反対の方向に向けた。社会的に悲惨な都市の貧困地区に狙いを定めて、新しい会員を勧誘する、という点では両者とも似たようなものだったが、ガーヴィの組織がメンバーをアフリカへ帰還させようとしたのに対して、ファードの教団は、実質的にアジアとアフリカをそのままアメリカへ持ち込もうとした。だからこそ、都市部の黒人の間に広まった〈ネイション・オブ・イスラム〉の存在を知った白人にとって、それが得体の知れない恐ろしいものに思われたのだ。〈ネイション〉の戦闘性をまったくわきにおいて考えれば、少なくとも、ウォーレス・ファードとイライジャ・ムハンマド（とイライジャの思想を受け継いだ現在のルイス・ファラカンの）運動は、空想的なイデオロギーと現実的な倫理的価値体系とが微妙に結びついたものだった。空想的イデオロギーはしばしば最も抑圧された層の関心を呼び、力強い現実的倫理観は、忠誠と勤勉の厳守を受け容れた人々の誇りをかき立てずにはおかなかった。組織的視点からみると、これに似た宗教運動はほかにほとんど見られない。空想的でありながらなおかつ現実的で、終末論的でありながらなおかつ実際的で、それなりに精神的でありながら決して感傷に流されない――そんな宗教運動は珍しい。少なくとも米国においては、少しでも〈ネイション・オブ・イスラム〉に近いものがあるとすれば、モルモン教の末日聖徒イエス・キリスト教会だけであり、その点では、これもまた（ハロルド・ブルームのいう意味で）[7]アメリカ独特の宗教なのである。

カシアス・クレイが育ったような環境に置かれた十代の少年にとって、これほど力強い社会的集団があるだろうか？　カシアスが初めて〈ネイション・オブ・イスラム〉について知ったのは、おそらく一九五八年と思われる。このときにはすでに「最も偉大になる」（その頃のカシアスが、どういう偉大さか、特に条件をつけずに唱え続けていた呪文）という目標に向かって着々と前進していた。当時は地元のチャンピオンで、アマチュア・ボクシングの選手権〈ゴールデン・グラブ〉大会の期待の星だった。オリンピック出場は手の届くところにある夢だった。それでも彼は事実を膨らませてホラを吹いた。見物人たちは唖然としたが、ボクシングのうまい少年がマッチョを気取っていきがっているにすぎないと聞き流していた。しかし、実際にはそれだけではなく、クレイ少年がイライジャ・ムハンマドの教えに勇気づけられていたのはまちがいない。翌一九五九年（高校二年生のとき）、アリは学期末のレポートに〈ネイション・オブ・イスラム〉について書きたいと言って教師を愕然とさせた。(8) このときにはすでに教団の教義に興味をそそられていたのだ。この年、ゴールデン・グラブの大会のためにシカゴに行った。「最も偉大になる」力があることを示すためには、この大会に勝つことが必要であり、効果的でもあった。そしてシカゴ滞在中に初めて〈ネイション〉のことを知るのだが、これは決して偶然ではない。一九六四年の対リストン戦やマルコムXとの友情に至るのはまだ五年も先の話で、二一年間の人生における五年はきわめて長い。

クレイのように、大望を抱きながらまだ十七歳そこそこという黒人の少年にとって、〈ネイション〉のイデオロギーは、精神面での欲求を満たすにはうってつけだった。ちょうどその才能が認められつつあり、アスリートとして成功するには何が必要かということも明らかになってきた時期だった。その年頃の少年たちは、自分でも理解できないような精神的欲求に悩んでいるもので、クレイがそうした悩みを抱えていなかったとは思えない（むしろほかの少年たちより悩んでいただろう）。そう考えると、クレイが〈ネイション・オブ・イスラム〉に魅了されたのは意外でも何でもなく、意外な点があるとすればただ一つ、少年の頃に受け容れた信仰を、大人になってからはもちろん、一九七五年にイライジャ・ムハンマドが亡くなったあとも持ち続け、さらに深めていったことだろう。イスラムは（一九七五年以降は必ずしも〈ネイション・オブ・イスラム〉の教えではないが）クレイ少年が成熟した大人になるのを助け、さまざまな側面を持つ複雑な人間へと変容するのを助けた。誹謗中傷する人々が何と言おうと、モハメド・アリは深い信仰心と他人に対する純粋な思いやりを持った人間になったのである。

一九六四年のアリの精神状態について多くのことを語っているのは、〈ネイション〉の一員になったことから偶然与えられた支援の形である。それはルイヴィルのグランド・アヴェニューという小さな世界で両親から受けていた保護の延長のようなものだった。しかもそれが得られたのは、彼の精神的成長においてとりわけ難しい時期だった。アリはリング上では覇者だった。きわめて男性的なこのスポーツで、どんな成人男子よりもはるかに優れていた。しかし、まだ成熟していない二十二歳、大人として十分に人間が形成されているとは言いがたい若者でもあった。だからこそアリは、ムスリムとして生まれた変わった自分を、少なくとも自分が許容できる範囲で、イライジャ・ムハンマドとその代理人たちに自由に演出させていたのかもしれない。教団は信者たちの間にアリというキャラクターを積極的に売り込み、〈ネイション〉の布教の対象となる一般大衆に向けて、ムスリムとしての新しいアイデンティティを広めるためにマスコミへの露出や写真撮影などを展開した。教団内部においては、特別に神聖な名前と、イライジャと直接親交を持つ地位を与えられた。

しかも、これは序の口にすぎない。イライジャはマルコムXとの関係を絶つようにアリに命じただけでなく、三男のハーバート・ムハンマドを常にアリのそばに置き、息子を通じてアリの公私にわたる生活に著しい影響を及ぼした。〈ネイション〉にとってアリは大事な広告塔であり、教団指導者がその取扱いを誤るわけにはいかなかった。

一九六四年から一九七五年にイライジャ・ムハンマドが死ぬまで、アリはこの教団指導者の指示にほぼ従っていた。それは、ベトナムで戦うことを拒否してボクシング界から追放されたあと、金のためにまたボクシングをしたいと言って[9]一九六九年に一時除名された〔教団は金儲けのためのスポーツを禁じていた〕ときにもその謹慎処分を受け容れるという、にわかには信じられないほどの従順さだった。どうやらイライジャ・ムハンマドは、ボクシングで大金が流れ込んでいたときにはそれを喜んで受け取ったが、アリが再びリングに立てるかどうか、まして刑務所行きを避けられるかどうかさえあやふやになると、形式を重んずるほうを選んだようだ。反抗的ではないものの独立心の強い若者だったアリがイライジャの権威に従ったということは、いかに彼が外から監督されることを必要としていたか、あるいはそれを望んでいたかを物語っているかもしれない。十分に保護されて育ってきた少年は、しばしばそうした監督を必要とするものだ。

振り返ってみて、ヘビー級王者として世界的に有名になるまで、カシアス・クレイがどれほど保護された生活を送ってきたかを想像するのは難しいかもしれない。彼の育った家庭は、完璧ではないにしても安定していた。ルイヴィルの黒人としては中流の下の階層で、つましくても確かな収入の恩恵を受けながら子供時代を過ごした。あの運命的な日に盗まれてしまうような新しい自転車を、実際に持ってもいた。そして、それからまもなく、十二歳でアリはオデッサの保護のもとから最初のトレーナーであるジョー・マーティンの保護のもとへ直行し、一九六〇年のオリンピック後はアンジェロ・ダンディへと受け渡された。一九六四年以降は、イライジャ・ムハンマドが保護者グループに加わる。幼少期、思春期、未完成の成人期初期を通じて、モハメド・アリが精神的に反逆児だったことは一度もない。リング上での非凡な能力と公衆の面前での馬鹿げた行動は、見ている者に成熟とはほど遠い印象を残した。イライジャ・ムハンマドの伝記を書いたクロード・クレッグはそれをはっきり見て取った。

あっさりとムスリムのメッセージのとりこになったクレイは、イライジャ・ムハンマドの意のままになる順応性を示し、運動のなかで自分に委ねられた役割は何であれ素直にこなした。このムスリムの指導者が、〈ネイション〉内部で進行中のごたごたに失望している信者の注意をそらすために、自分を利用することも快く許した。決してささいなことと言えないのは、このプロボクサーが父親的な後援者に、人前で公然と忠誠を尽くすことに何のためらいも感じていないように見えたことだ。運動にとって利益になるクレイの潜在的価値に気づいていたムスリムの指導者は、彼にいち早くXを授け〔教団は奴隷時代の姓を拒否して、未知数を意味するXを会員の名前のあとにつけさせた〕、喜んで家に迎え入れ、『ムハンマド・スピークス』〔教団の機関紙〕のページを割いて、信奉者たちの間にこのボクサーの評判を高めようとした[10]。

アリが父親に対してはかなり反抗したというのは本当だろう。父親は〈ネイション〉が息子の人生に影響を与えていることに激怒していたからだ。しかし、母親に対して反抗しなかったのはもちろんのこと、自分の面倒をみてくれる人たちを排斥しなかったのは確かである。なかでもアンジェロ・ダンディとは、成人してからも固い絆で結ばれ、その関係は生涯続いた。カシアス・クレイからモハメド・アリへの変身は、ほかにどんな意味があったにせよ、比較的苦労を知らずに育った若者が親から受けていたような恩恵を終始引き延ばそうとする行為の特徴をすべて備えていた。

　アリの若い頃に彼を支え面倒をみてくれた一連の人たちのなかで、例外的にごく短期間で終わったのがアーチー・ムーアとの関係だ。カシアス・クレイは一九六〇年のオリンピックで優勝したあと、ジョー・マーティンの指導では飽き足らず、より高度な専門的トレーニングを受けたいと思っていた。クレイが崇拝していたのはシュガー・レイ・ロビンソンだったが、ロビンソンは駆出しの若造など見向きもしなかった。だが、アーチー・ムーアがクレイのトレーニングを引き受けてくれた。ムーアはクレイやロビンソンのスタイルとよく似ていて、巧みなボクシングをする選手だった（このあと、一九六二年に、リストン戦への途上にあったクレイと対戦して敗北を喫することになる）。南カリフォルニアの人里離れた丘陵にあったムーアのトレーニング・キャンプは〈ソルト・マイン〉〔岩塩採掘坑のことで、単調で過酷な仕事を強いられる場の意〕と名づけられ、ジムのある納屋は〈血のバケツ〉と呼ばれていた[11]。ムーアはまじめ一方の厳しい親方的トレーナーで、自分のやり方を徹底的に叩き込もうとした。訓練に参加した若者たちは、スパルタ式の規律正しい生活を送ることを求められ、家事も分担させられた。このやり方はカシアスには荷が重すぎた。彼は「俺は女みたいに皿洗いなんかしないよ[12]」といやがった。そしてクリスマスの前に家に帰され、二度と戻ることはなかった。

それからまもなく、ムーアが訓練を断念したところからアンジェロ・ダンディが引き継いだ。ダンディは、若いクレイにとって、そしてやがて一人前の男になるクレイにとって、素晴らしいトレーナーだった。彼はトリックスターに対して彼なりのトリックを仕掛けた。クレイの言うことには決して反対せず、常にヒントを与えたり、からかったり、それとなくほのめかしたりしながら、結局は自分の考えに同調させてしまった。まだ大人になりきらないこの若者は特に慎重に扱わなければならなかった。まわりの大人たちに励まされ、褒めそやされることに慣れていたからだ。イライジャ・ムハンマドの好餌となったのもそのためだった。イライジャは、アンジェロ・ダンディのように慎重に接する一方、母親のオデッサのように惜しみなく目をかけた。長い間に〈ネイション〉との関係がうまくいかなくなったにせよ、イライジャがいなければ外見だけではわからないさまざまな意味でモハメド・アリという男は存在しなかっただろう。

イライジャ・ムハンマドは〈ネイション〉の対外的イメージを厳しく管理する番人だった。アリは自分では意識していなかっただろうが、イライジャ・ムハンマドや〈ネイション〉と密接な関係を結ぶようになったのは、イライジャの指導に従おうというそれ相応の理由があった時期だった。若者には、必要だとわかっていながら自分から人には頼めないことがある。「最も偉大なのはこの俺だ」と豪語していたアリが抱えていたのも、そういう問題だった。一方、ルイヴィル出身の黒人の若者など、誰はばかることなく「俺は最高だ」と宣言するような世界チャンピオンになっても、扱いにくいやつに決まっている。アリが必要としていたものに関して、イライジャが実際に役に立つ知識を持っていたと考えられる特別な根拠はなにもない。この種の運動では、他人にどう理解されるかということで頭がいっぱいの指導者たちが多い。その点、イライジャ・ムハンマドは、誰にも利用できそうもないアリのような〈おとなこども〉を、自分の目的のためにうまく利用する手腕に長けていた。

さらに、少なくとも表面的には、アリがムスリムとして新しく生まれ変わったことで、アリ自身が受けた恩恵より〈ネイション〉にもたらした恩恵のほうが推測しやすい。イライジャ・ムハンマドは、いろいろな欠点はあったが、運動の対外的イメージを管理する者としては実に抜け目がなかった。みずからの財産である信者の価値と、それを統率する方法を知っていた。〈ネイション〉のような分離主義の組織は、その信奉者に、自分たちは独立していて特別の存在なのだと感じさせなければならないが、一方、対外的には微妙に調整された外見を維持しなければならない。あまり分離しすぎるとメンバーが優越感を持てなくなる。あまり攻撃的すぎると、力で鎮圧されないまでも解散させられる恐れがある。世間とは距離を置きながら攻撃的でもある人々がいて、国家がもはや不穏な空気を封じ込める自信がなくなると、その人たちに対して敵意が雨あられと浴びせられる。一九六五年にアメリカのブラック・ムスリムが直面していたのは、そういう種類の敵意だった。アラバマ州モンゴメリーでローザ・パークス〔一九一三—二〇〇五年。白人にバスの座席を譲らず、バス・ボイコット運動のきっかけをつくる〕やE・D・ニクソン〔一八九九—一九八七年。公民権運動・労働組合運動指導者。モンゴメリーのバス・ボイコットを指導〕、マーティン・ルーサー・キング・ジュニアが、公民権問題を強引に国家的な政治課題に押し上げて平穏を乱したのが一九五五年。それからまる一〇年たち、人種問題の不穏な空気はますます高まっていた。〈ネイション・オブ・イスラム〉はその後もたびたび論議を呼ぶのだが（もちろん、教団が社会的活力を得るためにはそれも必要なことだった）、一九六〇年代半ばは、とりわけ試練の日々が続いた。それは、一九七五年のイライジャ・ムハンマドの死後、分裂や混乱を繰り返し、ウォーレス・ファードの理念の復興者としてルイス・ファラカンが指導者となって以来たえず解散の危機に陥った時代より、もっと困難な時期だった。マルコムXが追放されてモハメド・アリがメンバーに加わったあの時代、勢力を持った黒人に対する白人の恐怖と困惑は、収拾がつかなくなっていた。

白人の人種的心理の本質は（少なくともアメリカでは）、白人の世界を築くための労働力を依存した黒人に、反乱を起こされるのではないかという不安から生まれている。白人は、農業生産およびその後の産業大国としての経済的基礎から、赤ん坊の世話や、幻想にすぎない〈アメリカン・ファミリー〉の構築にいたるまで、すべてにおいて黒人の労働力に頼っていたのである。南北戦争でエイブラハム・リンカーンが争ったのは、奴隷制度ではなく国の結束だったと言われる。しかし、一八六〇年代には、それは実質的にまったく同じことを意味した。それにもかかわらず、国の結束は、奴隷制度に依存していた南部の経済を直撃した。そしてすでに産業化が進んでいた北部の人々も、アメリカが国際舞台に登場したのは鋼鉄の製造によってではなく、封建的南部のタバコや綿の取引から始まったということに気づかざるをえなかった。そうなると、黒人が勢力を増していきそうな前途ほど、白人にとって恐ろしいものはなかった。〈ネイション・オブ・イスラム〉のイデオロギーにどんな愚かさが混じっていたとしても、かの有名な〈白い悪魔〉についてのくだりは、もともと、白人を恐怖させ正気を失わせるにはまさに急所を突く一撃だった。当時の白人が、〈アメリカ例外論〉〔アメリカは神の使命を帯びた特別な国だという考え方〕の重大な倫理的矛盾を、意識の水面下で理解できなかったはずはない。そしてそれこそ、イライジャ・ムハンマドのような指導者が（もしその力があるなら）取り組まなければならなかった問題だった。

黒人のフェミニスト、アンナ・ジュリア・クーパーはかつてアメリカ人の心の「最も根本的な光と影」という言葉を（まったく別の意味で）使ったが、白人優位の社会において黒人の世界を代表しようとする者にとっては、その光と影をどううまく扱うかが常に難題だった(13)。そうした責任から、白人が注目しているところで不穏なイメージを与えるマルコムXを追放するというような、思い切った措置をとらなければならないことも十分ありうる。ましてや、マルコムは指導者として優れた能力を発揮し、すでにイライジャの障害になっていたのだからなおさらだった。マルコムはずば抜けて演説がうまく、非常に頭も切れたので、世間の目にはよけいに恐ろしく映った。しかし、そうした資質のおかげで、新しいモスクの設立と組織化を指導するとともに、〈ネイション〉の最もよく知られたスポークスマンとなったのも事実である。だから、アリの人生においてマルコムが果たした役割は、単に個人的な感情だけによるものではなかった。二人の交友関係は、互いに心から慕い合っていたものの、運動を促進するというマルコムの使命感の所産でもあった。われわれ部外者は教団内部のことについてはほとんどなにも知らないわけだが、カシアス・クレイが〈ネイション・オブ・イスラム〉のイデオロギーを探究し始めた頃、その核心をはっきり示してやるのにマルコムよりふさわしい人物がいたとは思えない。しかし、マルコムはあまりにも目覚ましい成果をあげたために、ただでさえ不安定だった教団内における地位をみずから危うくしたのだった。

モハメド・アリが真価を発揮して世界チャンピオンになったとき、イライジャは自分の抱えるジレンマから抜け出す方法を見つけた。白人たちにはもちろん、多くの支持者たちの前に自分の姿をさらす危険を冒してでも、内部的にはマルコムを排除する必要があった。それは隠れみのがあって初めてできることだったが、モハメド・アリがその隠れみのになった。マルコムに集中していた注目が、今度はアリに向くだろう。アリがその役を務めれば、マルコムの破滅によっていかなる問題が起ころうとも、その緊張が和らぐはずだ。

酷な言い方かもしれないし、もちろん文字どおりの事実ではないが、〈ネイション〉がマルコムを破滅させることができたのは、かなりの程度、アリがいたからだった。ガーナでアリがマルコムに冷たく接したのは（アリのそばにはイライジャの息子のハーバートがいた）、マルコムの排除に必要とされていた追認を与える結果になった。マルコムは深く傷つき、のちにアリも後悔した[14]。だが当時としては、アリは教団の最高指導者の目的にかなったのだ。一九六五年二月二十一日にマルコムが殺害されたとき、イライジャ・ムハンマドは、マルコムは彼自身の〈鶏〉がねぐらに帰ったという趣旨のコメントをしたと言われる。「マルコムは自分の説教どおりに死んだ。彼は暴力を唱え、暴力が彼を奪ったのだ[15]」。イライジャが自分の利益のためには二股をかけるのも厭わない人物だったのは明らかだ。もちろん、マルコムを追放したのと同じ意味で、死んでからもマルコムを公然と非難するのは、彼の利益にかなうことだった。アリは若者らしいひたむきさで〈ネイション・オブ・イスラム〉の真のメンバーは暴力的な人間ではないと言い張る以外、いっさいイライジャ・ムハンマドに反論するようなことはなかった[16]。

厳しい見方をすれば、アリを利用して内紛を隠すことが〈ネイション〉の利益になったということは、この教団がとったその他の行動よりずっとわかりやすい。なかでも最も意外な行動は、一九六四年六月四日のアリの最初の結婚を、ハーバート・ムハンマドが仲介とはいわないまでも好意的に見ていたことだ。美しいカクテル・ウェートレスだったソンジ・ロイは、ムスリムの妻としてはまったくふさわしくなかった。なぜアリがソンジに惚れこんでしまったかは[17]容易に理解できるが、なぜイライジャとハーバートがその結婚を許し、奨励すらしたのかは、まったく理解しがたい。

さまざまな意味でこの最初の結婚は、まだ精神的に鍛えられていない若いチャンピオンの心理状態を象徴していた。ソンジは否定するが、当時のアリはセックスについてはうぶだったはずで、ソンジはそのインストラクターになった。アリは性急にも初めてのデートでプロポーズした。ソンジは承諾した。彼女に言わせれば、そのときにはほかにたいしてやることもなかったからだ。若い頃のアリは、他人の心を揺り動かし、彼の歩む人生のパレードを共に歩もうという気にさせることが頻繁にあった。アリとソンジは真剣に愛し合うようになるが、それがかえって結婚生活を苦しいものにし、一八ヵ月後に破綻したときには二人とも悲しみに沈んだ。法的手続きをとったのはアリで、一九六六年一月に婚姻無効の宣告を申請している。しかしソンジは、その決定は誰かほかの人間が下したと思っていて、「私は彼を愛していたのよ」と言う[18]。アリは裁判所への正式な申立てのなかで、彼女はムスリムの妻に要求されている服装規定に従わなかったと述べている——彼女は人前で、少なからぬ性的魅力を露出しすぎるような服を着ていた、というのだ。

それはなんとも不思議な話だった。みずからも健康な性欲を持っていたイライジャ・ムハンマドは、教団の最も貴重な文化的財産である信者がたまたま精力あふれる精神的に未熟な若い男で、〈ネイション〉の禁欲的な規則に従うはずのない人並み以上にセクシーな女と結ばれようとしていることを、初めから知っていた。知っていながら、傍観していたのはまちがいない。二人が規則にのっとって完璧なムスリムの結婚生活を送る可能性は、アリが最初の対リストン戦で勝利する確率より低かった。この一件で〈ネイション〉が何か意味のある役割を果たしたとすれば、教団に対するアリ自身の精神的結びつきが、不安定な基盤の上に成り立っていたことに気づかせてくれる点だけである。

まもなく問題が起こる。アリはそのために新しく帰依した宗教を捨てることはなかったものの、教団との関係で負うリスクは、イライジャよりアリのほうがはるかに大きいということが、誰の目にも明らかになった。アリがそれほどまでに〈ネイション〉に傾倒しなかったら、ある意味でももっと幸せだったかもしれないが、それは歴史を書き換えろというようなものだ。いずれにしろ、結局、〈ネイション〉がアリから得た利益は良いことずくめだったのに対して、アリのほうへ流れてきた恩恵は、ごく控えめに見積もってもせいぜい玉石混交といったところだった。

リストンとの再戦後、一九六五年の後半からさまざまな出来事がアリを襲い始めた。そうするなかで、普通なら外からは見えない教団内部において、アリがかなり高い地位を占めていることも明らかになってきた。ある意味では、アリが教団のプログラムを完全に受け容れたことはない。もっと正確にいえば、ゴージャス・ジョージ風のパフォーマンス（実際には年々おとなしくなっていた

が）も含めてその独特のスタイルを認めざるをえないほど、アリは教団にとって価値のある存在だったのだろう。確かにアリは、〈ネイション〉所属の親衛隊ともいうべき〈フルーツ・オブ・イスラム〉のように、ニコリともしないであたりを睥睨するといったことはなかった。カシアス・クレイがもっと大人になっていたとしても、ほかのことならともかく、ブラック・ムスリムの男たちのような厳めしい顔つきでいることを期待するのは無理だろう。マルコムXにはそうした睨みつけるような顔が備わっており、知性と雄弁が輝くときにのみ表情が和らいだ。しかし、マルコムの才能が脅威になったのに対して、アリの輝きは別のところにあり、指導者の地位を脅かすものではなかった。

〈ネイション〉にとってアリの最も重要な価値は、ボクシングの若いチャンピオンが浴びる大衆の注目であり、その名声は教団の対外的イメージを清めて余りあるほどだった。それに対して、アリが教団との当初の関わりから何を得たかということは、精神的問題や個人的な誠意を別にすると（アリの宗教的信念がほんものであることは年月が証明している）、あまりはっきりしない。もちろん、個人的な恩恵はあったし、財政面での恩恵も決して小さくはない。アリの事業利益は教団によってかなりうまく管理されていたことは明らかで、その点ではソニー・リストンやジョー・ルイスより恵まれていた。ソニー・リストンは犯罪組織に牛耳られ、結局はその組織に殺された可能性が高いし、ジョー・ルイスは強欲な周囲の人々にたかられて税金も払えないような境遇に陥り、そのために命を縮めることになった。ボクシング選手にとって、こうした恩恵は決して無視できない。そのうえ、もしイライジャがもう一人の親のような愛情を（あるいは愛情と錯覚するようなものを）

振りまいていたとすれば、アリはこの関係によって失うばかりではなかったことはまちがいない（後年、イスラムによって与えられた永続的な精神的恩恵を考えれば、なおさらである）。

それにしても、いろいろな事実をふまえれば、アリの人生のより重大な変化――本当の意味で成熟した大人になり、自分の名声を上手に利用できるようになった変化――は直接的には〈ネイション〉の影響によるものではなかった。ただし、皮肉な見方をすれば話は別で、イスラムに改宗したアリは、マスメディアの保守派（またしてもジミー・キャノンが最悪の一人だった）から中傷されることになったばかりか、数々のトラブルに引き込まれることになった。そのトラブルの第一弾は、一九六五年十一月二十二日、フロイド・パターソンを情け容赦なくいたぶったことが原因で、みずから招いたものだった。

対パターソン戦は、物議をかもした三月のリストンとの第二戦から、わずか半年後に行なわれた。リストンが相手だったときには、その頃すでにかなり増えていたアリの中傷者たちは、強打を持つリストンのような男を倒せるほどの実力はないとしてアリを否定していた。次にパターソンが相手になると、アリを憎む人々は、人間のアイデンティティの根幹にかかわる部分でアリを否定した。常に高潔な〈良いニグロ〉のアメリカ人だったパターソンは、対戦相手をモハメド・アリという新しい名前で呼ぼうとはしなかった。チャンピオンにとって「カシアス・クレイ」と呼ばれることは侮蔑だった。そうした侮蔑的呼び方をしたのは、決してパターソンだけではない。だが、その代償としてアリの残虐な連打を食らったのは、パターソンだけだった。その残虐さは、ジャック・ジョンソンが対戦相手の白人を少しずつ破滅させていった様を思い起こさせた。同じようにじわじわいたぶるにしても、ジョンソンの場合、少なくとも商業的な口実があった。ジョンソンはたいていの試合で映画化権を持っており、試合が長引くほどその価値が上がった。しかしアリは、自分の信奉する宗教に対する大衆の怒りの真っ只中にいたし、下劣で浅薄な連中から、すでに反逆罪でも犯したように言われていた。もしアリがパターソンを優しく扱っていたなら、自分に有利な広報活動にはなっただろう。ところがアリは、対戦前には、パターソンを「ラビット」〔「臆病者」、黒人の俗語で「白人」の意〕だの、「老いぼれニグロ」だの、「トム」〔白人に卑屈な態度をとる黒人の男。「アンクル・トム」より〕だのと呼んで嘲った。試合では、パターソンをもてあそび、一二ラウンドまで試合を引き延ばして相手を打ち続けた。パターソン自身は、そうやって打たれ続けたことを、最後にはきれいにノックアウトしてくれそうな気がして、実際には楽しんでいたと述べている〔前述九三頁〕。試合後の感想としては、まちがいなく最も奇妙なコメントの部類に入るだろう(19)。

パターソン戦の前にもいろいろ非難されていたアリだが、何を言われるにしろ残酷と言われることはなかった。だが、宗教的な心変わりに憤慨していた人々にとって、アリが吐き出す挑発的言辞は火に油を注ぐようなものだった。一九六五年のアリはまだ二十四歳の若さだ。しかし、アスリートとしては、どんなスポーツの世界にも彼と肩を並べる選手はほとんどいないという絶頂期にあった。それでも、まだ少年のような若者だったのだ。そしてどこにでもいる少年のように、自分の尊厳を象徴する大切なしるしを疑われ、簡単にいきり立った。名前には何があるのだろう？　われわれの文化では、もしかすると、女より男のほうが、名前により多くの意味を認めているのかもしれない。しかし、ほかにもいろいろある。忘れてはならないのは、当時はまだ、いわゆる「アイデンティティ政治学《ポリティクス》」（あまり適切な呼び方ではない）が登場するずっと以前の時代だったということである。アメリカでは（少なくともアフリカ系アメリカ人にとっては）、アイデンティティ・ポリティクスの起源は、一般的には、アリとパターソンの試合が行なわれた一九六五年十一月にミシシッピ州ウェーブランドで開催された有名な学生非暴力調整委員会（ＳＮＣＣ）の集会にまでさかのぼる。そのあと、ブラック・パワーが活動を開始し、多くの人々が国家に対する忠誠よりも民族や人種に対する忠誠との関連で、自分が誰かということを考え直すようになっていく。だが、こうしたことはまだ始まったばかりだった。アリが、白人の恐怖の的となっている〈ネイション〉のようなグループに忠誠を誓っていることを尊重してほしいというのは、単なる礼儀正しさ以上のものを要求することだった。すなわち、今や明白となったアメリカ社会の分裂との関連で、自分は誰なのかと改めて自問することを求めていたのである。ブラック・パワーは、〈良いニグロ〉と〈悪いニグロ〉といったような、人種を二分する偏狭な信念そのものを攻撃する。パターソンにしても当時の社会にはびこっていた人種的カースト制度によって配られたカードでなかったら、あんな持ち札で勝負はしなかっただろう。こうして、アリは、すでに世間に知られていたブラック・パワーの重要な先駆的グループと、それに続いて起こった、〈国の結束〉という神話に反対する分離主義運動と手を組むのだが、それは、アメリカ文化の根幹を揺るがす動きに、きわめて突出した形で加わったことを意味した。イライジャのような年長者がそういう一風変わった思想を提示しても、あるいは、もしかしたらマルコムＸのような才気縦横の急進派や今日でいえばルイス・ファラカンが同じことをしても、それはそれとして、取るに足りないもの、不遜なものとして、簡単に片づけられていたかもしれない。しかしアリは、不遜に見えたとしても、取るに足りないと言い切れる存在ではなかった。それゆえ、アリはパターソンをアイデンティティ・ポリティクスのゲームにうまく誘い入れ、何が起こっているかをほとんど知らない無意識な白人たちを大量に巻き込んでいったのだ。

それにしても、アリはまだ子供だった。急速に成長してはいたが、未熟な若者だった。未熟な若者は、ほんの少し挑発されただけで、ひ弱な自尊心を守ろうとする。分別があるはずの大人に挑発されると、怒りが爆発することもある。アリは後年、パターソンを痛めつけたことを後悔した。成長したのである。しかし、当時はまだ若かった。確かに、彼はまだ感じやすく、イライジャのような矛盾に満ちた指導者の影響を受けやすい少年は、精神面でも傷つきやすかった。なにしろ、リストンに対して一人前の男の仕事をやり遂げたばかりで、それは今や普通の大人が負うよりも大きな責任を引き受けなければならないことを意味していた。荒々しく奔放にふるまうのも、ある程度までは通用する。通用しなくなる限度のひとつが、世界チャンピオンとしての役割が期待されるときである。人種的重荷があろうとあるまいと、ヘビー級チャンピオンは多くの期待を背負っていた。それはどれひとつとして簡単に応えられるものはなかった――〈悪いニグロ〉からアメリカを守るように期待されたときにパターソンが気づいたように、そしてフィラデルフィアの飛行場で誰もいない滑走路に降り立ったときにリストンが気づいたように。

ほかのスポーツでは、たいていシナリオができている。黒人初の大リーガーとなったジャッキー・ロビンソンの役は、桁外れにうまく書かれていたし、テニスのアーサー・アッシュやゴルフのタイガー・ウッズの役も同様だ。政治家やロック・スターは、これから公衆の面前で演じる役柄のために、周到な準備をする。ミス・アメリカのような変わった有名人でさえ、その栄冠を戴いている期間中に果たすべき義務と個人的振舞いについて、事細かに指示される。ボクシングのヘビー級チャンピオンのための台本はない。ジョー・ルイスは例外ではないかと思われるかもしれない。しかし、ルイスにとって、一九三七年に世界タイトルマッチでブラドックに勝つまでは試練の時代だった。ジャック・ジョンソンの伝説と真っ向から取り組まなければならなかったからだ。そんなルイスとは対照的に、アリは比較的楽にチャンピオンまでのぼりつめた。それどころか、アリの場合、人種問題が注目を浴びる時代の新しい開放性と、人を面食らわせる彼の道化的な振舞いとが相まって、担う期待も半減していた。アリがリストンと対戦することになったのは、ロンドンでの対ヘンリー・クーパー戦でまずい試合運びをして、まともな相手として認められなかったからにほかならない。ジョー・ルイスは、結果を出せば出したとおりにみんなに信用された。しかしアリは、リストンとの再戦で勝利したあとですら、まだ本当には信用してもらえなかった。

アリ自身も、自分を完全に真剣に受け止めていたわけではなかった。もちろん、アスリートとしてめざす目標については真剣だった。だが、いったん目標を達成したら次には何を必要とされるか、その年齢でそこまで見通すのは無理だっただろう。そして、次に負わされる重荷のなかで最も厄介になるのは、彼の名声から初めて芽を出し、まもなく葉を広げていく一連の出来事だった。そうした出来事のあとでは、アリにとってすべてが変わり、すべてについてキャラクターの質の高さが求められるようになるのだが、アリ自身でさえ、本気でそんなことができるとは考えていなかったにちがいない。

一九六六年二月十七日、パターソンを残酷なやり方で倒したラスベガスの試合から三ヵ月もたっていないこのとき、アリはマイアミに戻って、次の試合に向けてトレーニング中だった。まもなく、新しく世界チャンピオンの座についたアリの家のドアが、激しくノックされようとしていた。

一九六六年初頭のアメリカが抱えていた当面の問題は、勝ち目のなかった戦争への関与が次第に深まっていたことだ（この戦争に負けたあと、なにも変わっていないように見えても、大国が世界を支配する方法が根本から変わってしまった）。ちょうど一年前の一九六五年二月初旬、アリがリストンとの再戦の準備をしていたとき、ジョンソン大統領は北ベトナムに対する大規模な空爆を命令した。それまでは、東南アジアに駐留していた米軍は南ベトナムに限られており、その頃の戦争は、多かれ少なかれ北の共産主義者と南の民族主義者の内戦だと正しく理解されていた。駐留米軍は、徐々に増えてはいたもののまだ少なく、やがてこの地域を侵略蹂躙することになる六〇万五九〇〇人のわずか四パーセントにすぎなかった。[20] そのプレゼンスは、少なくとも建前では、度重なる政権交代を繰り広げていた汚職しか能のない同盟国に対する軍事顧問という形をとっていた。

もしかすると、ほかのことはともかく、言葉が標準的な意味を持たなくなったのはこの頃かもしれない。第二次世界大戦が終わってから、まだ二〇年しかたっていないこの時期。それまでは、一九五〇年代初めの朝鮮戦争のときでさえ、〈同盟国〉といえば本当に「同盟国」を意味した。しかしベトナム戦争時代のどこかで、それは現在のような地政学的な意味を持つようになった。その意味とは、おおざっぱにいうと、「大国の侵略を正当化するために共に関与はするものの、実質的重要性のほとんどない、より力の劣るパートナー」ということになる。いずれにしろ、アリが最初にヘビー級世界王座にあった短い二年間に、アメリカ帝国は、あまり穏やかではない植民地化政策の冒険を正当化するために、〈同盟国〉や〈顧問〉といった言葉の意味をも含めて世界の実状をねじ曲げ始めた。二十一世紀に入っても世界にはびこることになる、奇妙な（ある意味でアイロニーともいえる）現実が起こってきたのも、この頃である。

　モハメド・アリはこうした現状についてほとんどなにも知らなかった。少なくとも当時は知らなかった。徴兵適齢期の若者はみなそうだが、アリも戦争に行けと言われることを心配していた。これはもちろん、男女を問わず若い人たち全員の心配であり、これからの人生に夢も希望もある彼らが、死ぬことにというよりもむしろ普通の生活を中断させられることに不安を抱いていたのも無理からぬことだ。アメリカ人は、トリポリの海岸やモンテスマの館で〔米海兵隊の歌に出てくる一節。トリポリは第一次バーバリ戦争で一八〇五年に、メキシコシティにあるモンテスマの館は米墨戦争で一八四七年に、米軍によって陥落〕勝利の讃歌を高らかに歌ってきたにもかかわらず、孤立的政治文化にふさわしく、異国の戦争に従軍するとなると、その国民的意志は常に消極的だった。今でも、トリポリがどこにあるかさえ知らない人が多いだろう。アリと同年代の若者たちもサイゴンのことなどなにも知らなかった。二十世紀になる以前も以後も、アメリカは自国の利益が大きく脅かされた場合だけ戦った。第二次世界大戦で、アメリカが敵として戦ったのは、姿のはっきり見える非道な相手であり、アメリカの国土および勢力範囲に直接攻撃を仕掛けてきた相手だった。そんな第二次大戦とは違って、ベトナムは今も昔も歴史のブラックホールだ。そこへ入ったものは、二度と出てこない。たとえ何か出てきたとしても、支離滅裂なものだったろう。敵は誰だったのか。なぜそれがわれわれの敵だったのか。われわれのどんな利益が脅かされていたのか。これらの問いにヒトラーや真珠湾を当てはめれば、答えはすぐに出る。ホー・チ・ミンやベトコンやハノイと並べてみても、少なくとも一九六六年には、とりたててなにも思い浮かんではこなかった。若い人たちというのは、きわめて疑わしい理由であってもすごいことをやってのける。ノルマンディに上陸せよと言われればヒトラーの機甲部隊が目に浮かび、朝鮮半島で三八度線を守れと言われれば毛沢東の大軍を想像できる。祖国や家族、母親、自由など、何であれそれを守るためには、常に死ぬ覚悟があることを証明してきた。しかしそのためには、敵なり何なり、具体的に思い浮かべられるものに対して戦うべき理由がなければならない。完敗に終わったアメリカの一〇年にわたるベトナム戦争で、戦闘が本格化した一九六五年から最後に脱出するヘリコプターの席を最後のアメリカ人が奪い取った一九七五年までの間に、最も印象的だったは、地上部隊の負傷兵やおびえた兵士たちによって繰り返し口にされた言葉が、「敵の姿が全然見えない」、「任務の意味が理解できない」、「自分たちはいったいどこへ行こうとしてるんだ？　その理由は？」といった不平や愚痴ばかりだったということだ。(21)

　では目に見える敵ならいいかというと、そうともかぎらない。戦時の政府は常に嘘をついているものだ。「インテリジェンス」などと婉曲語で呼ばれる情報を集めるためには、嘘をつくことも事実上公認されている。しかし、軍の情報機関や政府の諜報員が使う嘘や偽りの策略は、トリックスターが使うだましのテクニックとは次元が違う。トリックスターは自分のトリックを公表する（だからアリはいつも手品の種明かしをしてしまうのかもしれない）。軍事力はトリックのように悪ふざけの要素は微塵もない。軍人はこの世で最も真剣になりうる人間かもしれない。私はこのことを身をもって知っていると言ってもいい。私の最愛の息子マシューは、日常生活においてはトリックスターだったが、軍人としての使命について考えうる最も真剣な誤解がもとで、海兵隊員として亡くなった。軍事行動や国家権力は、こうした悲劇に頼って、軍隊や政治勢力にエネルギーを与えるのである。目に見える悲劇がないと、権力は崩壊することもある。そして敗北を認めようとしない権力は、喜劇的様相を帯びてくる。

そのうえ、戦争行為の核心にはアイロニーもある。命を賭けて戦いにのぞむ者は悲劇的な最期を遂げるかもしれないが、彼らは常に半分ほどの真剣さでしかその戦争を容認できない。だからアイロニーなのだ。つまり、戦うためには、真剣になりすぎて死んでしまう可能性を受け容れるわけにはいかない。彼らは最も自由の少ない社会的組織に服従するという犠牲を払って、自由と生命そのもののための戦いに身を捧げる。その組織は、自分は死なないだろうと思っている兵士に、死ぬかもしれないという事実を直視するよう、鍛えあげる。この種のアイロニーには、はっきり見える敵、明確な使命、正当な目的が要求される。当然の要求である。プロパガンダで悲劇をでっち上げ、軍が活動を起こすきっかけにすることもあるかもしれない。だが、そのでっち上げは時の試練に耐えなければならない。一九六四年のトンキン湾で発生したアメリカの誇りに対する「攻撃」というでっち上げで始まったベトナムの悲劇は[22]、時の試練にはまったく耐えられなかった。

若い人が死を恐れることは正しい。彼らの前途には豊かな人生がある。しかも、程度の差はあれ、誰だって（まだ聖人になっていない者はみな）死を恐れているのだから、われわれはみな臆病者なのだ。人生において、ほんものの戦いにのぞむときには勇敢でなければならない。われわれには先天的に臆病さが備わっており、そのおかげで生き続けることができるのだが、勇敢になるということは、その臆病さを克服するということだ。だから、ボクサーは非常に勇敢な男たちだ。ボクサーはほとんどの場合、フロイド・パターソンが倒れたように倒れるものであり、勝つためには大変な努力をしなければならないからだ。それゆえ、アリは勇敢な男だった。リストンがアリを狂っていると思ったのは――少なくとも、恐怖で頭がおかしくなっていると思ったのは――たぶん間違いではなかった。私の息子マシューも勇敢な男だった。彼はある日、ほかにも理由はいろいろあったものの、自分が夢見ていたような軍事的任務を果たすことができないと思い込んで自殺したのだが、そんなときでも勇敢だった。そしてアリも、やはり戦う用意はあった。しかし、何のために戦うのか、なぜ戦うのかを知りたかった。一九六六年二月の時点でも、ベトナム戦争が続いた期間中でも、何のために戦っているのかという問題を、彼に、あるいは私に、いや誰に対しても、説明できる人間は誰もいなかった。大勢の人が、ともかく戦った。彼らは勇敢だった。大勢の人が戦争に反対し、兵役を拒否したが、彼らも勇敢だった。

確かに、多くの人間はアリと同様、単に軍隊に入るのを望んでいなかったのだ。懸命に努力して手に入れたものを、なぜすべて失わなければならないのか、その理由がわからなかったからである。彼らは臆病者だったのか。それとも勇敢だったのか。どちらにしろ、アリがまもなくアメリカという国家に投げかけたのは、そうした問いである。

一九六六年二月のその午後、戦争に関するさまざまな噂がめまぐるしく飛び交ってはいたが、ア

リはのんびりしていた。一九五九年から『ニューヨーク・タイムズ』紙にスポーツ記事を書いていたロバート・リプサイトがマイアミの自宅に訪ねてきたので、これといった目的もなく一緒に家の前に坐っていた。リプサイトがほかのボクシング記事のライターたちより若く、アリの世代に近かったということは、重要な点である。リプサイトがライターとして実力を認められるようになった頃、ちょうどアリも本領を発揮しつつあった。だからリプサイトは、ジミー・キャノンなどの年長者たちには真似のできないような見方でアリを理解できた。リプサイト自身、マイアミへ行ったのは取材を兼ねた休暇のためだったと認めている。そういうわけで、その日のアリは、ある意味で共に成長し、ちょっとした友だちだったともいえる男、少なくともアリのボディガードや〈ネイション〉のブラザーたちが一緒に住んでいる家で歓迎されるほどの友だちだった男と坐っていた。

彼らは家の前に坐って、日なたでくつろいでいた。決して偶然に通りかかったわけではない女の子たちに、アリは少年のように声をかけたりしていた。アリが人生を楽しんでいるのも当然だった。なにしろ世界の頂点にいたのである。アリは、彼を嫌っていた連中も否定できないような最高に偉大な男になっていた。そうした状態を危うくしそうな唯一の脅威は、その日は食い止められた。アリはそれまでに二回、徴兵に必要な軍事資格検査の知能適性テストで不合格になっていた。アリは馬鹿だと思われたくはなかったが――「俺は最高に偉大だとは言ったが、最高に頭がいいとは言ってないぜ」(23)――徴兵についてはほとんど心配する必要はないと思っていたのである。ところが、政府は知能テストの合格ラインを変更し、もっと低い点数でも徴兵できるようにしたのだ。アリを入隊させるための措置だと断定するのは簡単だが、いくら無神経な国家でもそれほど露骨だったとは思えない。政府にできることはいろいろな根拠をもとにアリが徴兵適格者だと宣言することで、実際、そのとおりにした。それでも、アリの弁護士がこの件のために動いていたので、何とかなるだろうとアリが思っていたのも無理はない。

そして、その場に居合わせたリプサイトの説明によれば[24]、日なたでガール・ウォッチングを楽しんでいたチャンピオンの午後は、家のドアに到着したテレビ・クルーの一団によって中断された。アリはそのとき初めて、自分が新たな徴兵適格区分に分類され、徴兵される可能性がきわめて高くなったということを、何の予告もなしに知らされたのである。それから、モハメド・アリをめぐって築かれた数ある伝説のうち、おそらく最も興味深いストーリーが始まった。そして、このとき、成熟した大人になるために必要な旅が始まったのもまちがいない。ロバート・リプサイトは今でも、アリのしゃべったことについて最も信頼できる証人として評価されている。リプサイトには話を捏造する理由はいくらでもあったからだ。彼が伝えるのは、うろたえている悲しげなアリだ。「どうして俺にこんな仕打ちをするんだ」と低い声をしぼり出すアリの顔には、はっきりと不安の色が浮かんでいた[25]。アリは、のちに歴史の修正版シナリオで、最初から何度も何度も言ったことにされている例の言葉を、このときには言っていない。それどころか、あの有名なせりふに最も近いものといえば、ベトナムのことなんかなにも知らないといった、若者の哀れっぽい泣き言だったのだ。リプサイトによると、アリは利己的で自分のことで頭がいっぱいだった。最も偉大な男と羨望される地位や、新しく得た富や、やがてはチャンピオンの座も、ひょっとしたらそばを通りかかる若い女性も、失おうとしている被害者として。

最初に見せたそんな反応に、勇敢なところはまったくなかった。もしそれで終わっていたら、アリを毛嫌いして「徴兵逃れ」とか「キーキー鳴く子豚」（レッド・スミスの言葉）とか呼んでいた人々に、揺るがぬ証拠を与えてしまうところだった。高い評価を得ている年長のスポーツ・ライターの一人だったレッド・スミスは、「戦争に反対して、デモをやっている無知なチンピラどもと同じくらい、カシアスのありさまは情けない」(26)と書いている。リプサイトは、マスコミの年長の仲間ほど愕然としたりはしなかったものの、最初は似たような感想を抱いたにちがいない。それでもそこにとどまって、大混乱の目撃者となった。〈ネイション〉のブラザーたちは、白人があんたを追っ払って殺させようとしているんだ、とアリをからかった。次々に電話がかかってきた。アリはうんざりしてうめいていたが、リプサイトの記憶によれば十番目くらいの電話がかかってきたとき、業を煮やして衝動的に「俺はベトコンのやつらに文句はないぜ」と口走った。伝説によれば、リプサイトはそのとき、まわりで起きていることに気を取られ、その言葉にあまり注意を払わなかった。政治的、宗教的な発言というより、アリの自己中心的な言動の流れのなかで出てきた言葉のように思われたからだろう。リプサイトはその日のトップ・ニュースを逃した。

翌日、どこの朝刊にも「俺はベトコンのやつらに文句はない」という見出しが躍った。アリがどういう意味で言ったにせよ、この言葉が一人歩きを始めるや、有名人としてのキャリアは新たな段階へ突入していた。それは今までよりはるかに込み入った段階だった。まもなく、一九六六年当時すでに盛りあがり始めていた反戦運動がアリのせりふを借用した。伝説にはよくあることだ。それからすぐに、このせりふはもっとドラマティックな、「ベトコンが俺を黒んぼと呼んだことはないぜ」という修正版と取り換えられた。そしてまもなく、明白な政治的意図などまったくなく、頭にきて口走ったにすぎないことが、言った本人を悩ましに戻ってきた。すなわち、亡霊が最もうまく活動できるようなやり方で、アリにとりついたのである。亡霊が存在論的にはどんな地位を占めるのかは知らないが、内に抑圧されているものから――あるとき漠然と抑えていた感情から、もっと単純な時代には意識の背後にある良心と呼ばれたものから――生じていることは確かである。

「ベトコンが俺を黒んぼと呼んだことはない」という言葉は、アリとはまったく関係なく世間に広まっていった。ベトナム退役軍人で反戦家のウェイン・スミスによると、「ベトコンは、「黒人兵士のみなさん、ベトナム人はあなたを黒んぼとは呼びません」と書かれたビラを、われわれに見えるように道端に置いていったものだ」(27)。その話が本当だとして、ベトコンは、アリが言ったと思われた言葉をもとにしてそのビラを書いたのかどうか、確かめることはできない。だが、ベトナムにいる地上部隊の黒人兵士の心に響くものがあったというだけで十分なのだ。事態が発展するにつれ、確かにアリがそう言ったとしてもおかしくはないように思われてきた。その数年後、アリは『ブラック・スカラー』誌との有名なインタビューで、このせりふを少し変えた新しいヴァージョンを使っている(28)。伝説はそのようにしてつくられていく。いったんストーリーが命を持ち始めると、世界中に広がり、その出所に戻って(あるいは出所とされたところに戻って)、当人にとりつき悩ますことがあるのだ。

話の真偽は永久にわからないだろう。もとの話の主役たちが、今ではリプサイトを除いて全員ステージから姿を消し、印象を書いた記録も残していないのだから。しかし、その二つのスローガンが人々の想像のなかで融合してアリと結びついたということ以外に、知るべきことはあまりない。人々はその発言に素晴らしいものを感じたのだということを、今のわれわれは知っている。実際、それは、「俺はあんたが望むような人間になる必要はない」[29]というアリのもう一つの忘れられないせりふと同じくらい強い影響力を持っていた。後者はいわば個人的なコメントで、言うまでもなく彼が公表した宗教的信念に関するものであったわけだが、「ベトコンが俺を黒んぼと呼んだことはない」のほうは、それとはまったく異なり、より政治的な意味で強い影響力をもっていた。〈黒んぼ〉版がアリの実際の発言と融合されるようになったのは、その発言にはもともと、言った当人は想像もしなかった別の意味が含まれていたからだ。社会理論というのは、実はこのようにしてできあがっていく。誰かが何かを言う。ほかの人たちがそれを取りあげる。そのうち、ちょっとした人物が現われ、さも自分が言ったようにふるまう。そして大衆はそれを信じる。時がたつうち、人々はそれを抽象的な理論だと思うようになるが、実は最初からずっとひそかに流布していた噂なのだ。こうしてモハメド・アリは、実質的に（変な言い方かもしれないが）人種とグローバル化に関する一流の社会理論家となった。

まもなく、まだ成熟した大人になりきっていない二十四歳のアリは、世界を跳ねまわった末に舞い戻ってきた政治的にも道徳的にも影響の大きい騒動について、判断を迫られた。そしてアリはすぐに判断した。あとでわかったことだが、アリは、何気なく口にしたたった一度の気まぐれな発言が引き起こした出来事を潔く受け容れ、終わってみれば、彼の人生は完全に時代と歩調を合わせる形で変わっていた。ベトナム戦争を抱えたアメリカの内なる苦闘は、要するに、アメリカの人種に対する根深い強迫観念と、同じくらい根深い大国としてのアメリカの二面性とが結合した苦闘だった。一八三〇年代のアレクシス・ド・トクヴィル〔一八〇五―五九年。フランスの政治思想家。『アメリカの民主政治』を著わす〕から一九四〇年代のグンナー・ミュルダール〔一八九八―一九八七年。スウェーデンの経済学者。「アメリカのジレンマ」という言葉を生み出したことでも有名〕まで、アメリカを訪れた観察眼の鋭い知識人たちは、アメリカが人種に関して道徳的混乱に陥っていることに気づかずにはいられなかった。アメリカ人が人種的に強迫観念を持っているという見解はトクヴィルに始まり、ミュルダールもその混乱がアメリカの最も根深い道徳的ジレンマだと述べている。一八三〇年代のフランス人と一九四〇年代のスウェーデン人が、ともに、それぞれの時代の（今でもそうだが）アメリカ人がいかに人種問題に困惑しているかを即座に看破したということは驚嘆に値する。二人が訪米したのは、アメリカの自信が頂点に達していた頃だから、なおさらだ。トクヴィルが有名なアメリカ旅行をした一八三〇年代には、独立戦争後に生まれた最初の世代が存在感を発揮し始めていた。新生アメリカが文化的にも知的にもヨーロッパからの独立を宣言した時期であり、それゆえ、アメリカは人類の光となる運命を神によって定められたという古い観念を、宗教から切り離して世俗化した時期でもあった。それからまもなく、一八四八年に〈自明の運命〉説〔西部開拓時代に米国が領土を拡張させることは神が与えた使命であるとする説〕が登場する。その一世紀後、グンナー・ミュルダールが、アメリカ国内の人種に関する研究論文の決定版を書いてほしいという依頼を受けて渡米したときは、アメリカ人が世界的に見た自国の重要性を過大に意識し、それを熱心に信じている者にとってはその重要性こそがアメリカ例外論に基づく政策を自明のものとして証明していると思われた時代だった。ミュルダールの名著『アメリカのジレンマ』は、ちょうど合衆国と枢軸国との戦いが峠を越した一九四四年に出版された。アメリカはその後しばらくの間、まったく競争相手のいない、真に例外的な唯一の世界的大国となる。

われわれアメリカ人は、ときどき善行を行なうにしても、常に表面を飾りすぎる倫理的価値観の名目のもとで行なってきた。マサチューセッツに最初に入植した開拓者たちから（少なくとも彼らには、危険を顧みることなく大胆な冒険に乗り出す動機がほかにはほとんどないことを考えれば、自分たちは神の御業に従っていると信じていたのはまちがいない）、ベトナム後のすべてのアメリカの冒険者たち（ニクソンに始まり、カーター、レーガン、ブッシュ親子、およびまだ続くかもしれない全員）に至るまで、われわれはこの国に対して普通ではないことを期待するように教えられてきた。そこには、もちろん、他国の問題には本当は関わりたくないのだが不本意ながら関与するのは世界に対する道徳的責任からだという、概して正当性を欠く意識も含まれる。すべての国々が同じように考えるわけではない。しかし、全人類のために責任を背負い込もうとしていると考える以上は、みずからの倫理的欠点を自覚しているべきである。人種問題でアメリカのジレンマが起こるのは、こうした理由からだ。奴隷制だけでもひどいことだった。〈ジム・クロウ〉（黒人差別政策）法は、合法的に罪を隠蔽したという点でより悪質だった。しかし、このような倫理的汚点をさらしながら、一方で高らかに国家としての正義を謳うことは、精いっぱい努力してきたことは認めても、簡単に見過ごせる矛盾ではない。

それなら、実際に見過ごせないことを乗り越えるには、その国の文化は（文化に何かができるとすれば）どうすればよいのか。ジェームズ・スコットは、国家が物の見える存在で、したがって考える存在でもあるとすれば、この国はその歴史の大半を通してじっくり考えながら、みずからを実際以上に特別な存在としてとらえてきたと喝破している[30]。アメリカ例外論は、臨床的な問題に対する学者の理論である。思考にとっての強迫観念は、行動にとっての強制のようなものだ。人間が強迫観念にとりつかれるのは、その考えを頭から消そうとしても消せないからで、消せないのは、どんなに反復的で愚かなものであろうと、その考えが人々の感情的生活（もっと正確にいえば、文化的生活）を一つにまとめている唯一のものだからだ。罪深い人間が自分は曲がったことはしていないと断言するときには、それだけいっそう強く自分の高潔さを主張するものだ。他国に負けず劣らず悪いことをしている国が、自分たちこそは民主主義国家そのものであると断言するときには、それだけいっそう強引に（そういう強引さが許されるような方法を駆使することで体面を保ちつつ）その特権を主張する。こうして、「われわれは最善である。われわれは邪悪である。他人にわれわれの邪悪さを気づかれないように、われわれは彼らよりも善でなければならない」という無理な三段論法が生まれる。

では、アリが黒人としての特性をムスリムの美徳に結びつけて主張したとき、なぜあれほど多くのアメリカ人が憎しみを浴びせたのだろうか。徴兵と軍隊生活の免除の理由として、〈ネイション・オブ・イスラム〉の敬虔な聖職者としての特権を主張した（そのために事態はよけい悪くなったのだが）アリを、なぜ締め出したのだろう。それは、彼らが自分の道徳的矛盾をあばく者に対して弱みがあるからだ。当時の私は、ベトナム戦争に徴兵されるには歳をとりすぎていたが、ベトナムで戦うことに良心的兵役拒否をする人のカウンセリングを行なうには十分な歳でもあった。何時間もぶっ続けで耳を傾けたそれらの若者の誰一人として、安易に、あるいは断固として、兵役拒否の結論に達した者はいなかった。確かに、みな怖がっていた。しかし、良心的兵役拒否者の身分の申請に必要な法的手続きを踏んでいくうちに、全員が自分の道徳的信念を本当に理解するようになっていった。

すべての平和主義者がインチキだと考える人たちには、こんなことは耐えがたいことだろう。だが、なぜ耐えがたいかといえば、良心的拒否者を憎む人々は、さきほども述べたように、国家的独善のジレンマに巻き込まれているからだ。そして、それはそれなりに顧慮されなければならない。彼らがもしほかの国で育っていたら、そこではまた別の道徳的混乱を味わっただろうが、この国のような、独特の狡猾さで強い影響力を持った混乱には巻き込まれずにすんだだろう。もしあなたの文化が、単純に表明できるような道徳的規範を、あたかも（わが国の独立宣言の言葉を借りれば）「自明の」もののように教えているなら、そういう文化の下にある学校や教育機関で育成された人々は、おそらく、倫理的に考えること自体、ごく単純なことなのだと信じているだろう。だが、人生の厳しい現実のなかには、道徳的明快さなどありえない――真の道徳的ジレンマに直面したことのある人なら、誰もがそう言うだろう。

人間は、正当で立派だとはいえないことをやってしまうかもしれない。そういう行動をとらせた感情と、実際に起こった現実とは、常に別のものだというのは、人生の厳しい現実のなかでもとりわけ過酷な現実である。そしてときには、それが逆に働くこともある。ある論理を理性で受け容れると、その論理が道義心と合わないさまざまな感情を呼び起こす。アメリカ人にもほかの人たちと同じようにさまざまな感情があるし、いくつかの分野では、きわめて特殊な論理を教えられてきたためにそういう感情が呼び起こされることもある。たとえば「われわれは他のすべての人たちよりも優れている。それは一目瞭然だ。したがって、その一目瞭然なものを理解できない人間はみな、われわれの敵にちがいない」といった論理である。今日でも、アメリカでは比較的保守的なニューハンプシャー州では、車のナンバープレートに「自由を、さもなくば死を」と印字されている。アメリカ人の道徳的規範の最も原初的要素を、これほど如実に表わしている言葉はない。人間は自由だといっても、せいぜい、いくらか自由という状態で生きているのだ。現実の生活において、自由を制約する確固とした限界にぶち当たるたびにいちいち死んでいたら、大半の人間がとっくに死んでいるだろう。

　実際には、道徳的な明白さとは、忍耐強く懸命に努力することで実現するもので、たとえ実現したとしても、確実な事実として示されることはめったにない。だからこそ、独善的な人たちが道徳的な人たちより優位に立つのだ。前者は、あいまいさのない単純素朴な観点から考え、後者は不確実という典型的な泥沼のなかで考える。二十四歳だったモハメド・アリは、改宗を宣言した信仰がどんな結果を招くか、きちんと理解していたのだろうか。その入信にしても、最初に公表したときから、本当に敬虔な精神に根ざしていたものだったのか。もちろん、そんなことはない！　どちらもノーである。男でも女でも六十五歳の人に訊けば、自分が二十代だった頃を思い出しながら、誰だってそう答えるだろう。どんなに断固としている大人でも、若い頃には自信が持てなかったはずだ。(31)

アリがまさにそうだった。リングの内外で見せた強がりは、〈ネイション・オブ・イスラム〉の人生と人種に関する公式理論に支えられていたにせよ、道徳的権威が放つ神聖なきらめきなどといったものではなく、自分のボクシングを達成するために必要な行為から出た結果だった。あの母親でさえ、息子がすべてにおいて偉大であることを、神に期待されているとは思っていなかった。伝説がゆきわたり、名声のレベルが上がると、畏怖の念を抱く人々はすぐに、そのヒーローを真剣にとらえすぎるようになる。マーク・クラムや、ある意味でジェラルド・アーリーですら不安を抱くのは、こういうところだろう。彼らは、アリがいくつかの点で特別だとは思っているが、すべての点で特別なわけではないことをよく知っている。行き過ぎが異常さを生むこともわかっている。そういう過剰さは、英雄的人間を、単に非凡なだけではなく、ユニークな存在にするかもしれない。ほかの人たちより本当の意味でユニークな人間など存在しない。しかし、非凡な人間はいる。そして、そうした非凡な人たちは、自分でも十分に理解できないことを体験したり実行したりする。

二十一世紀初めの今、一九六〇年代の世界を振り返って、当時の世界情勢が意外な方向へ流れを変えつつあったことを認めるのは、その意思がある者にとっては比較的たやすい。今の時代のわれわれには、いわゆる近代世界が、何世紀にもわたって、より良い場所は自称勤勉な人々が住み着いているところで、より劣る場所はあまり勤勉でないとみなされる人々が占めているところだというふうに構築されてきたことがわかる。近代の信念ともいうべきこの考えが、世界の現状を曲解していることも、今日のわれわれには理解できる。独善的勤労者たちが企業家としての魔法を使って、ほかの人々（白人は驚くほど少ない）をあまり勤勉でない場所に引き止めておいたことに気づく者さえいる。要するに、今の時代なら、近代世界が人種に関するエセ科学的ドグマによって正当化された力の不均衡の上に築かれたということを理解しやすい。こうした理解は、アメリカ文化のように道徳を説く文化にとっては欠かせない前提条件でなければならないはずのものだった。

人種問題は決してアメリカ特有の問題ではない。われわれが二股をかけようとしたがゆえに、アメリカのジレンマとなってしまっただけだ。ほかの国と同じように人種差別主義であったにもかかわらず、自分たちが最も道徳的であるような顔をしたからである。性的自由の問題でもそうだが、人種に対する倫理的問題でも、私はいつも、ヨーロッパ人は、完全にくつろいでいるとは言わないまでも、アメリカ人より力を抜いて対処しているような印象を受けてきた。ヨーロッパ人はかつて植民地支配者だったことを、アメリカ人のように否定したりはしない。若い頃に植民地行政官として優れた能力を認められて出世していった祖父母を持つヨーロッパ人も多い。クローゼットに隠れているアメリカ人に比べ、クローゼットから出た植民地支配者のほうがもっとはっきり自覚しているというわけではない。ただ彼らには、植民地化した領地で住民を殴ったり吊るしたりして人々を打ちのめしてきたことを、先祖代々の仕事として受け止める潔さ（というのが適切な表現かどうかはわからないが）があるのだ。それとは対照的にアメリカ人は、南部の兄弟たちが、解放された黒人にリンチを加えていることを信じようとせず、ましてや沈黙することで自分たちも彼らの悪に加担していることなど認めようとはしなかった。

時折、どこかのたわけ者がやってきて真実を告げることがある。一九六六年二月のあの午後以

来の数年間に自分の身に何が起きたか、アリが少しでも理解していたとすれば、それはすべて自分が真実を話したことと関係があるということだった。しかし、彼は単に真実を話したどころではなかった。最初は自信もなく混乱して子供じみてさえいたアリが、急成長を遂げ、アメリカの戦争に対して驚くほど成熟した道徳的姿勢を示したのである。あとでわかったことだが、アリのボクシング・ライセンスは、興行を行なう全主要都市でただちに取り消された。プロモーターは手を引いた。対戦相手は身を引いた。アリはたぶん罰せられるだろう。だが、驚いたことに、政府が約五〇年前にジャック・ジョンソンを追いつめていったようにアリを追いつめていくにつれ、法律的にも広報活動的にもみずから墓穴を掘るはめに陥り、抜け出すのが困難なほどの状況に追い込まれた。

アリはあらゆる場面で、自分の発言――実際の発言と、彼が言ったことになっている発言――の真実についてさまざまなことを学んでいった。そのなかで、イライジャ・ムハンマドの教えに自分なりの独自の解釈を加えたりもした。アリはある意味で（自分のやっていることをはっきりとは知らないまま）人種問題の社会理論家になっていった。「ベトコンが俺を黒んぼと呼んだことはない」という言葉には、近代世界の正体を如実に物語る真実が凝縮されている。つまり、力のある者が道徳的に特別な存在ではないということだ。特別ではない証拠に、彼らは自分が抑圧する人たちよりも劣っている――そして、彼らが何よりも熱心に行なった抑圧が人種差別であり、そもそも世界的大国にのし上がったのはその人種差別のおかげだった。

一九六六年二月のあの晴れた日に続く数ヵ月間で、アリの恐れていた苦難が始まった。試合をする方法はあったし、急激に膨らんだ弁護士費用や離婚関係の費用も稼がなければならなかったのに、アリの人生は突然、みずから求めも望みもしない、しかし受け容れざるをえない状況へと一転した。ボクシング界から追放された一九六七年から一九七一年までの記録を読むと、若いアリが道徳的な推論能力に長けていたことがよくわかる。そうした並はずれた道徳的気迫があったからこそ、政府やアリの経済状態を知る人たちが、楽な道を選ぶようにアリを説得しようとしたのかもしれない。アメリカの戦争努力を宣伝する手先として入隊することもできたのだ。アリはその道を選ばなかった。彼の信念はあまりにも純粋でますます揺るぎないものになっていったので、良心的兵役拒否者の身分を求めるアリの申立てに断固反対だと思われていた判事が、世間の予想に反して、彼の主張に嘘偽りはないと認めたくらいだった。ただし、いくら嘘偽りがなくても、正式に兵役免除が許可されるほどではなかったらしい。アリはトリックスターだったのだろう。トリックスターは、自分の道徳的誠実さに不安を抱く理由のある者を動揺させることができる。

一九六七年四月二十八日、アリは合衆国陸軍入隊のためにヒューストンに呼ばれた。「カシアス・クレイ」の名前が読みあげられたが、一歩前に踏み出すことも返事をすることも拒否した時点で、アリに対する正式な法的手続きが開始された。それからわずか数日後の五月八日、政府はアリを兵役拒否の罪で起訴した。そして、数週間後の六月二十日、陪審はわずか二〇分の審議で有罪の評定を下した。アリは上訴したが、上訴の結果次第では刑務所への道をたどることになった。それから四年近く、ボクシング界から締め出され、何百万ドルもの大金を失った。その間、大学で講演したり、あればステージに立つ仕事などもしながら生計を立てた（その生活が贅沢な暮らしぶりだったことは自分でも認めている）。

今にして思えば、事実は小説よりも奇なりで、その数年間におけるアリの相対的窮乏生活は、大衆の心に触れたようだ。大学生の間で人気が高まった。彼らの親や友人にも噂が伝わったにちがいない。他人の批判を気にせず自分の信念に従って行動するアリの勇気は、誰にも無視できなかった。少し耳を傾ける気さえあれば誰にでもすぐわかったことだが、アリもジョー・ルイスのように、軍隊に入ってエキシビション試合を数回やって祖国のために「尽くす」道を選べば、ボクシング界から追放されることもなく、戦闘に加わることも避けられただろう。もしそうしていたら――そうすることができていたら――アリは快適な人生を送っていただろう。真に最高に偉大なボクサーとして大切にしていた王冠も維持することができただろう。ボクサーとしての技量が頂点に達する時期にボクシングを続けることができたはずだ。ところが、そうするかわりに、道徳的原則を貫くほうを選び、そのために、スポーツ選手が肉体的全盛期にある最後の数年間を棒に振った。そのときのアリには、金銭的な損失はもちろん、自分が本当はどこまで最高に偉大なボクサーなのか（もしかしたら最高に偉大なアスリートなのか）を証明する機会を失ったこともわかっていた。

どんなに鈍感な人間でも、話の要点がわからないということはないはずだ。アリを「徴兵逃れ」と呼びたければ呼べばいい。しかし、ベトナムで死ぬ恐れこそなかったものの、この誇り高くも複雑な男が払った代償は相当なもので、しかも避けようと思えば避けることのできた代償だった。アリを最も憎んでいた人たちの頭にも、ようやくそのことがわかってきたにちがいない。みずから進んで富を犠牲にすることを、ある種の道徳的誠実さの証拠とみなすのは、きわめてアメリカ的である――たとえそれが意味をなさない道徳的誠実さであっても。そうした代償を払うことはアメリカでは常識的には考えられないことだったから、一部の人々の注目を集めた。

もちろん、結果的に人々の戦争支持が崩れていったのはアリが原因だったとはいえない。それにしても、アリがボクシング界から追放された翌年の一九六八年春、リンドン・ジョンソンはもはや自分が国を統治することはできないと悟り、二期目の出馬を断念した。晩春までにはアメリカの世論は反戦に変わっていた。アメリカの耐えがたい戦争の苦悩はそれからまだ何年も続くが、一九六八年のあの数ヵ月の間に、アメリカのベトナム戦争は敗北していたのだ。アリの役割は、たいしたものではなかったにしても、少なくとも何万人ものアフリカ系アメリカ人に、世界中に散らばる有色人種の兄弟姉妹たちに対する忠誠を、もう一度考えてみるきっかけを与えた。そして、決定的な貢献とは言えないまでも、アリが自分の立場を貫き通したことが、すでに戦争反対に傾いていた人々に大きな影響を及ぼしたことはまちがいない。

アリは、一九六七年六月二十日から連邦最高裁判所が彼の有罪判決を無効にした一九七一年四月十七日までの間に何を失ったにせよ、それを補って余りあるほどの尊敬の念と自分に対する自信を手に入れた。若者が一人前の男になったのはこのときである。


人間アリと超有名人アリは、どう見てもアイロニーであり、そうでなければ意味がない。そして、不完全な使われ方をされるこの〈アイロニー〉という言葉は、アリが今の時代の仕組みにおいてどんな役割を果たしているかを解く鍵となるだろう。

アイロニーが現在の状況を文化的に評価する基準となっていると嘆く人は、自分が何を不満に思っているのか、じっくり考えることなく不満を述べていることが多い。そういう考え方自体が一見平穏な表面をかき乱すのだが、それは、ものごとを混乱させるのに熱心な人たちがアイロニーを武器として使うことにも一因があるように思われる。要するに、文化的に二つに分かれる両側に、アイロニーに対する意図的な解釈の違いがある。アイロニーが厄介なのは、近代ヨーロッパ文化のような文化を混乱させるということにある。なぜなら、アイロニーとは永遠に不確実な状態のことだからだ。神々の神秘のように、アイロニーはあらゆる理解を超え、したがって、すべての事象は理解されるべきであり理解できると考える人々を不安にさせる。

アイロニーを別の言い方で表現すれば、われわれの時代は surd《サード》（無理数）〔二つの整数から成る分数で表わせない数。たとえば π（円周率）など。そこから「道理では割り切れない、理不尽」などの意に転移〕と呼べるかもしれない。この言葉と対照的な absurd（アブサード）〔「不条理」、「真理や理性や常識に反する」の意〕は、それなりに合理性から体系的に逸脱しているという意味にすぎない。サルバドール・ダリの絵画は〈アブサード〉だ。来ることのないゴドーを待ち続けるサミュエル・ベケットの戯曲は〈無理数《サード》〉に入る。このように、厳密な意味で〈無理数〉について話すというのは、「有限項で表わせない通常の数や量」(32)について話すということだ。それに対して、〈アブサード〉とは、「まったく道理に合わず、それゆえ滑稽で馬鹿げている」という意味だ。したがって、われわれの文化はアイロニーの文化だと言う場合、時代の馬鹿らしさを言っているのではなく、それなくしてはすべてが意味をなさなくなる不合理な要素を述べている。数学で irrational（不合理なもの）も「無理数」を意味し、本来それが属することのできない集合を説明する数学用語である。したがって、アイロニーはグローバルな文化の irrational（無理数）で、それなくしてはグローバルな文化が合理性を主張しても意味をなさないとも言える。この無理数は、合理性だけでもあまりにもかけ離れているので、それを「われわれの」文化として言及するだけで、その最も不合理な特徴に注意を惹くことになる。グローバルな文化では、一見調和しているように見える表面をなめらかに動きまわっている社会的差異がいたるところに見られ、そういう文化が「われわれの」ということはありえない。アメリカでは特にそうなのだが、ヨーロッパからの移住者が住み着いてヨーロッパ文化を広めた世界各地においても、そこで現在実践されている人種のとらえ方は〈アブサード〉である。道理に合わないのだ。しかし、文化全体の特徴としてとらえる人種は、〈無理数《サード》〉である。それは、確かに意味をなさないが、太陽の下にある万物は人間が理解できるものだと主張する文化体系のすべてを説明している。このように、ヨーロッパのリベラルな文化の根源は、人はみな平等につくられている、という不合理な主張なのだ。この主張が不合理なのは、その論理のせいではない。それが真実ではなく、これからも真実になる可能性すらないということを、みな知っているからだ。とはいえ、そういう主張がなければ、いわゆる「西洋」というものは存在しなかっただろう[33]。したがって、ある時点を過ぎたあとの近代のアイロニーとは、他人の犠牲によって利益を得ていた「われわれの」（と当然のように思われていた）文化は、もはやどんな種類の「われわれの」文化でもなくなったということだ（たとえそれがまだあるようなふりをしていても）。

　一九六〇年代には長年追求されてきたさまざまな出来事が多少なりとも形になり始めていたが、それ以前の近代世界には、人類にとって何が善かという問題についてのコンセンサスが、広く、世界的にとさえいえるほど広くゆきわたっていた。あるいは、ゆきわたっていると思われていた。もちろん、これは慢心だったことが、かなり突然に判明する。あまりにも簡単に他の人間を制圧してしまうとそういう慢心に陥るものだ。近代世界は、十六世紀に猛烈な勢いで始まった世界探検とともに築かれた。それは探検とは名ばかりの征服であり、ヨーロッパ人は、定住者のいない未開拓の土地は自分たちが利用してもいいと考えた。道理をわきまえた人間なら思いつかないような考えだが、その考えには、その土地で遭遇する人たち（当然ヨーロッパ人や白人ではない）はどういうわけか完全な人間ではないという慢心があった。この図式にリベラルな体裁を加えたのが、彼らはまだ完全な人間になっていないという考えだった。こうしたヨーロッパの考えを、アメリカ人は大まじめに受け取ったのである。植民地化の目的は、経済発展の名のもとに現地の人々を人間らしくすることだ、と。

　また、だからこそ、初期ヨーロッパ人探検家たちの子孫であることを認めるわれわれは、自分たちは「道理にかなった」人間だと思うようにもなったのだ。世界とそこにあるものが「一つ」であるという前提なしには、「道理」などというものはありえない。「統一体」という前提なしには、近代になってその言葉を理解できるようになった意味での「理解可能性《インテリジビリティ》」ということもありえない。そしてまさにその事実によって、世界が「一つ」でない場合、ゆえに「理解不能」の場合、そこには「道理」はありえない。したがって、すべての人間にとって善であるとか真実であるといったこともありえない。こうした論理は美しく、説得力がある。世界の事象が現実にこういう具合に動いてくれればの話だが。

　世界の出来事は、そのような統一性、理解可能性、普遍性をもって機能するものではない、という驚くべき経験が、やがて新しい難題として世界に登場することになるわけだが、この問題は一九五〇年頃からそれと気づかないうちに始まり、一九六〇年代後半あたりから表面化した。やがて、人間のやることは必ずしも道理にかなっていないかもしれないという可能性が、初めて認識されるようになる。もし、植民地の住民が植民地支配国に対して起こした反乱がただちに成功していたら、世界は合理的なものという考え方はもう少し続いたかもしれない。しかし、実際には、インドに始まり、中国、カリブ海とアフリカの大半、それからベトナムとアフガニスタン、そしてソヴィエト連邦の従属国といったように、ヨーロッパの大国に支配されていた植民地や属国の住民たちは激しく抵抗し、ある程度（普通は政治的に）成功を収め、ポストコロニアルの歴史に乗り出すことになるのだが、結局それは、道理をわきまえているはずのヨーロッパ諸国による長年の〈庇護〉はほとんど価値がなかったことを証明しただけだった。インドが植民地の鋳型を砕いた一九四七年以来、植民地独立後の世界史は一様ではなかった。植民地住民がかつての支配者に取って代わって世界を動かすほどの強さで世界の諸事情をひっくり返したというなら、世界は道理にかなっていると考えることもできたかもしれない。白人にとっては悲惨な筋書きだが、それなら合理的なやり方の基準に合っている。逆に、独立を果たした新生国家も含めて、ポストコロニアルの世界が急激に荒廃したら、そのときにもやはり、問題は責任ある立場にいる人間が不適切だということになり、世界は理解可能で道理にかなったものだと言えたかもしれない（リベラル派が貧困問題を説明するときの持論のグローバル版である）。しかし、見る意思があればすぐに見えることは、繰り返しになるが世界は本当に一様ではないということだ。しかもそれは、ものごとがそのうち合理的に落ち着くとは思えないほど、一様ではないのだ。
にもかかわらず、その世界（そこに住む人々とは異なるものではあるが、まったく切り離された別個のものではない）は道理にかなっているという考え方は、まだかなりの影響力を持っている。そしてそれゆえ、グローバルなものごとが実際にはアイロニーであるかもしれないという現実が、合理的なことでもひねくれた強弁と思わせてしまう。辞書の最高峰『オックスフォード英語辞典』でさえ、人々が想定する意味に忠実であるため、アイロニーという言葉の正しい意味を半分しか伝えていない。

アイロニー（名詞）伝えようとする意味が、使われた言葉が表わす意味とは正反対の意味になる表現形式（修辞法）。普通は、非難や軽蔑を暗示するために称賛の表現を使うという、風刺やあざけりの形をとる。

アイロニーが修辞法だということは確かだが、それなら、世界がどう営まれているかを説明するようなときに使われる rational（合理的）などという言葉についても同じことが言える。実際、「世界」という言葉さえ修辞法である。すなわち、さまざまな社会的事象の全体を、どういうわけかまるで一つのものであるかのように言及している比喩的表現なのだから。
そう、アイロニーは修辞法であり、通常の意味を逆転させる比喩的表現である。その意味で、アイロニーは難しくて不合理な修辞法だ。たとえば、隠喩などとは本質的に異なる。隠喩は、類似物または特定のものを、同一または全体を示すものとして考える。人々が「世界」と言うとき、あちこちの限定された地域で起きている社会的事象の全体が、まるで合理的に系統立ててまとめられた周知のものであるかのように言及するのもその一例だ。しかし、「普通は、非難や軽蔑を暗示するために称賛の表現を使うという、風刺やあざけりの形をとる」というアイロニーに関する『オックスフォード英語辞典』の説明は、合理的文化の術中に陥っている。『オックスフォード英語辞典』は常に慎重であり、「普通は」という書出しによって、まったくそのとおりでない場合もあることをほのめかし、他の可能性の余地を残している。それでも、「普通は」アイロニーが風刺やあざけりだと考えられているのは事実であり、隠喩的に言われる「世界」を道理にかなっていると考えるなら、その場合にはもちろん、そう言えるにちがいない(34)。合理的であるということと、人々が合理的に推定できるものとは、いくつかの点で(ことによると全体的に)、必然的に(決して「一時的に」ではなく)相反するのだと示唆すれば、そのつもりがなくても、事実上あざけりの効果を生み出す。

モハメド・アリが意図せずに出会ってしまった世界情勢のアイロニーは、(いわゆる)世界が、お話にならないほど不合理になりつつあるということだった。あるいは、そのアイロニー的な本質が、より明白になりつつあると言ってもいいだろう。そうした文化状況においては、事態は、必ずしも見かけどおりではないといった類よりはるかに深刻である(つまり、事態が不可解なのは、道理をわきまえた頭脳の持主たちが解決策を導き出すまでの短期間だけ、といったものではないのだ)。

要するに、事態はその本質上、一様ではない。したがって、当然のことながらその見かけとは正反対であることも多い。

言葉はただの言葉になることもあり、したがって、社会的混乱はもちろん、歴史の変化の影響を受けやすい。しかし、言葉を使って事物を表わす場合（そうすること自体、無邪気な、あるいは広く認められている仮定からかけ離れている）、その言葉は当の事物が許す範囲での意味を持つことになる。現実の牛は、小さな子供から「牛」と呼ばれている名詞を変えるためにできることはほとんどない。一方、（いわゆる）現実のさまざまな社会的「世界」は、そこに属する人たちがその「世界」について話すことによって、いろいろな意味を持ちうる。だから、もしその（いわゆる）世界が整然としていれば、「道理にかなった」ものとして認められるかもしれない。たとえその「道理にかなった」が、反対意見を持つ人々が声を上げると暴力や追放（あるいはそれに類すること）で脅されることを意味するにすぎないにしても。

だが、インドが英国人に対して、あなた方の世界は道理にかなっていないと告げてから、アリが「俺はベトコンのやつらには文句はないぜ」と言って受話器を叩きつけるまでに、約二〇年がたち、そのときモハメド・アリが偶然出会った世界は、それをつくり上げた人々が想像していた世界とはかなり違ったものになっていた。今日の社会的な事象や人間の行動が、まったく道理に合わず、理解不能で、理性的でない、と言っているわけではない。世界（この修辞法が何を示唆しているにせよ）は、ますます〈ひっくり返った〉場所になったと言いたいのだ。もっと肝心なことをいえば、世界はもともと本質的に〈ひっくり返って〉いたのかもしれない。それは誰にもわからない。

それにしても、「ベトコンが俺を黒んぼと呼んだことはない」という言回しへ導くような発言をするということは、そこに、ヨーロッパの息子や娘であるわれわれにはよくわからない真理が含まれているということだ。それはわれわれには風刺的で辛辣に聞こえるが、実際には単に、グローバルな状況がアイロニーの状態にあることを表現しているにすぎない。別の言い方をすると、もし最も弱いと考えられている者が、もっと強くなるはずだとする進歩主義の考えを信じなければ、すなわち、もし世界の弱者が（東南アジアでベトコンがやっていたように）植民地支配者の侵略を撃退するどころか、自分たちは単に支配者の白人とは異なっているだけだと考えれば（そしてもっと都合の悪いことに、もしそれをあえて口に出せば）、そのときには世界はいくつかの別個の世界になり、合理は不合理になり、アイロニーは風刺というよりグローバルな状況の〈無理数〉――つまり、現状にとって不合理な根数《ルート》――となる。

アリはこうしたことを少しでも理解していただろうか。それを生み出したのはアリなのだろうか。彼は真実の意味を探究する隠れた社会哲学者だったのか。もちろん、そうではない。では、アリが自分の意志や分別に反して、その名声のせいで、ほとんどの人間がいつかは注意を向けなければならない世界的な受難劇に引き込まれたのは、偶然だったのだろうか。確かに、その可能性は大きい。

ベトコンは、私のことも黒んぼなどと呼んだことはない。しかし同時に、皮肉なことに、これも完全には道理に合っているわけではない――いや、ひょっとしたら合っているのかもしれない。

第5章　闇の奥への帰還

われわれが王者だったとき

昔あるところに若い王がいた。眉目秀麗にして勇猛果敢、戦さに秀で、生まれながらに雄弁だった。その超人的な資質はたぶん神々の血を引いたものであろう。

よくあることだが、遠い地の戦いに赴く日が訪れ、王は妻や息子との別れを大いに悲しんだ。戦いで名を上げた王の望みはただ一つ、故郷の王国に帰ることだった。だが、帰還の旅には戦い以上の試練が待っていた。行く先々で、妙齢の美女の誘惑や、一つ目の巨人など恐ろしい怪物に出会い、神々の嫉妬の怒りに触れたりした。死者の国を訪れたときには、亡き母や、初めて乳を吸ったときから話に聞いていた英雄や悪党たちに会ったりと、およそ人間が耐えられないような経験をした。

王は故郷からの知らせに心を痛めていた。王に正面から挑む勇気のなかった臆病者どもが、留守中に王国を奪う陰謀を企てているというのだ。彼らは妃をわがものにしようと言い寄り、領地を蹂躙した。王がもう戻らないと信じきっていたのだ。王子はまだ力弱く、国を守るのは無理だった。

しかし、歳月の流れとともに齢《よわい》を重ね叡智を身につけた王が、ついに故郷に帰還した。王は領内に入ると弱々しい乞食に身をやつし、正体を見破られぬようにした。その姿を見た妃でさえ、それが王だと確信することができなかった。計略は成功し、王は横恋慕した卑劣な求婚者の群れの背後に忍び寄った。そしてとうとう、王は死んだと思っている連中の前で正体を現わすと、みな許しを乞うた。しかし王は容赦なく裁きを行なった。王子は王の帰還に発奮し、父とともに立ち、母親と国を守った。

結局、敵は殺され、王は再び王座についた。王国には平和が甦った。が、二度と昔と同じようにはならなかった。

——『オデュッセウスの冒険』改作

モハメド・アリについて語ろうとして直面する問題は、普通の意味での記録が皆無に等しいことである。書かれた文章から深い意味合いが汲み取れるようなものを、アリは残していない。そのため、物語の語り手たちは必然的に、トマス・ハウザーの素晴らしい口述伝記『モハメド・アリ——その生と時代』(わずかながらアリ自身の重要な証言が含まれる)(1)や、数少なくなる一方の全盛時代のアリを知る人々へのインタビュー、そしてもちろん映像記録にも頼らざるをえない。映像のなかでは『モハメド・アリ　かけがえのない日々』(原題『われわれが王者だったとき』)が最高の出来である。

こんなわかりきった事情をあえて述べる理由は、アリ自身による本格的回想録『ザ・グレイテスト』があるからだ。(2)この本が参照されることはほとんどなく、少なくとも重要な情報源とはならない。一読するだけで、アリが本に書かれているような事実の一部にはほとんど関われなかったことがわかる。しかも、アリ自身の話が信用できない原因として、作り話がある。それも考えられる以上に込み入ったものだ。本はよく書けていて、編集も素晴らしい。実際に書いたのはプロの作家のリチャード・ダーラムで、『ザ・グレイテスト』のところどころで洗練された文学性が見られるのはそのためである。そればかりか、編集者はほかならぬトニ・モリスンだ。できるだけ手を入れて本を救ったのは彼女の功績だと考えられている。問題は、当然のことながら、この本が〈ネイション・オブ・イスラム〉の影響下で書かれたことにある。とりわけ、内容のチェックを担当したハーバート・ムハンマドは、〈ネイション・オブ・イスラム〉の対外的プログラムを支えるようなフィクションの導入を、悪いことだとは思っていなかった。いちばんよく取り上げられるのは、ヨーロッパから戻ってきたアリが、アメリカ南部で出会った人種差別にうんざりして、オリンピックの金メダルをオハイオ川に放り投げた、というもっともらしい話だ。そういうフィクションは、子供の頃から人種差別をよく知っているだけにいっそう世界最高《グレイテスト》になりたいと願ったような男にはふさわしくなく、だからこそ本全体を疑わしいものにしてしまう。

とはいえ、〈ネイション・オブ・イスラム〉のイデオロギーなどの観念的影響がアリの回想録の価値を台無しにしていると、安易に決めつけてしまうのには疑問がある。アリの生涯について書いた人々のなかで、ジェラルド・アーリーが誰もあえて書かなかった領域に踏み込んでいる。アリの人生をまじめに解説している人々で『ザ・グレイテスト』を擁護しているのは、アーリーだけである。(3) 常識にそぐわないその発想は、単純でわかりやすいと同時に論争の余地もある。アーリーは回想録がきわめて特異なジャンルの文学であることを思い出させてくれる。回想録は本の主人公自身によって直接語られるので、ノンフィクション形式の作品のなかでもとりわけ信頼できると思われている一方で、本の主人公自身によって直接語られる、自身による、自身のためのものだから、表向きの自分像について作者の創作が入りすぎる疑いがある。その矛盾しあう緊張を和らげる方法はなく、ほとんどの場合、ただ読者がまだその物語を愛読しているのを見守るしかないだろう。やがて、たとえば、本人の記憶が（絶対とは言わないまでも）真実に近いというように、公的人物や有名人の自伝がきわめて真剣に受け止められるようになる。それにしても、なぜみんな、たとえばリチャード・ニクソンのような折紙つきの嘘つきの回想録は信じて、アリのようなあけっぴろげな人間の自伝を信じようとしないのか、まったく理解できない。嘘つきは自分の正体を隠すためにトリックを用いる。トリックスターは自分の真実を明らかにするために人をだます。読者はトリックスターよりいかさま師《シャイスター》を信じるものらしい。

ここで問題なのは、異論はあるかもしれないが、この本が、アリが他人に「語った」話だということなのではない。マルコムXの自伝は本人がアレックス・ヘイリーに語った話で、書いたのはアレックス・ヘイリーだが、このジャンルの古典とみなされているし、原作者が誰かという理由で退けられることはまずない。要するに、ジェラルド・アーリーは、『ザ・グレイテスト』だけでなく、自伝はもとよりどんな回想録も不自然なものだと指摘しているのだ。創作せずにどうやって自分の人生を思い出せるだろうか。作り話にならずにどうやって思い出を人に語れるだろう？　語り手の想像力を通して、真実と称されるお話にならずに？　誰がどんな動機で語るのであれ、自分の過去を思い出しながら、信頼できるように事実を語る、と考えること自体馬鹿げている。回想録とは必然的に、真実と虚構のはるか彼方に存在する形式にならざるをえない。それ以外にはありえない。

自分のことを語る方法は人によってさまざまだということを、アーリーは気づかせてくれる。回想録についての適切な問いはただ一つ、どんな話が語られているか、ということだけである。もっと正確にいえば、人生の厳しい諸事実を組み立てるのにどんな手法を用いて語っているか。アーリーの言うことに説得力があるのはまさにこの点だ。アーリーは『ザ・グレイテスト』の始めと終わりに胸を打つようなアリの故郷の話が置かれていることに注目する。本は、一九六〇年オリンピック後のルイヴィルへの凱旋ではなく、一九七三年ケン・ノートン戦で不名誉な敗北を喫したあとの屈辱的な帰国で始まっている。それは、追放生活からの復活劇もここで終わり、したがってアリの物語もおしまいになるのは確実と思われた敗北だった。『ザ・グレイテスト』は、そのあと、そこにいたるまでの人生を語り、それから一九七四年のあのキンシャサの試合を控えめに報告するという奇妙な形で終わっている。実際には、アリはこの試合で不可能と思われることを成し遂げている。当時最強だった相手を倒したのだ。その試合とは、言うまでもなく、若くパワフルだったジョージ・フォアマンとの一戦である。アーリーはこう述べている。

この自伝にあるような一周して戻ってくる循環性という点で、アリは、結局のところ、流浪の生活から帰還する黒人のオデュッセウスなのだ。本の冒頭で、対ノートン戦のあと故郷のルイヴィルに戻り、本の終わりで、精神的な故郷であるアフリカに戻って、アメリカ国内での流浪を余儀なくされている間に失っていた、本来自分のものである権利、すなわちタイトルを取り戻した。[4]

味方をしてくれる神々がいるとしてもあまり力のない神々で、戻るところはイタカではなく、アフリカの自分のルーツである暗黒。そんなアメリカの黒人に、アーリーが考えるように、オデュッセウスの物語があてはまるだろうか？

もっと興味深いのは、『ザ・グレイテスト』の話が、偶然とは思えないほどかつての親友の口述自伝と似ているということだ。アリもマルコムXも、オリエント経由で自分自身に立ち戻っている——アフリカ系アメリカ人の故郷を、皮肉にもかつてあった（そして今もある）ままの姿として定義したある種のイスラムを通じて。二人とも信奉者たちには、自分はアメリカ人ではないと言っているが、それはつまり、白人社会が望むようなアメリカ人ではないという意味だった。もちろん、本はそれぞれの人生の異なる時期に出版された。マルコムの話は彼の人生の最後の年に、アリの話は成熟した大人になってから人生の決定的転機に。アリは一九六四年に改宗を公表したあと、イスラム世界とアフリカを訪れたが、この滞在は過去との訣別の意味合いが濃かった。『ザ・グレイテスト』は、マルコムXに冷たく接したことも含めて最初のアフリカ訪問についてはほとんど触れていない。この本でアリが強調して語っているのは一九七四年の対フォアマン戦だ。[5] 一方、マルコムにとっては、一九六四年のアフリカ帰還は、アメリカン・イスラムから追放された者として本来の自分に戻り、アラーの名において人種差別を否定するグローバルなイスラムへ戻ることだった。アりにはそうした困難を乗り越える必要はあまりなかったともいわれる——一時はブラザーだったマルコムが、アリのために故郷への帰還の道を清めたからだ、と。分離主義であろうとなかろうと、マルコムのアフリカ人としての魂は、アリが常にそうであったように白人に対して穏やかになっており、いくら未熟なアリでもそれに気づかなかったわけがない。二人の男は違う道を経由して故郷に帰った。同じアメリカの黒人世界でも、育った場所が違っていたからだ。かつてデトロイト・レッドというあだ名で呼ばれていたマルコムは、デトロイトからボストン、シカゴ、ニューヨークのハーレムへと移り、都会のゲットーの最暗部しか知らなかった。アメリカの白人世界で、自分の黒人としての魂と和解して平安を見いだすためには、メッカ巡礼が必要だった。他方、アリはルイヴィルの白人社会のそばで育った。十二歳のとき、お菓子や小遣いほしさにダウンタウンのクラブに出かけ、用心が足りずに自転車を盗まれ、結果的にジョー・マーティンの厳しいトレーニングを受けるようになった。それ以来アリは、白人とともに生き、マルコムとは別の方向に故郷を見いだし、より長い旅を経て内なる黒人の回復へと導かれた。アリにとって白人との関係は必要だったが、その関係の不確かさに悩んでいたのだ。

黒人はどうやってアメリカから故郷に帰還するのだろう？　必要な手段をすべて使って、というのがその答えにちがいない。使える手段のなかからどれを選ぶかは、子供時代に配られた持ち札によって異なる。どんな手段を選ぶにしろ、西洋流の物語で育った人間なら誰でも同じように旅は必要だ。それどころか、彼にとって帰郷の旅がまちがいなく困難なものになるという意味では、いっそう必要なのかもしれない。

ホメロスの『オデュッセイア』ほど深い底流となって伝わっている帰郷譚はないのではないか。ホメロスからウェルギリウス、ダマスカスの聖パオロとヒッポの聖アウグスティヌス、ベーオウルフと怪物グレンデルの話を想像した不詳の作者、ダンテ、ミルトン、セルバンテス、シェイクスピア、ゲーテ、ジェイムズ・フェニモア・クーパー、ハーマン・メルヴィル、ジョーゼフ・コンラッド、ジェイムズ・ジョイス、F・スコット・フィッツジェラルド、ラルフ・エリソン、フランシス・フォード・コッポラ、マキシーン・ホン・キングストン、トニ・モリスン、などなど。昔も今も、世界を旅し、過酷な状況に立ち向かい、運命に定められた故郷に帰還する若く勇敢な漂泊者の話は、想像力豊かな大芸術家たちによって繰り返し語られてきた。そしてこれからも語られていくだろう。

若者の冒険の旅《オデュッセイア》は、死者の国や地獄へ続いているかもしれない。あるいは、恐るべき怪物との戦いや、亡霊や気まぐれな思いつきを追う無益な探索、成長期における真実や頭から離れないクジラを求める深遠な精神的探求、狂気そのものから流れ落ちる川の暗い深み、はるか彼方の平原、かなわぬ恋が死へとつながる大都会、決して見つからない名前を探す見えない人間として歩む道へと続く旅かもしれない。その若者は、王か王子かもしれないし、神か、あるいは異教徒の迫害者かもしれない。罪に苦しむ優れた雄弁家や、物好きや愚か者、船長や戦士、目的のはっきりしない模倣者かもしれない。あるいはボクサーからお抱え運転手、革命家にいたるまで何でもやってしまう何でも屋かもしれない。若者は男とはかぎらない。スーラ〔トニ・モリスン『スーラ』の主人公〕やファ・ムーラン〔中国の伝説上の女性戦士〕

のように、しばらく町を出たあと帰郷して、男の不確かな役割を侵害する女性として故郷に出没する若者もいる。故郷はこの世かもしれないし、別の世界かもしれず、戻ってきたときには、出たときのまま変わっていないかもしれないし、大きく変わっているかもしれない。そこは天国かもしれないし、地獄かもしれない。ひどくつまらない場所かもしれないし、小さなデンマークの孤城かもしれない。あるいは何か言いようのない恐怖かもしれないし、鬱積した不満のなかで迎える死かもしれない。もっと古典的にいえば、故郷とは結局のところ、自分が跡継ぎとなる資格があることを証明するために、出てゆく場所なのかもしれない。組合わせはいろいろあるが、話の大筋はそれほど違わない。故郷を見いだすためには故郷を出なければならない。そして故郷を見いだすことは、自分の意味、目的の意味、人生の意味を発見することなのである。

一部の壮大な物語はもう読まれなくなったといわれるが、この作品に限ってそれはない。西洋の高度な文化のなかに繰り返し登場するという以上に重要なのは、同じプロットが民衆の想像力のなかで代々伝えられてきたことだ。西洋の民俗文化や、人の移動によって世界の各地に根づいた文化に、さまざまに翻案された話が多様な形をとって出現している。最も印象的なのは、十九世紀のヨーロッパで集大成されたおとぎ話だ。おとぎ話はホメロスの帰郷譚のロマンチック版へ戻る傾向にある。『眠れる森の美女』、『シンデレラ』、『白雪姫』、『カエルの王子』、『雪の女王』、『おやゆび姫』――シャルル・ペローやグリム兄弟やハンス・クリスチャン・アンデルセンの作品のどれも、非の打ち所のない若い王子が、国じゅうでいちばん美しく高貴な乙女を助けに、意表をつく登場の仕方で現われるという筋書きである。通例、乙女は嫉妬深い継母や醜い姉妹、悪い魔女、あるいは人間人間の姿をした怪物の欲望によって死の危険にさらされている。しかし、純潔と美を脅かす残忍な人間や怪物たちは、たいてい、これ以上望めないほど素晴らしい男性の、魔法のような介入により打ち負かされる。彼は、話の主題からはずれているからか、理想的な若者が専念するような男らしい務めを果たすためにどこかに出かけているからか、当然のことながらいつもその場にはいない。

古典のテーマのさまざまなバリエーションとして、なぜこうしたおとぎ話が生まれたのだろう？ブルーノ・ベッテルハイムの答えが最も説得力がありそうだ。

子供は、底知れない不安や熱烈な希望に、自分で名前や形を与えたり肉付けしたりできないことが多い。もしおとぎ話がなければ、そうした不安や希望は形も名前もないまま残されるだろう。そのとりとめのない不安は、子供がそれを意識的に体験するからこそあとで思い出すことができるのではないか、とか、あるいは抑圧されたままであるがゆえに、あとになっていっそう子供の頭から離れなくなるのではないか、といったこととは関係なく、悪夢に出てきて子供を悩ますだろう。この名前のない不安は、たとえばおとぎ話に登場する人物の体験として描かれるような、明確に定義された不安よりずっと扱いにくい。……その上、不安を具体化できれば、それだけ不安の存在は稀薄になっていく。われわれの不安に形を与える物語が、遠い過去や場所で起こったものなら、そこから自分を遠ざけることもできるし、そのときの自分の必要性にいちばん合うように、その物語をつくりなおすこともできる。(6)

おとぎ話は子供を怯えさせる怖い存在を呑み込んだあと、精神的にみて安全と思えば吐き戻す。そうやって子供たちを面白がらせて恐怖に馴染ませていく。

運命を克服する運命にあるヒーローの話であるホメロスの叙事詩と、恐怖を手なづけるロマンチックなおとぎ話との中間に、同じくらい昔から民衆の想像力のなかで息づいているもうひとつの物語がある。それはどんな悲劇やロマンスよりもずっと現実に近い。物語の結末の意外な展開によって、このホメロス的叙事詩の対抗物語《カウンター・ナラティヴ》は、おとぎ話ではなく、かといってまったくの悲劇ともいえないことが判明する。

若い男の運命がまさに自分の犯した罪に即して進行していく、オイディプスの物語だ。ソフォクレスの作品に登場する人間の条件をそなえたアンチ・ヒーローは、いつも、ホメロスのオデュッセウスとすれすれの不安定な接線上に現われる。オデュッセウスが恐怖に打ち勝つのに対して、オイディプスは知らなかったとはいえ獣的肉欲に屈する。内なる欲望が、外なる人間としての神聖な掟を破ったのである。実際、オイディプスは家に帰るのが早すぎた。彼の退治した怪物は実は怪物ではなく、父親だったということがわかる。獣的な陵辱によって自分の母親を愛し、その罪を罰するために、みずから盲目の怪物となってぶざまに片足をひきずりながら永遠にさまよい続ける。オイディプスはまさにそのアキレウス腱〔オイディプスは赤ん坊のとき、父王にかかとをピンで刺されて山中に捨てられる〕にふさわしい存在になる。英雄になれるような戦いに出たわけでもない。私たちのひどい悪夢に出てくる怪物グレンデルとして、さもなければ、父親の亡霊を否定する内なる亡霊に立ち向かうことのできないハムレットのような男として、生き続ける男。だからこれは、フロイトがシェイクスピアに便乗して近代世界の物語文化に持ち込んだほんもののファミリー・ロマンスなのだ。主人公は、ホメロスの半神半人とは違って、どこにでもいるような運の悪いドジな男で、自業自得に近い報いを受ける。失明し、醜く獣じみた姿になるが、ずば抜けて賢い。オイディプスの物語は、あるべき結末にはならないものごとについての話なのである。

トリックスターの話は、これらが入り混じって生まれるのだが、この三つのパターンが奇妙な形で寄せ集められている。トリックスター話は純粋なロマンス小説ではないが、ロマンチックな要素はある。また、純然たる悲劇ではないが、不当に苦しむ者も出てくる。動かせない運命というものもない。なぜなら、動かすのはトリックスターだから。トリックスターは第一動者〔アリストテレス哲学で、みずからは動かずにすべてのものを動かす者〕としてすべての出来事を動かし、したがって、世界のいたるところで正道をはずれる出来事の原因でもある。トリックスターは西洋の三つの物語のタイプのいずれにも入らない。それはもしかしたら、トリックスターが文化的な秩序をひっくり返そうと固く決めているからかもしれない。もしかしたら、西洋に対する世界的抵抗の暗い深部から自分の力を引き出そうとして、あらゆる古典的な物語の形式に自分のやり方をこっそり持ち込んでいるのかもしれない――最後には王子になるカエルとして、あるいは最後には学者であることがわかる愚か者として、あるいは、死や悪に最終的に打ち勝つまで苦しむ者として。トリックスターは決して単なる英雄でも妖精でも、まして不運なドジ男でもないが、すべての人物のうち最もアイロニカルな存在かもしれない。ことによると、民間に伝わるアイロニーそのものの起源かもしれない。要するに、トリックスターは手近にあるものは何でも利用する、いわば正真正銘の文化的〈ブリコルール〉なのだ(7)。ほかのいかなる存在とも異なり、それゆえ、真実を語るとか規則に従うといった基準の埒外で動くことが許されるトリックスターは、民衆の想像力がつくりだしたキャラクターのなかでは、ほぼ唯一、一度にすべてのものになれるという存在である。すべてであるということは、どれでもないということだが。したがってトリックスターの話は、ハッピーエンドの若い美男美女を連想させる空想物語を利用したジョークである。そして、悲劇ではないにせよ、どんなロマンチックな喜劇よりはるかに根源的な要素を持つ。それはまた、運命を極限状態に置こうというあきれた目的のために、悲劇に足を踏み入れたりもする。トリックスターはどこにでも存在し、常に何をしでかすかわからない。

もしそうなら、逆も正しい。トリックスターは自分の見いだした物語文化に入っていくとき、もちろん、トリッキーな方法でとりかかる。しかし、このときのトリックが常にえげつない侵入とはかぎらない。美しく魅力的な、人を惹きつけずにはおかない行為かもしれない。それでも、トリックで脅したりすることはあっても、お人好しをひどい目に遭わせるようなトリックは使わない。トリックスターは常に誘惑者だ。トリックスターは民衆の想像力に訴えるのと同様に、古典の想像力にも訴える。(8) そういうことでいえば、ホメロスが彼だったのか彼らだったのか彼女だったのかはともかく、その名を持つ天才的詩人は、トリックスターという存在が一般的になる前からのトリックスターだった。『オデュッセイア』は『イリアス』と比べてもロマンスでも悲劇でもない。また、直接的なトリックスター話ではないものの、トリックスターの〈バッグ〉から取り出されている。オデュッセウスは通例（いつもではない）、勝利するために策略を使う。トリックスターのように嘘をつき、一つ目の怪物や目の見えない獣をだまし、魅惑的な乙女を誘惑し、女神アテナと共謀して嫉妬深い海神ポセイドンをだます。しかし、そのポセイドンの怒りがオデュッセウスの帰郷の大きな障害となる。ドラマチックな最終章で、帰国したオデュッセウスは、乞食に変装し、みすぼらしい姿で、自分の館や領地を蹂躙している連中の背後に忍び寄る。このように、貧しい弱者が勝利することで、人間が甘受しなければならないオイディプス的愚かしさに希望を与えている。われわれは、いわば、かつて自分のものだと思い込んでいた王国を、足を引きずりながら見えない目で探しているようなものだ。そこは、たとえある意味で自分のものだったにせよ、都合のいいように自分をごまかしてきた王国にすぎないのだ。

われわれの文化（一つにまとまった〈われわれの〉文化があればの話だが）は物語によって語られてきた文化である。十九世紀後半の高度な近代世界が、分析的文化の抽象的必然性を押しつける試みを発明したのは、もはやキリスト教国の切れ味の鈍い剣では退治できなくなった物語の急増を、コントロールするためだったともいえるかもしれない。物語の力はあまりにも強く、あの中世のキリスト教的総合〔理性と信仰の統一をめざしたトマス・アクィナスの理論〕ですら（それはアリストテレスに立ち返り、ギリシャ精神を統制のとれた神の体系に当てはめようとした）、あらゆる種類の物語を求める大衆の渇望の前には、まったく役に立たなかった。こうして、中世のキリスト教的総合が壊滅させようとして果たせなかったきわめて人間的な精神へのアイロニカルな捧げ物として、聖堂が建てられた。ヨーロッパのゴシック式大聖堂はどこも、同時に二つのことを表わしている。一つは来《きた》るべき科学の時代への捧げ物で、かなめ石や穹窿構造のアーチは、天空にのぼろうとする人間の能力を示す最初の証拠である。しかし、庶民が理解しやすいように描かれたステンドグラスの絵画やガーゴイル

〔ゴシック建築で怪物の形をした屋根の水落とし口〕や、装飾的な彫像や墓は、精神的メッセージを届けるためにデザインされていたのだが、むしろ、野蛮で不気味なものや怪物や英雄の物語に対する会衆の鑑賞力を磨くという逆の効果をもたらした。聖職者は神の本質を隠すアーチの下で、単調にラテン語の祈禱を唱えていた。会衆は山羊やニワトリの糞にまみれて立ち、聖餐式のパンを待ちながら、英雄や悪党について空想をめぐらせていた。彼らに信仰が欠けていたということではなく、ラテン語の聖餐式の壮麗さは、たぶん、天国に届かんとするゴシック建築の窓や壁に描かれた物語の仲介によってもたらされたということだ。

時代は移り、中世的合理性の原理によって可能となった近代へと入っていくのだが、そのなかで黄金期を迎えた非宗教的な科学は、物語の精神からにじみ出る成分をできるだけ吸い尽くそうとした。[9] しかし、近代性が二十世紀という短い軌道上の頂点に達したときですら、あらゆる部分を適切かつ合理的な要素に分解するという近代的分析の理想を、手に負えないほど扱いにくい物語作家たちがぶち壊しにした。いくら努力しても、分析的文化は、天国やこの世の進歩といった説得力のない約束に、人々の関心をつなぎ止めておくことはできない。物語――商業文化の娯楽的バカ話とは別の、ほんものの物語――は、さまざまな社会的要素に共通する心情にあまりにも深く根づいているので、分析的文化が優勢を維持した一世紀近くの間にできたことは、せいぜい、物語を語ろうとする衝動のデコボコした縁をなめらかにすることくらいだった。近代の高度な文化は、正規の基準から逸脱する標準偏差の分析的手法によって、幽霊や魔女を排除する努力はしたかもしれないが、列を乱す人々が反抗的な話を語り合う下層の空間をどうしても理解できなかった。[10] そういう場所では、物語は常に、合理的秩序を持ち出す分析者たちの理解を超え、混乱させるような真実を語る。確かに、それらの物語はとてつもない恐怖に関して冷厳なほど正直に真実を語っている。それは秩序を守る平穏な公共の広場に脅威を与える幻灯機なのだ。

モハメド・アリはまさにそんな物語なのだろうか。答えはノーである。つまり、ゴシック建築のように、目に見える形で語っている物語ではない。ゴシック建築の教会は、山羊の糞にまみれて立っている人々に、この世の卑俗な土地から高々と懸かっているアーチが、その中心のかなめ石によって天上をしかるべき位置に保っており、そのアーチが、定まった土地に故郷を持たぬ者たちの故郷へ続いているのだ、と気づかせてくれる。

世界を旅してきた人がルイヴィルに戻るときには、たいてい北のほうから入ってくる。一九七三年ノートンに敗れたあとのアリが傷心を癒すために帰郷したときも、それ以前に何度もそうしたように北から南下した。飛行機を使うなら、スタニフォード・フィールド空港へ着陸するから、町の三方を囲んでいるオハイオ川を避けては入れない。川は市内を通って深南部へ向かうが、空港はその川から伸びた一本の道路の先端近くにある。ほとんどの飛行機は、このオハイオ川と、インディアナとオハイオおよびその先の州を結ぶ州間ハイウェイを横切る。まれに南から進入する飛行機があったとしても、帰ってくる人はみな、窓の外に広がる故郷の景色のなかに忘れがたい場所の形を探さずにはいられない。アリの場合、それはオハイオ川だ。最も偉大になる準備をしながら、早朝や深夜に家を出て、土手に沿って走った川だ。アリは〈リバー・シティ〉の生まれだった。

リバー・シティ出身の川育ちは、心の中で川を再訪したいと思っている。すべてが川に行き着き、その川はある意味で自分がいちばんよく知っているものだ。それは子供時代の運命の源でもあり、自分のいる場所といたい場所との分かれ目をなす境界線でもある。アリの心にある川は、もちろん、すべての始まりとなるシカゴの〈ゴールデン・グラブ〉の試合に向かうために車で越えた川だった。そのオハイオ川は、アリの祖先たちにとっては、そこを越えてクレイ農園から西へ逃亡することを夢見たり、そこを越えてひそかに逃げた人たちの噂を聞いた川だったにちがいない。

川育ちであろうとなかろうと、カシアス・クレイの家系に連なる人々は川を知らずにはいられない――ラングストン・ヒューズが自作のいちばん有名な詩のなかで、「川は世界のように遠い昔からあり、人間の血の流れより古い[11]」と詠っているように。もし川が彼らの種族の血の中にないならば、逃亡したときに流された血の中にある。奴隷にさせられた人々は、遅かれ早かれ、しばしば束縛と自由の分かれ目となる川にやって来た。

だが、夢見た川が血でどす黒くなっていたらどうだろう？　アリが二度目のアフリカへ――あの素晴らしい、伝説的なコンゴ川河岸にあるキンシャサへ――帰還したときに渡った川のように。

すべての川がどす黒いわけではない。テームズ川もミシシッピ川も、歴史の物語によってたまに黒ずむことはあっても、本来の姿はそうではない。アマゾン川のように、暗い森の中をくねくね進んで、たどり着いた先は、ある晴れた日に突然見つかるはずの豊かな資源が見果てぬ夢にすぎなかった、という川もある。また、ドナウ川やメコンのように何かで汚染されて黒ずんだ川もあるかも

しれない――一方はほんものの環境汚染で、他方は幻に終わった政治的な汚染で。それでも、どういう運命にあろうと、川は、人間の想像のなかにその川が占める場所によって常につくり変えられている。実際、文学に登場する川が、必ず黒ずんでいるわけではない。ただし、一つだけ例外があるかもしれない。

アフリカのコンゴ川はそんな例外といえる。アフリカ南中部奥地の薄暗い森や山から吐き出された水が、コンゴ河川系に流れ込む。十九世紀にこの地域が植民地化されて以来、コンゴ川は、鉱物、金属鉱石、金、なかでも有名な天然ゴムなどに対する世界の需要に応えてきた。この川は、コンゴ盆地から奴隷を運ばなくなってから長い年月がたったあとも、この地域に利権を持つベルギーのために、昔の奴隷に代わる天然資源を運び続けた。長年にわたってさんざん強奪されてきたにもかかわらず、ここは今なお、世界有数のコバルトや工業用ダイアモンドの産地であり、また石油、銅、亜鉛、錫、ウラニウム、マンガンの重要な供給地でもある。

有名なコンゴ川の源流はコンゴの最南東部とザンビアの奥地にある。川はまず人里離れた山地や沼地から出て北へ向かい、広い範囲にわたる約四五〇〇キロのコースを悠々と流れて海へ出る。川は北へ向かってまもなく、タンガニーカ湖の西三二〇キロのあたりを通過するが、この湖は、東にあるヴィクトリア湖の西側地下水面の一部をなしている。内陸の淡水湖としては世界屈指の大きさを誇るこの二つの湖は、縦長の狭い陸地で隔てられているが、そこに現在のザンビア、ブルンジ、ルワンダが連なり、北部でウガンダが接している。地図の上では、このあたりの湖や川がナイル川の源流に見えるだろう。しかし、地理学的にいえば、ナイル川の最南端の支流はタンガニーカ・ヴィクトリア水系の最北部の湖の南にある高地から出ており、ウガンダとコンゴ民主共和国の国境を形成している。

想像上の地図とほんものの地理の闇のどこかに、人は、実質的な〈闇の奥〉、つまりヨーロッパ人に不安を抱かせた〈暗黒大陸〉の中心を見つける。そこは、あの有名なデイヴィッド・リヴィングストン博士を初め、十九世紀のヨーロッパ人を探検に駆り立てた世界的な場所だった。さらにいえば、そこはアフリカの心奥部であり、実際には聖地としての名声を得られなかったにせよ事実上の精神的聖地なのである。なぜなら、そこから最も暗いアフリカが世界最大の河川系を形成するナイルへと流れ込んでいき、そのナイルこそ、宗教的文化的地図ではヨーロッパ文化の一つの源流をなしているのだから。世界的な伝説的地域であるこの場所は、北緯二度に位置する――なんと、赤道直下のアフリカだ！

実際、アフリカの最深部はナイル川に通じている。ナイルを源とするヨーロッパ文化の基礎は、キサンガニ（旧スタンリーヴィル）からそう遠くない赤道のすぐ北に築かれた。コンゴ川はちょうどキサンガニのあたりで北西に向きを変え、西へ進み始める。ここは、自然と宗教と文化の（やがては経済も）地勢が珍しく同調している場所の一つである。キサンガニのすぐ南には、鳴り物入りでリヴィングストン博士の捜索を行なったヘンリー・モートン・スタンリーが自分の名をつけた滝がある。ここはアフリカの地理上のほぼ中心にあたる。夢と現実の混じり合うこのあたりのどこかで、一八七一年、スタンリーは行方不明になっていた英国の探検家リヴィングストン博士とめぐり合う。伝説によれば、その後二人はナイル川の源流を求めてタンガニーカ湖の探検に出発したらしい。
コンゴ川は、キサンガニからさらに北に進むが、しばらく行くと西に向きを変え、赤道直下でおよそ四八〇キロにわたってゆるやかなカーブを描き、それから南西に方向を変えて、キンシャサに向かう。キンシャサはキサンガニからコンゴ川を一六〇〇キロ下ったところにある。川はキンシャサの手前でふくれ上がり、ひどく謙虚な探険家がここでも自分の名を冠することを認めた湖沼地帯〈スタンリー・プール〉を形成する。コンゴ川の幅はここで六・五キロから一四・五キロに広がる。キサンガニからキンシャサまでの可航水域一六〇〇キロの区間で最も広い部分だ。キンシャサの少し北にカサイ川の支流があるが、この川は南東から一九〇〇キロほど流れてきたところで、いきなりコンゴ川に合流する。カサイ川は、ザンビア北部山地のコンゴ川源流から遠くない内陸部を起点に、まっすぐ西に流れてくる。こうしてコンゴ川とカサイ川が、隣接国との国境の内側を一周するような形で囲んでいるこの地域は、コンゴ自由国から、ベルギー領コンゴ、ザイール、コンゴ民主共和国と呼称が変わってきた。約一六一万平方キロにわたる領土の支配権をめぐって、さまざまな名前がついたのだ(12)。

熱帯雨林の奥地からコンゴ川とカサイ川の周辺にいたる一帯が、ヨーロッパ人移住者がつくった世界的植民地システムのなかでも最悪の犯罪拠点となったのは、そこに驚くほど豊かな天然資源が眠っていたからである。この河川ネットワークは奴隷を新世界へ運ぶ運搬路の一つだったが、近代初期の奴隷貿易において河川がそうした役割を果たすのは珍しいことではない。コンゴ川流域の際立った特徴は、その比類なき資源に対する工業国の貪欲な需要を満たすため、この地域の人々が死にいたるほど酷使された残忍さにある。アフリカは植民地支配者たちの手にかかってひどい目に遭わされてきたが、コンゴ川流域の一帯ほど苛酷な経験をしたところはない。

一八八六年から一九〇八年まで、コンゴ自由国[13]は近代世界で唯一の私有植民地だった。ベルギー国王レオポルド二世は、文化的にみれば、ヴィクトリア朝様式のヨーロッパという華やかなブティックのなかに居坐った鈍重な牛のような存在だったが、世界屈指の大金持として名をあげるようになった[14]。レオポルドは広報の達人だった。当時の広報活動は、ヨーロッパの王室や政界のネットワークを利用した非公式ルートを通じて行なわれ、そこから、徹底的に手を加えられた公式発言が活字媒体にばらまかれた。レオポルドは国外における自分の評判を知ろうと、毎日ロンドンの『タイムズ』紙を配達させた。そうしたシステムの働かせ方については、誰よりもよく知っていたかもしれない。そして誰よりも抜け目なく立ちまわったことはまちがいない。レオポルドは、白人のヨーロッパが二枚舌を使って暗黒のアフリカを植民地化し搾取するやり方の代表格だった。目的は利益を上げること。暴力はそのための手段。人道主義のたわごとは表向きの名目だ。レオポルドほど強欲を慈善の美名で隠すことに長けた人間はいなかった。今でも時折耳にする「蛮人を文明化する」という空言は、レオポルドの悪質な詐欺行為により威力を発揮したもので、レオポルドは彼の悪事を仮借なく糾弾する人々によって追放されるまで[15]、ヨーロッパ的生活の恩恵をコンゴ住民にもたらすのだと文明社会を言いくるめていた。

利益にしか関心のない人間はこういうことに目ざといもので、抜かりないレオポルドはコンゴ川流域がキャピタル・ゲインの宝庫であることを見抜いていた。そしてベルギー政府に関与させることなく、みずからその地域の正当な所有者であることを表明した。こうして、コンゴ「自由」国という最初の名前に、特殊な意味が与えられることになる。レオポルドの手下たちが徐々にヨーロッパ人の入植地建設やコンゴ川の水路の支配を始めたのは、ヘンリー・モートン・スタンリーが初めてこの地域を探検してから、約一〇年後のことだった。

抜け目なさもさることながら、運も味方につけなければ搾取ゲームの勝者にはなれない。レオポルドが受けるに値しない幸運に恵まれたのは、ちょうど新しい内燃機関とヘンリー・フォードが自動車を交通手段として普及させようとしていた時期に、世界最大の天然ゴムの供給源を所有していたからだ。一八九九年にはデトロイトにフォードの最初の製造工場がオープンする。その頃にはレオポルドはすでに、コンゴ川河口からかなり内陸に入った地点まで、航行の障害になっている滝を迂回する約三五〇キロの鉄道連絡路を建設することで、コンゴ奥地の熱帯雨林の法的支配権を獲得していた。鉄道の終点に、今日のキンシャサ（もちろん最初はレオポルドヴィルと命名された）が建設された。内陸の入植地は、開発や貿易や搾取の基地となり、レオポルドの手先となる軍隊がそこを拠点にしてコンゴ川を支配し、それによってさらに、豊かな奥地へと進んでいった。

レオポルド自身が、自分の町や植民地を訪れたことは一度もない。法令を発布したりヨーロッパの元首たち（王族の血縁集団のようなもので、原始的な放送網の役割も果たした）のなかで優雅に外交手腕を発揮することによって、拡大し続ける領地の所有権を主張するだけだった。ヨーロッパ人移住者の多くがそうだったように、レオポルドも、アフリカなど有色人種の住む土地は、ほしいと言うだけでタダ同然で手に入る、ほしいと言うまでもなく取ってしまえばよい、と信じていた。

こうして、白人ヨーロッパと黒人アフリカが出会う想像上の連結点において、最も白人的なヨーロッパの文化的作戦が、異常なまでの自信をもって展開された。ヨーロッパ人による探検の初期の伝説という天蓋の下に隠れて——スタンリーの「リヴィングストン博士でいらっしゃいますね」という言葉〔奥地で行方不明になったリヴィングストン博士を発見したスタンリーが最初に博士にかけたとされる言葉で、当時の流行語となった〕はそのエピグラムだ——レオポルドはこっそりと、文化的想像をかき立てるこの有名な地域を、一八九〇年代の産業資本主義と欲得ずくで結びついた植民地の前哨基地に変貌させた。

アダム・ホスチャイルドは『レオポルド王の亡霊』のなかで、レオポルドが現地の労働力を意のままに操って資源を採取するため、いかに天才的策略を駆使しながら、資本主義体制のなかでもまれに見る殺人マシンを配備したか、読むのがつらくなるほど詳細に述べている。レオポルドのコンゴ住民に対する残酷さは、白人の優位性というヨーロッパ人の神話を無邪気に受け容れたところに大きな原因があるのかもしれないが、それにしても、残された記録からだけでもその恐怖支配は度を超えており、どんなに寛大にみたとしても釈明の余地はない。西アフリカの奴隷貿易で行方不明になった人数は推定二〇〇〇万人とされることが多い。これに対して、一八八六年から一九六〇年までのベルギー統治下において、コンゴで命を失った人の数は一〇〇〇万人[16]にのぼるとも言われ、この数字はヨーロッパでナチスに殺されたユダヤ人の数を優に上まわる。経済発展の翼には常に死神が乗っている。暗黒大陸に生まれた黒人たちは沈黙のなかで死んでゆく。レオポルド支配下のコンゴで殺された人々の沈黙が、当然有罪となるべき非人道的犯罪に対して知らないふりをする白人文明に語りかける。ヒトラーはヨーロッパ的精神の異常者だったかもしれないが、レオポルドなど当時の植民地支配者たちは、ヨーロッパ的システムの天性の殺人者だった。

レオポルドのシステムはその効率性において並はずれていた。天然ゴムの採取には限りなく人手が必要とされた。ゴムの成分は、湿気の多い熱帯雨林にしか生えない木の蔓《つる》の樹液に含まれる。その当時、ゴムを採取して市場向けに仕上げるため、男たちは高い木（ときには命が危険なほど高い木）に登らされ、そこで蔓に切り込みを入れてにじみ出る樹液を集め、乾燥するところまでやらされた。乾燥するだけでも大きな苦痛を伴い、たくさんの犠牲者を出した。その乾燥法は、ねばねばした樹液を採取してきた人の身体に広げ、乾いたらむしり取るという乱暴なやり方で、当然肌も一緒にむけた。報酬は安い小間物やナイフ（次の収穫で使う）だった。男たちは収穫ノルマを達成するまで、妻を人質にされるという単純な方法で服従させられた。妻は拘束されたまま虐待を受けた。当然の成行きとして、ついには男であれ女であれ解放される保証もなくなった。生きている者は収穫できる木を見つけるために森の奥へ奥へと押しやられた。

収穫ノルマを達成できなかったり規則に違反する者も少なくなかったが、〈公安軍《フォルス・プブリク》〉〔レオポルドが一八八五年にコンゴに創設した軍隊と警察を兼ねる武装部隊で、ベルギー人および傭兵から成り、全員白人だった〕がそれを監視し、取り締まった。労働者は縛られて地面にうつ伏せに寝かされ、シコット（鋭い触手が出ている生皮の鞭）で尻を打たれた。全員死ぬほどの苦しみを味わった。実際に死ぬ者も多かった。手を切り落とされることもあった。子供でも容赦されなかった。拷問は公開で行なわれたため、抵抗は抑えられた。残忍なことで有名だったカサイ川のゴム基地の監督ラウール・ド・プレモレルが、そうした拷問の一例を告白している。どうやら、あとで少しは良心の呵責を覚えたらしい。

私は二人の見張りにその男を倉庫の前に引きずり出させ、そこで両手首を縛らせた。それから、柱の前に立たせて、両手を頭の上に高く上げさせ、梁にしっかりと結わえさせた。次に、縄をぴんと引っ張って、爪先が地面すれすれに着くぐらいに身体を持ち上げさせ……そのままほったらかしておいた。男はときどき慈悲を請うたり、気絶したようになりながら、一晩中そこに吊るされていた。そいつの女房は献身的な女で、亭主の苦しみを和らげようと、一晩中飲み物や食べ物を運び、痛む脚をさすってやっていた……。ようやく朝になって、部下が縄を切り落とすと、男は意識を失ったまま地面に崩れ落ちた。私は「あっちに連れて行け」と命じた……。やつが生きていたかどうかは、わからない。(17)

わからない、とは、いったいどんな種類の人間がそんなことを言えるのだろう。自分の悪行の犠牲者が慈悲を請うているのに、平気で夜を過ごせる人間とは？　そんなことをしておきながら、たとえ事が終わってからにしても、献身的な妻の行動に感心できるというのは、いったいどんな人間なのか。そういうことができるのは、どういうわけか残酷さが快楽の域を超えてものごとの道理にまでなってしまった人間だけである。見せかけの高邁な目的が見えない霧となって、自分の管理しているシステムを覆っている、そんな文化が身に染みついている人間だけである。

レオポルドのような植民地支配者の手先として働いていたのは、そういう種類の男たちだった。カサイ川のラウールのような男たちは、自分の引き起こした苦痛を目の前で見ていたし、時を経て少しは悩んだのかもしれないが、彼らは遠くから指示されたとおりにシステムを管理していたのだ。レオポルドのような植民地支配者は、ベトナムの村にナパーム弾を落とせとパイロットに命じた人間たちと似たようなものだった。一九六〇年代の彼らも、それより六〇年ほど前のレオポルドも、自分が苦痛を与えている犠牲者たちを直接見てはいない。爆弾を落とさせるにしても鞭打ちを黙認するにしても、自分のつくりだす恐怖と正面から向き合ったこともなければ、自分が指揮する殺人マシンがどういう結果を引き起こすか、考えてみる必要すら認めなかった。植民地支配システムの残虐行為は、原始的なテクノロジーに依存していた。にもかかわらず、それは、しばしば植民地時代最後の戦争だったといわれる戦争の仕組みと、程度の差はあれ、質的には同じものだった。

このように、まったく同じではないものの、ヨーロッパ人移住者の最も破滅的な欠陥という類似性があるからこそ、ベトナムのメコン河岸におけるアメリカの戦争（現実と虚構の間で緊張をはらんでいる悪夢）が、コンゴ河岸におけるレオポルドの犯罪の悪夢を思い出させるのだろう。この二つは、アフリカ奥地で行なわれていたヨーロッパ人の悪事を初めて描いた忘れがたい小説によって、芸術的想像力のなかで分かちがたく結びついている。コンラッドの『闇の奥』は、川の終点で白人も黒人も判然としない狂気へ迷い込むクルツの話だが、これが、ベトナムのメコン終点の闇で展開される戦慄すべき恐怖の物語、フランシス・フォード・コッポラ監督の傑作『地獄の黙示録』のプロットになった。もしもフィクションが、それを透かして本質的な真実を見せるものでないとしたら、こういう話が文学や映画という装いで何度も語られるはずはない。

コンラッドの『闇の奥』は、アフリカでヨーロッパの「崇高な目的」の実態を目の当たりにした作者が、自分の奇妙な幻滅に触発されて書いた小説である。一八九〇年、コンラッドはコンゴ川の川船乗組員として六ヵ月の契約を結んだ。それはちょうどレオポルドのシステムがその地域で支配力を強めていた時期だった。[18] コンラッドはレオポルドヴィルからキサンガニまで一六〇〇キロ遡る旅をした。もしカサイの基地監督だったラウールのような男の恐ろしさを直接見ていなかったら、システムの残虐性にどっぷり浸かって〈闇の奥〉そのものになってしまったクルツという人物を生み出すことはできなかっただろう。コンラッドが語った話と四分の三世紀後にコッポラが『地獄の黙示録』のなかで語った話の旋律の違いはただ一つ、白人の植民地支配がベトナムと出会う頃には、そのテーマがすでに白人の認識力の敏感な表層部分に以前より定着していた点である。コッポラは一九七五年から七六年にかけてフィリピンで自分の構想を映画化した。それは、白人がかつてないほど人種と暴力の問題を意識した六〇年代の長い一〇年間が終わり、アメリカ人がベトナムから追い立てられてからまもない頃だった。

それゆえ、コンゴ川は例外的な川と言えるだろう。確かに、それは文学的想像のなかでは、〈闇の奥〉そのものだ。なぜなら地理的にみれば、コンゴ川は白人支配の最悪の犯罪が行なわれたアフリカのほんものの深奥へと続いているからだ。奴隷貿易によって連れてこられたアフリカ人の子孫であるアメリカの黒人は、たとえアフリカの経済史を知らなくとも、コンゴ川に出会うことなく精神的帰郷は果たせない。モハメド・アリは一九七四年初秋にそれを果たした。もしトリックスターが本当に世界をつくるのだとしたら、アリがアフリカに帰郷したときにつくり、かつ見いだした世界は、ベトナム戦争に対する自分の倫理観と徹底的に取り組みながら故郷を探すなかで見いだした世界、そしてある程度までは自分でつくった世界だった。帰郷を果たすためには、アリがしたように、またアリがそういう人だったように、自分がどれほど黒いのか、そしてどういう意味で黒いのかを、まず理解しなければならない。そうすることによって初めて、アフリカを見いだすことができるのだ。コンゴ川を訪ねるのにメコンを経由するのは、アリに限ったことではなかった。

少年時代のカシアス・クレイがオハイオ川のケンタッキー州側の河岸を走ってトレーニングしたように、大人になったモハメド・アリはキンシャサのコンゴ川の河岸を走って、ジョージ・フォアマンとの一戦に備えた。

レオン・ギャストのドキュメンタリー映画『モハメド・アリ　かけがえのない日々』は、一九七四年、長期にわたったアリのコンゴ（旧ザイール共和国）滞在を記録したドキュメンタリー映画で、アカデミー賞にも輝いた。感動的なシーンはたくさんあるが、最も印象的なのは、川沿いに走るロードワークの光景だ。多くの欧米人にとって、中央アフリカについて思い浮かべるイメージといえば、映画『アフリカの女王』のハンフリー・ボガートとキャサリン・ヘップバーンを別にして、たぶんこの映画に出てくる場面だろう。レオン・ギャストによれば、アリがコンゴ川沿いのシーンのお膳立てに一役買ったのは、決して偶然ではない。試合はフォアマンの怪我により六週間延期されたが、アリは試合前も試合後もコンゴ河岸に姿を見せ、地元の人たちと冗談を言ったり、自分の偉大なパレードに参加しないかと誘ったりするだけでなく、アフリカに対する誇りを天真爛漫にあらわしている。アリの回想録『ザ・グレイテスト』が徹底的に軽視されているとすれば、それと同じ

くらい徹底的に、レオン・ギャストの『モハメド・アリ　かけがえのない日々』は絶大な評価を得ている。私は全米各地とヨーロッパでこの映画を何回となく上映してきたが、この映画を見たことがあるという人が客席にいなかったことは一度もなかったし、繰り返し見ることに異議を唱えられたこともなかった。それは、ギャストによって語られるストーリーが、その文化の帰郷譚の叙事詩に忠実だからかもしれない。ただし、このストーリーの違う点は、文化が一般的に無視する真実を語っているところだ。

黒い王者がアメリカからアフリカに帰るのは、オデュッセウスがイタカに帰還するのとはわけが違う。そういう男が帰る故郷は、記憶に焼きつけられている故郷ではない。少なくとも普通の意味での記憶には刻まれていない。思い出すということは、過去の何かに戻るということ、つまり、自分が実際に経験した何かに戻るということだ。しかし、この種の原記憶は幻想である。前の週の特定の日に何をしたか、細かいことをいちいち覚えている人はめったにいない。また何年も前の経験を、神経細胞の貯蔵室から直接呼び出して思い出せる人もいない。昔の経験があとで取り出すために貯蔵されているなら、記号に従ってファイルされているはずで、その記号を解くカギとなるのが、われわれが聞かされてきた、あるいは自分で語る、さまざまな物語である。イタカのオデュッセウスですら、神々やその他の生者や死者たちからペネロペのことはいろいろ聞かされていたものの、帰ってみてその途方に暮れた姿に驚いたにちがいない。ペネロペのほうも、王は死んだという嘘を聞かされていた。それもあって、貧しい老人に変装したオデュッセウスを見分けることができなかったのだ。

われわれはおとぎ話の主人公より自分たちの方がはるかに現実的だと思っているが、本当にそれほどの違いがあるだろうか。実は、ほとんどの場合、長い間に語られ聞かされてきたほかの物語とともに記憶のなかにファイルされている故郷の話を通して、自分の故郷の経験を思い出しているのではないだろうか。だとすると、モハメド・アリのような、自分の作り話の登場人物としてあまりにも自分を意識しすぎているキャラクターはどうだろう？　アリが思い出す子供の頃に盗まれた自転車の話とは、語り伝えられてきたとおりの話なのか、あるいは、母親のオデッサ・クレイやコーチのジョー・マーティンが、自分なりに伝えたいことがあって話したことに、どれほど助けられているのか、誰にもわからない。ルイヴィル時代についてアリが覚えているとすれば、すべて虚実の寄せ集めとして残っているにちがいない。こうした記憶とは常にそういうものだ。では、彼をモハメド・アリという人間にならしめた感動的かつ壮大な対抗物語《カウンター・ナラティヴ》とは何なのだろう――新しく付け加えられた意味に従って生きた体験の記憶を再収集し、思い出し、また記憶を集めるというプロセスを経てつくり上げた物語とは？　イライジャ・ムハンマドのブラック・アメリカの話は、対抗物語となるようにつくられていた。その話のプロットに夢中になれる人々は、小説より奇異な祖先の残酷物語をすべて消し去るかもしれない。そして、かつてアリが自分の本当の起源を記録テープから消し去ろうとして利用したのも、まさにこの話だった。だが、共通体験のなかに深く刻み込まれた話は、決して消せるものではない。

それでは、カシアス・クレイのような奴隷貿易から生まれた子供は、モハメド・アリとして、初めて見る故郷に帰還するとき、何を思い出すのだろうか。故郷の話はどうやって代々伝えられるのだろう？　たとえば、よく知られた〈シグニファイング・モンキー〉の話〔アフリカ系アメリカ人のコミュニティで親しまれてきた表現形式の一種「シグニファイング」の代表的俗謡で、ずる賢いサルが強いライオンを言語ゲームでやっつける話〕などが、アフリカ系アメリカ人の物語の伝統において、アフリカ特有の形式と影響力を保ってきたのはなぜだろう？[20]　こういう話が活字にされることはごくまれであり、口から耳へ、耳から口へと伝えられるものだから、テーマがぼやけるのは仕方がない。物語は耳に聞かせるようにつくられ、耳は人の想像力に魔法のような効果をもたらす。

奴隷所有者によって与えられたケンタッキーの父親たちの名前を拒否してキンシャサに帰還したとき、アリは自分が聞いたり語ったりしてきた物語の羽根に乗って軽やかにやって来た。しかも、この蝶の羽根はうるさい音を立てた。この蝶はキンシャサ滞在中、アフリカ人に歓喜の嵐を巻き起こした。自己発見に満足するアリの自尊心は、出会った人々の自尊心をも呼び覚ました。それはニューヨークからアフリカに向かう飛行機のなかで始まった。『モハメド・アリ　かけがえのない日々』に、笑いを誘われる機内シーンがある。アリは途中でコックピットに招かれた。パイロットたちはアフリカ人だった。彼は嬉々として言う。「アフリカ人が飛行機を飛ばせるなんて知らなかったぜ。これ、見てくれよ（操縦席にいるアフリカ人パイロットを指差しながら）。……みんなアフリカ語も英語もフランス語もしゃべるんだ……俺たちなんか英語もろくにしゃべれないのに」。アリの少年のような茶目っ気は今でも少し残ってはいるものの、追放生活や一九六七年以降の政治的時代を経験し、一九七四年までにはそんな少年っぽさも影をひそめ、かなり厳めしくなっていた。一九六四年、最初のリストン戦のあとにアフリカを訪れたときとは違って、今回の旅は、いろいろな意味で王者にふさわしいオーラを身につけての帰還だった。一九七四年にフォアマンと戦う頃には、アリは精神的にたくましくなり、鍛えられていた。ボクシング界からの追放によってアスリートとしての全盛期を棒に振るという逆境に鍛えられたことも大きいが、年齢や、信じがたい賭け率の悪さにも気持を引き締められた。アリは心の中では、まだ自分は〈グレイテスト〉だと思っていたが、もう孤独な〈グレイテスト〉ではなかった。イスラムへの帰依を別にしても、アリは今やほかの人たちと結びついていると信じられたし、実際、結びついてもいた。心情的結びつきでいえば、アリは世界的に特別な存在だったことはまちがいなく、当時とは違う意味で今でもそうなのだが、そうした別格の存在であることと、個人の生活に気品や物の見方を与えてくれる世界的グループの一員であることとはまったく別で、後者のほうがもっと人間的である。一人の人間が偉大かどうかということは重要かもしれない。だが、もっと重要なのは、そのグループの一員であることの価値を高めることだ——訣別したグループに比べて、必然的により重みのある価値を。

アフリカ系アメリカ人にとって、アメリカ人としての過去を捨てることはごくまれなケースであるものの、それは劇的な一歩である。しかしそれが、あまりにも等質で単純なために妥協を強いられるような集団から解放される一歩であるなら、前へ踏み出しやすい一歩でもある。アリの場合、最初は〈ネイション・オブ・イスラム〉のなかで、次には一九七四年のアフリカでその一歩を踏み出したのだが、そういうことは、現実に起こってみると、常に、実際ほど複雑でなかった体験として伝わるものである。男であれ女であれ、自分を創作せずに大人になる人間はほとんどいない。かなり嘘が混じっていない大人の人生など想像しにくい。だが、過酷な現実に対して「希望を持ち続けよう」と叫ばなければならないような過去の話を聞かされて大人になる人たちには、少しは根拠のある希望と確かな約束が盛り込まれた物語を見いだすことが必要なのだ。現実にはこの世のどこを見まわしてもそんな世界はないので、求められる以上に自分たちの新しい物語をつくりだすアリのような人間が許されるのかもしれない。われわれが彼らを大目に見るのは、彼らには人を鼓舞する知恵があるからだ。

こうして、一九七四年にアフリカに帰郷したアリは、無冠の王だったが、それでもやはり王だった。一〇年前の対リストン戦では、ボクシング界の誰もアリの勝利を予想しなかった。アリもこれで終わりかと思われたものだ。しかし、一九七四年、アリは自分がすでに生み出していた役柄と同じ役を演じる。ただし、今度は〈ネイション・オブ・イスラム〉に教えられたシナリオに沿って演じた。といっても、アリは、自分の内なるものに合わせて物語を創作した。ほんものの〈ネイション・オブ・イスラム〉の物語は、地球的規模で見た黒人の意識の漠然とした源泉を、アジアやメッカやイスラムに関連づけている。アフリカはその物語のほんの一部にすぎない。そこはアメリカの黒人に帰還を促す場所というより、奴隷時代の過去を思い出させる場所だった。ひとことでいえば、〈ネイション・オブ・イスラム〉はアフリカ中心の考え方ではなかった。しかし、アフリカに帰還したときのアリは違った。

一九七四年の秋、アリは三十二歳の下り坂にあった。フォアマンのほうはフレッシュそのものの二十五歳だった。それでも、なぜかアリには少年のようなカリスマ性があったのに対し、フォアマンはまじめで無骨で威圧感のある男だった。しかし、キンシャサでもその周辺でもアリの行くところにはどこへでもついていくアフリカ人たちにとって、最も注目すべき違いはそんな点ではなかった。アリはフォアマンより肌の色が薄いが、アリが黒人だということは誰でも知っていた。ところがフォアマンは、多くの人に〈白い〉と決めつけられていた。〈白い〉というのは白人のようなことをするという意味で、テレビで確かめうるような環境になかった人々は、アリがかぶるべき王冠をかぶっている者は、誰であれ白人だと決めつけたのにちがいない。

確かに、白人は地位や報酬を盗む連中だと、コンゴ川流域の人々は知っていた。われわれは経験に基づいて推測する。事実かどうかとはまったく別の話である。もっと重要なのは、アリはザイールの庶民をたくさん味方につけていたことだ。彼らはアメリカのベトナム戦争に対するアリの抵抗を聞いていた。その頃には、アリの有名なベトコンうんぬんのせりふも聞いていた。レオン・ギャストは『モハメド・アリ　かけがえのない日々』のなかで、アリとフォアマンというアメリカの王者たちを、一貫してザイールの人々の神秘的ともいえる映像に対置させている。なかでも最も不気味なのは呪術師の女で、フォアマンに呪いをかけることができると解説されていた（ジョージ・プリンプトンが解説しているシーンが多い）。最も音楽的に素晴らしいのは、キンシャサのアフリカ人たちがブラック・アトランティック全域に伝わるダンスを踊っている前で、B・B・キングやジェイムズ・ブラウンが演奏するシーンだ。たとえ試合の期間だけにしても、この豪華壮麗なミュージカル・ショーは文化的パン・アフリカーナを創出していた。しかし、あまり地味なので見落としがちだが最も魅了されるのは、ひどく痩せた体に簡素な身なりをした年配のザイール人の映像で、アフリカ人から見たキンシャサにおけるアリ現象を、素晴らしい英語で観客に語ってくれる。その飾らない態度から全面的に信頼できそうなこの男性は、「ムハンマド・アー・リー」と、まるでその名前自身に魔力があるかのように発音する。彼はわきを向いて声をひそめ、「われわれは人があんなふうに話すのを聞いたことがなかった」と観客に話しかける。そしてアフリカ人の心に訴えるアリの魅力を説明し、例の「ベトコンに文句はない」のせりふに言及する。彼は、〈黒人〉があんなふうに話すのを聞いたことがなかったとは言っていない。またアリのせりふが向けられた白人支配層についても触れていない。それでもそこにはアリの与えた絶大な感銘の効果があらわれていた。

アリは王者として、すなわち世界的有名人として、帰還した。試合で王者になったチャンピオンのジョージ・フォアマンとは対照的に、アリは、苦労して手に入れたものではあるが、すでに出来上がっていたファンとともにアフリカにやってきた。偉大になりたいと追い続けてきた少年っぽい夢の、それは意図しなかった結果の一つだった。アリは世界のさまざまな問題を語り、とりわけ黒人を代弁することによって、すでに世界中の人々を惹きつけていたように、ザイールの人々の支持もかちとった。いわゆる先進国の白人がほとんど気づいていないのは、白人が有色人種の世界を支配した数百年間で、アメリカの奴隷制のもとでアリの祖先が経験した仕打ちより、もっと残酷な仕打ちを、彼らがもっと近年まで受けてきたという記憶が蓄積されていることだ。アメリカの奴隷所有者が自分の奴隷に少なからぬ代価を払っていたことも忘れてはならない。やり方がいかに残酷だった（しかも悪質だった）にしても、自分の投資したものを守るには、奴隷を生かしておかなければなかったのだ。

だが、あのベルギーの植民地支配者は、土地は所有したが、労働者は所有しなかった。支払いは二束三文のガラクタですませ、安価な労働力が無尽蔵にあると信じていたから、その在庫を殺人マシンに補充し続けるだけでよかった。もしアメリカ人が先住民を奴隷にすることができていたら、同じことをやっていたかもしれない。しかしアメリカは労働力を輸入に頼らざるをえなかったし、奴隷貿易にはそれなりに多大なコストがかかるので、輸入するにも財政的計算が必要だった。もちろん、どちらが残酷かなどと比較するのはある意味でひどいことだが、しかし事実として、レオポルドの残虐行為であれほど大勢の人が死んだのは、経済的な理由からだった。功利主義的資本主義の体制は、ひたすら利益追求の原則に従うだけで、方法は問わない。安価な労働力はそれだけ気軽に扱うことができる。その手段として、コンゴのように言語に絶する打算的暴力が導入された場合、その効果はコンゴのケースと同じくらい長く続き、ひょっとしたらもっと続くかもしれない（まあ、私はそれを言える立場にはないのかもしれないが）。

結局、あとになってわかったことだが、ザイールにおけるその効果は、レオポルドのシステムの再生として継承され、時がたつうちに黒人と白人の違いを完全にぼかしてしまった。アフリカ人はアメリカ人とはまた別の人種体験をしている。アリが、一九七四年に目の当たりにしたアフリカに抑えきれない興奮を覚えたのは、アメリカ人としての消しがたい経験の痕跡だったかもしれない。アリはアメリカのエメット・ティル少年などの人種差別の話はいろいろ知っていた。しかし、ベルギー支配下のアフリカで、ラウールのような男たちに痛めつけられた無名のアフリカ人たちについて知っていただろうか？　たぶん知らなかっただろう。フォアマンとの試合が行なわれたスタジアムには、ノーマン・メイラーによれば、当時の独裁者に処刑された何百人もの血が（文字どおり）染みついていたというが、アリはそのことに気づいていただろうか？　アリが気づいていたと信ずる理由はないが、だからといって、そういう記憶が何世代にもわたって伝えられているのに覚えていなかったということにはならない。

アダム・ホスチャイルドはレオポルド王の亡霊について述べつつ、長い年月の間に暴力が民族に浸透するという恐ろしい効果を思い起こさせる。レオポルドは一九〇八年、コンゴ植民地の所有権の放棄を余儀なくされた。植民地支配はベルギー政府によって引き継がれたが、コンゴ人の受ける仕打ちに著しい変化はなかった。一九六〇年、ついにパトリス・ルムンバがコンゴをアフリカ人の手に解放したが、国民にはほぼ一世紀にわたる白人支配の記憶しかなかった。ヨーロッパで教育を受けたルムンバは、頑固だが頭脳明晰な人物だった。しかし、まもなく直属の部下だったジョゼフ・モブツ大佐に裏切られる。ルムンバはほとんど時を移さず暗殺されたが、それはまずまちがいなくモブツの命令で実行されたもので、アメリカのＣＩＡ当局の関与があったこともまちがいない。それからモブツの恐怖政治が始まり、一九九七年まで続くことになる。

モブツは、子供の頃から権力の座につくことが予言されていたと称して自分を救世主に仕立てあげ、国を支配した。名前をモブツ・セセ・セコと改め、国名もザイールに変えた。救世主らしく見せようと馬鹿げた衣装も考え出した。レオポルドがその昔に創設したのと同じ〈公安軍〉を配備した。その男を笑う勇気のある者はいなかった。二七年間でモブツがやったことは、レオポルドが導入した圧制装置を継承し、これもまたレオポルドと同様に私利私欲のためにそれを利用しただけだった。そして何十億ドルものザイールの資産を盗んだ。ヨーロッパ各地に豪華な別荘や不動産を購入し、残った金は、ほとんどの独裁者と同じように国外逃亡の日に備えて、スイスの銀行に預けた。[21]冷戦下の西側諸国はアフリカの資源の利害に関与していたので、モブツは「友人」ジョン・F・ケネディをはじめ、欧米諸国の外交支援を簡単に取りつけることができた。

だから、モブツは肌の色は黒かったにもかかわらずこの上なく白かったのではないか、とか、彼は白人がザイール／コンゴでやったのと同じことをやったのではないか、というふうに問題を提起したりそれに答えたりすることは無意味だと思われる。あるいは、もしそうなら（やったことはまちがいない）赤道アフリカ全域で起こったような大規模な人種的利害関係における規範は、肌の色によってどんな違いがあるのか、といったことも。

一九七四年十月三十日の試合を後援したモブツは、道を踏みはずしたという意味でレオポルド王の亡霊だった。その支配がコンゴ国民にもたらした恐怖はあまりにも大きく、時がたつにつれて他国からの批判が高まったため、統治の実態を披露する必要に迫られた。披露されたショーは社会的腐敗と人々の苦しみのうわべを粉飾するものでしかなかった。ここでもモブツはレオポルドのやり方を踏襲した。その目的を達成するために、愛嬌はあるが腹黒いアメリカのボクシング・プロモーター、ドン・キングと悪魔の協定を結んだのだ。[22]キングはフォアマンとアリにそれぞれ五〇〇万ドルのファイト・マネーを保証して試合の契約にこぎつけた。モブツはザイールの国庫から一〇〇〇万ドル拠出することを約束した。当時としては破格の金額だったため、試合は世界中の注目を集めるところとなった。モブツ自身は暗殺を恐れて試合を見にいかなかった。彼は地域経済の略奪によって強化したさまざまな脅迫的手段に基づいて、権力を長期間維持しようとしていた。ザイールの経済やキンシャサのインフラは残っていたものまで破壊したので、いつしか人々の抵抗する力も衰えていた。[23] しかし、試合当日の夜までにキンシャサや世界の人々が夢中になっていたのは、「ランブル・イン・ザ・ジャングル」（ジャングルのとどろき）とアリが命名した対決から期待されるスリルだけだった。

―――

ありえないようなアリの勝利の話は、ここで繰り返す必要もないほど知れわたっている。あの有名なロープ・ア・ドープの戦術がとられた試合である。それは、ほとんどどんな要求にも順応できそうな肉体から天才アリが生み出した、もう一つのボクシング上のトリックだった。

三十四歳という年齢は、ファイターとしては峠を越えていた。誰もアリが勝てると予想しなかった理由の一つは、その年齢だった。すでに、一九七一年の復帰第一戦でフレイジャーに負けていたし、それから七四年十月のフォアマン戦にいたるまでの期間は、七三年九月のケン・ノートン戦、七四年一月二十八日のフレイジャー戦を除けば、特筆すべきものはなかった。この二試合はいずれもアリの雪辱戦で、いずれもアリが判定勝ちした。ノックアウトこそなかったが、文句なしの勝利だった。しかし、フォアマンのほうも、一九七三年初めにフレイジャーを二ラウンドで叩きのめしていた。フォアマンは狂暴だった。世界はまだマイク・タイソンを知らなかったが、リングの上で裸でフォアマンといる自分を想像するだけで、誰もが身の危険を感じるような恐怖に襲われた。フレイジャーとアリはスタイルこそ違ってもボクサーだったが、フォアマンはリストンからタイソンにいたる系統の威嚇者だった。彼らは戦うことはできたが、その試合は終始、近寄れば殺されるかもしれないという恐怖の支配する雰囲気で行なわれた。アリが一〇年前にリストンを倒すとは想像もつかなかったように、一九七四年十月三十日のフォアマン戦の勝利も思いもよらない出来事だった。

だが、初期のリストン戦の番狂わせは、あとになってみれば説明がついた。リストンは考えられていた以上に年を取っていたし、アリは、抜群のスピードと類まれな才能に恵まれた若者の、肉体的精巧さをすべて持っていた。そうした才能も一〇年後にはなくなっていた。アリはトリックスターの底知れない才能に頼るしかなかった。トリックスターはとっぴな人間にしか見えない。だが、伝説的人物だろうと実在の人物だろうと、トリックスターは自分のまわりにいる人間の精神と身体を使って勝負するだけである。だますことによって、それをやるのだ。トリックスターのだまし方は正直だと言うべきだろう。つまり、本来的なトリック〔普通は観客の予想の裏をかくようなトリック〕を仕掛ける。それこそまさに、あの晩アリがやったことだ。

若さとパワーで勝るフォアマンと対決するからには、アリはいつものように蝶と蜂のやり方で戦うだろうと誰もが思った。蜂の一刺しではフォアマンの強打に逆襲できそうもないが、少なくとも蝶のような舞いでチャンピオンをへとへとになるまで消耗させるチャンスはある。フォアマンは試合に備えて、前へ出ていく練習をしていた。これは、実際には、リングの四隅を使って、相手を自由に動きまわらせないようにコーナーに追いつめていく戦い方だ。人生でもボクシングでも、〈コーナーに追いつめられる〉というのは最悪の事態であり、同様に、〈ロープにもたれる〉というのは「ダウン寸前＝絶体絶命」を意味する。第一ラウンドのアリは、フォアマンも含めて、専門家たちを驚かせた。舞うのではなく、打合いで登場し、しかも右のリードで戦ったからだ。ノーマン・メイラーが『モハメド・アリ　かけがえのない日々』で解説しているように、右のリード・パンチはリスクがあるし、侮辱的でもある。普通、右利きのボクサーは、右は好機のために取っておき、左のリード・ジャブを出す。右リードには二重にリスクがある。第一に、有効なパンチにするにはそれだけ手を長く伸ばさなければならない。第二に、その動きの最中に、ボディやチンが開いて強打を受けやすくなる。それでも、アリはまるで「おまえなんか自分で思ってるような人間じゃねえ」と言わんばかりに、右手でパンチを放った。フォアマンは仰天し、激昂した。侮辱に反応してしまったのだ。そのラウンドはアリが勝った。そのあとのラウンドでは、アリは別のトリックを使った。それは誰一人、彼のセコンドですら予想しなかった戦術だった。アリはいつもスパーリング・パートナーからブローを受ける練習をしていた。多くのボクサーがやっていたトレーニングだ。そういう練習を積んでおくと、身体が破壊的な力に順応して、実際の試合中にも痛みに耐えられるようになる。しかし、二ラウンドが始まってまもなく、フォアマンにコーナーに追いつめられて、アリはロープを背にした。フォアマンはアリの腕やボディに容赦なく強打を浴びせた。これで勝負はついたと思われた。アリは激しく連打されていた。が、連打されながらずっとフォアマンに向かって、「なんだ、それだけか、ジョージ？　ヒットできるのかと思ってたぜ」と言い続けていたのだ。フォアマンはとどめを刺しに行った。アフリカで六週間以上、アリにさんざん言葉で侮辱されてきて、それに比べれば右のリード・パンチはマシなほうだったが、すでに頭に血がのぼっていたフォアマンは、この試合はどうしても勝たなければ気がすまないと思ったにちがいない。ところが、五ラウンドになると徐々に力が失せ始めた。ワールド・クラスの選手にそんなことが起こりうるのかと疑うなら、何でもいいから同じ運動を全力で、たとえば三〇秒ほど繰り返してみてほしい。そのあと疲れ具合を調べてから、時間を三〇倍くらいに増やしてやってみるといい(それでちょうど、一ラウンド三分を五ラウンドやったことになる)。そこに暑さとフットワークと相手が加わることを忘れてはならない。ベスト・コンディションのボクサーでも限界がある。フォアマンはすぐに限界に達した。後年、現在のようなフォアマンに生まれ変わったフォアマン自身が、あの晩のアリの挑発を述懐している。「なんだ、それだけか、ジョージ?……そうだよ、そのとおりだよ、と俺は思ってたね」と、生まれ変わった男フォアマンは、今はアリのトリックを思い出して笑っていた。

八ラウンドに入る頃には、アリが主導権を奪っていた。彼はロープから離れてパンチを炸裂させた。一つがフォアマンにきれいに命中した。スローモーション・フィルムではフォアマンの頭から飛び散る汗が映っている。アリの右手は最後の一発を出そうと後ろに引かれているが、フォアマンはよろめいている。フォアマンが倒れると、アリはパンチを出すのを控えてフォアマンのそばをまわる。フォアマンがノックアウトを宣告される。試合は終わった。観客は狂喜した。世界中が驚いた。それから、神々が観戦していたかのように、雨季が始まった。何時間かするとスタジアムは水浸しになった。しかし、アリは帰ってきたのだ。

『モハメド・アリ　かけがえのない日々』は一九九六年になってようやく公開された。試合から二〇年以上もたっていた。一九九七年にはアカデミー賞にノミネートされた。アリはすでに病魔に冒されていた。キンシャサのあと、素晴らしい勝利を飾った試合としては最後の一戦となった一九七五年マニラでの対フレイジャー戦も含めて二二試合を戦ったが、その影響で神経を蝕まれていた。大きな代償だった。アカデミー賞授賞式の夜、別の道で立派な名士に変身したジョージ・フォアマンが、アリの震える身体のそばに付き添っていた。アフリカの戦いから長い年月を経たその夜、フォアマンはアリに深い愛情を寄せているように見えたという。ギャストと一緒にオスカーを受け取るために歩きながら、フォアマンは優しくアリを支えていた。一九七四年には、キンシャサにおいてすら考えつかなかったような意味で、二人はまだ王者だったと言える。コンゴ川流域の悪事についてどんなことを知っていようと、二人はともにどういうわけか世界を超越したところに立っていた——人種差別や恐ろしい暴力のすべてが何という名の場所で行なわれたかなどということが、もはや重要ではなくなった場所に。

なんたるトリックだろう！

第6章　トリックスターの肉体と〈文化的な死〉

みんないつか死ぬんだ……だから準備しておいたほうがいい

トリックスターの僧侶は苦難をひっくり返す

若い頃、私は次のような詩を書いた。私は深く傷ついた心で仏陀の心の中へ入り込んだ。

若者よ
青いプラムよ。
その果実にはあなたの歯の跡が残っている。
その歯の跡はいまでも震えている。
私はいつまでも忘れない、
いつまでも忘れない……

炎がこの世紀を焼き尽くし、
山や森にその跡が残る。
風が耳から耳へひゅうひゅう鳴り、
吹雪のなかで全天が激しく揺れる。

冬の傷はいまなお消えず、
凍った刃を失って、
心落ち着かず、転々として、
一晩中、苦しみもだえる。

私は戦争の時代に成長した。いたるところに破壊があった――子供たち、大人たち、価値基準、国全体が蹂躙され破壊された。若者の私はいろいろな苦難を経験した。意識の扉はいったん開けられると、閉めることができない。私のなかにある戦争の傷は、今でもまったく癒えてはいない。私は目を覚ましたままベッドに横たわり、心をこめて息をしながら、私の同胞を、私の祖国を、そして世界全体を、抱擁する。

苦難を経験することなく、成長はできない。

――ティック・ナット・ハン(1)〔一九二六年―。ベトナム生まれの禅僧・学者・宗教指導者。現在はフランス南西部に創設した仏教共同体「プラム・ヴィレッジ」で生活する〕

ボクサーであることは、ありとあらゆる意味で苦難を経験することである。まず、チャンピオンになろうと努力している何千何万という人間のなかで、自分がチャンピオンになるかもしれないという微々たる可能性に人生を賭けなければならない。そんな夢が実現する確率は決して公平なものではない。あまり善良すぎても、あまり黒すぎても、あまり人間的すぎても、そのチャンスは巡ってこない。対抗馬を選べる資金力を持つ人間たちが試合を操作するからだ。力が足りないと見なされたら、選手の手数料を目当てにしているか、もっと格上の選手のスパーリング相手をほしがっている、地元のボクシング関係者に引きまわされるという屈辱を味わう。試合に出て勝ち進むとしても、悲惨な環境でトレーニングをしなければならない。エレベーターのない煙の充満したジム、日の出前から固い舗装道路で走るランニング、打撲傷や体じゅうの痛みで眠れない夜、あなたのことなど本当はどうでもいいと思っている寄生虫的取巻き、あなたが愛している人たちやあなたを心から愛してくれるかもしれない人がそばにいない寂しさに耐えながら独り横たわるベッド。新人時代の予備戦では、会場はがらんとして空席ばかり。いくら立派な成績をあげ、厳しいトレーニングをやり遂げたという自負心を持っていても、そんなことには誰も関心がない。では大きな試合になったらどうかというと、どんなに調子がいいときでも両手はセメントのように固まり、だんだん下がっていき、どこからともなく飛んできた破壊的一発で頭を割られる。

万一、ありえないほどラッキーだったとしても、王座決定戦にはもっとたくさんの寄生虫——本当はあなたを見下しているかもしれないのに、不相応な見返りを要求する男たち、あるいはあなたの富やセックスや名声が目当ての女たち——がつきまとう。たとえ王座を長く保持できたとしても、ノックアウトの一撃のようにいつのまにか忍び寄ってきている年齢の問題がある。年を経るほど、試合のたびごとに、最初から恐れていた敗北のリスクが大きくなり、自分は絶対にそうはならないと思っていた体の障害を負う危険性も増してきて、誰でもそうであるように、あなたもそのために苦しむかもしれない。

そしてある晩、終わりがやってくる。王者が王者のままで幕を引けるように終わりを設定した例はほとんどない。自分はその仲間にはならないと言っていたにもかかわらず、大多数の選手がそうなるように、なすすべもなく仰向けに横たわったまま取り残される——恥辱にまみれ、傷つけられた、滑稽な姿で。だが、最悪なのはそこからだ。終わりがやってくるずっと以前から、若くはない体で何年ものコストをまかなうだけの力は、もうなくなっている。取巻きが要求する出費に対して、稼ぎが年々追いつかなくなる。彼らはあなたが気づく前から終わりの近いことを知っているが、強欲からそれをあなたに告げず、また告げられてもあなたは耳をかさないだろう。そして終わりがくる。残っているのは、どこかのカジノをうろつく程度の金だけ。そのカジノは、地味に賭けている客がまだあなたのことを覚えていればその場にとどまるかもしれないと期待して、照明を明るくする。あなたには、往年の（あるいはその可能性のあった）栄光の思い出も残されているが、今やそれさえ切り売りしながら、その昔抜け出してきた泥沼に戻って余生を送ることになる。最初と最後の違いはただ一つ、多少の同情があるかもしれないということだけだ。それは罪悪感の裏返しで、腐った部分が見えないように薄いビニールで覆われている。あなただと気づく人もだんだん少なくなり、気づいたとしても、へりくだった態度で「やあ、チャンプ」と呼びかける異常に高いその声に、彼らが思う以上に嫌悪感が現われている。あなたの肌の色や話し方に、そしてあっという間に人間を堕落させる金の力で脂肪太りした体を揺り動かすその姿に、反感を抱いているのだ。あなたは砂場で遊ぶ子供のように泥にまみれて死ぬ。かつて、危険な夢を追いかける前、あなたも遊んだその砂場には、汚れを知らない純真さがあったのに。

つまり、そういう仕組みになっているのだ。たいてい、というのではなく、ほとんどいつもそうなる。戦う男が苦難を経験するのは、リング上の数年間ではなく、むしろ、グロテスクなほど誇張された〈男らしさそのものの男〉の道化になるほか道は残されていないという立場に置かれてからである。結局、最後には恐ろしい性的不能という惨めな運命を目前にしてパントマイムを演じる道化師になる。こういう筋書きを回避する方法が一つだけある。その苦難をくぐり抜け、苦難なんか問題じゃないという境地にまで達することだ。そういう精神的自由を達成するバニッシング・ポイントの可能性を教えてくれるものは、ボクシングのなかにはない。今までその境地に達したのは、ヘビー級の偉大な選手たちでもわずか数人しかいない。ジャック・ジョンソン（それなりに）、ジョージ・フォアマン（きわめて純粋に）、ロッキー・マルシアーノ（おそらく）などだ。途中で挫折した選手もいる。ジョー・ルイスは薬物に溺れて死んだ。フロイド・パターソンは記憶を失った。ソニー・リストンはベッドの中で殺された。ジョー・フレイジャーは胸に恨みを抱えたまま生きている。

そうしたなかで、モハメド・アリだけが、癒えることのないさまざまな傷を負いながらも超然としている。苦痛が褒美に変わる来世でバニッシング・ポイントに達するために。

肉体は痛みを感じるようにできている。格闘技のファイターだけではなく、われわれはみんなそうだ。肉体が与えてくれる快楽は、どんなに悲惨なときでも気分を高揚させることができる。しかし、肉体は痛みを求めている。それによって、時折われわれも人間だということを気づかされるのだ。実際には、全身を駆けめぐる小さな痛みをたえまなく体験する機会はめったにない。ときどき、その痛みが激痛となって感覚を刺激する。そういうことは、普通に暮らしていればまれにしかなく、若い人でも一日に二、三回以上体験することはめったにない。

しかし、格闘競技で生計を立てている人間は、痛みに対処する訓練をしており、痛みの体験は日課の一部になっている。肉体が神殿であると同時にさまざまな限界を収容した牢獄であることを、彼らは誰よりもよく知っている。そしてそれは、日常的に死と隣合わせで生きているのに等しい。死とは、すべてが漠然と終わる瞬間のことでその後のことはわれわれには知りえない、というものではない。そうではなく、議論の余地のない人生の厳然たる事実――われわれが生きている間、楽しむにしろ苦しむにしろ、それらはすべてやがて消え去るものだという事実――に、たえまなく気づいていることである。人間であるということは、それを知っているということだ。しかも、それを頭で考えて知ることはほとんどない(少なくとも、死ぬ数時間前までは)。自分が死につつあると知るのは、体で、すなわち意識的思考の表面下で知るのである。

アリとフォアマンの試合のことを書いた『ザ・ファイト』という本のなかで、ノーマン・メイラーは、肉体的にはとうに盛りを過ぎた一九七四年のアリの体について述べている。

彼の姿を見ると、そのたびにいつも衝撃を覚える。テレビの実況画面に映る姿ではなく、目の前に立っている、絶好調に見えるその姿に。それから、この〈世界最高《グレイテスト》のアスリート〉は〈われわれの最も美しい男〉になるという危機に直面し、決まって、トレーニング・キャンプで見受けられるようなシーンが再現される。女たちは、その声が聞こえるほど大きく息をのむ。男たちは浮かない顔でうなだれる。彼らは改めて自分の価値のなさを気づかされる。アリは、臆病な世論を刺激するために口を開かなくても、まだ愛と憎悪を引き起こせるだろう。彼は〈天界の王子〉なのだから——彼が輝くとき、その体は静寂に包まれるといわれる。(2)

それはメイラーのように、張り詰めた男の自我がむきだしになる見世物からインスピレーションを得て仕事をしている男の心を動かすほど、卓越したパワーを持った肉体だった（今でもそうかもしれない）。そういう男たちは、ほかの男の肉体を「美しい」とはめったに言わないものだ。彼らにとって、それほどの男性美を目の前にしてうなだれることは、マチズモは否定される運命にあるという深い根底にある真実を告白しているようなものだ。女たちがその美しさに打たれて息をのむのも、男たちが恥ずかしさに下を向くのも紙一重であり、両者を分けているかすかな境界線は、美しさの絶頂にあるアリの肉体によって消し去られた。

しかしメイラーは、力が衰えたときのアリの肉体についても書いている。「輝きを失った彼の肌は、クリームではなく乳白色の水の混じったコーヒーの色に変わっている。泥水を流したようなその肉体には、憂鬱な朝の生気のない緑色が混じっている」[3]。こういうことが体に現われるのは、肉体の限界を自覚し、死や危険の気配を意識して、気分がすぐれないときである。メイラーが書いているのは、アリがフォアマン戦に向けてトレーニングをしていたときのことだ。そのときには、公平にみて、アリは重傷を負うか、ひょっとすると死ぬかもしれない（実際にそういうことは起こる）と誰もが思ったものだ。アリは、トリックスター特有の虚勢を張ってはいたが、フォアマンが今まで出会ったこともないほど厄介な相手だということは、内心わかっていたにちがいない。わかっているからこそ、ファイターは自分を鍛え、格下の選手を相手に毎日何ラウンドもスパーリングをこなしてパンチを浴び、これから飛んでくるはずのもっと凄いパンチに備えて体を慣らしておく。そういう厄介な相手なのである。殺されるかもしれない相手のことを考えながら何日も何週間も過ごしていたら、キラキラと体を包んでいたオーラが生気のない緑色に変わるのも無理はない。人生の厳しい現実が与える重圧は、それほど人間を落ち込ませてしまうものなのだ。

アリの肉体はこうだった！　今では人は好んで「だった」と言いたがる——まるで、低い声で何かつぶやきながら、よろめき、震える、むくんだ今の肉体が、何かのジョークだとでもいうように。一九九六年アトランタで、アリが聖火を聖火台に運び、世界の人々の前に堂々と向き合ったとき、人々は心から拍手を送り、感動に涙を流した人も多かった。人々が拍手し涙を流したのは、かつてあったものに対してだったのか。それとも今あるものに対してだったのか。情にもろい人たちにとって、今日のアリの肉体は——かつての美しさが理不尽にゆがめられた存在の面影ではなく——哀れみの対象なのかもしれない。しかし、世間の言うことを信じるならば、拍手し涙を流した人々は、失われたものを惜しんでいたのではなく、肉体的限界を乗り越えて生きている人間に敬愛の念を抱いたのだ。もしかしたら、ある種の肉体の復活を称賛していたのかもしれない。今ではアリの親しい友人たちは口をそろえて、彼に哀れみなど感じるべきではないと言う。アリは自分の肉体の状態を悲しんでいるどころか、それを受け容れ、以前とまったく同じように人生をエンジョイしているのだ、と。

アリのオリジナルの肉体がなくなった場合には、どうすればよいのか。結局のところ、オリジナルなものを再生するなど至難の業、いや不可能なのかもしれない。アリを演じようとした試みのうち、最も有名でおそらく最も成功しているのは、二〇〇一年の映画『アリ』(マイケル・マン監督)のウィル・スミスだ。[4] いろいろな意味で、ウィル・スミスはアリ役にうってつけのキャスティングだった。ウィル・スミス自身、ミュージシャンとしてある種のトリックスターでもあるし、映画『私に近い6人の他人』ではトリックスター的役柄で確かな演技を見せた。[5] そして、アリが小声でしゃべるところなど、うまく演じている。映画の出来もよかった。それでも、少なくとも私は、見ているのがつらかった。劇場で初公開されたときには見られなかった。かなりあとまで待って、ようやくビデオで見た。そのときですら、数分で見るのをやめ、ビデオを返却してしまった。結局、一日中そのビデオを流しっぱなしにしておいて、テレビの前を通りかかったときにちょうどやっている場面を見るという方法でしか、見ることができなかった。

長い間、私はどうしてウィル・スミスの『アリ』に反発するのか自分でもわからなかったが、アリ本人が出ている『アリ　ザ・グレーテスト』[6](トム・グライス監督)という映画を見て初めてわかった。この映画は『アリ』とは違ってひどい出来で、あまりのひどさに反発を感じても当然の駄作だったのだが、そこにはある違いがあった。アリ本人が演じているアリの役には説得力があったのである。当たり前だ！　と言われるかもしれない。しかし、映画で自分を演じるのは、毎日の生活のなかで自分を演じるのとは違う。自意識の度合がさらに増すわけで、プロの俳優でさえ調子が狂う。そういうことがわれわれ素人にもわかるのは、本当のことが言えずに決まりきった演技でごまかそうとして、憎たらしい誰かに違うと指摘されたりするときだ。そんなときにはたいてい、唖然として口がきけなくなる。生来、自然に演じている役をあらためて演じようとすると、抑えていたものを意識の中心へ過剰に押し込むことになる。それにしても、すぐに忘れてしまいそうなこの映画のなかで、アリは、少なくとも私にとっては、忘れがたい本人役を演じていた。

アリのような実在するトリックスターを、ほかの人間が真似することはできないのかもしれない。本人だけが自分を演じることができる。それは当然だろう、なぜならトリックスターがやるのは、目の前の場面に合わせて自分の体をつくり直し、形を変えることだから。トリックスターの仕事は何よりもまずボディワークだ。もちろんそれは単なる肉体の話ではない。しかし、それは肉体に始まり、肉体に終わる。これは、アリがキャリアのすべての重要な局面において見せた特別な才能だった。一九六四年のリストン戦でアリは、自分が正気を失っているばかりか体もたいしたことはないとリストンに思い込ませた。そして試合当日、リストンはアリを目の前にして初めて、アリの肉体が恐るべきものであり、自分と同じくらい破壊的であることに気づくのである。一九七四年のフォアマン戦で見せたロープ・ア・ドープは、どう見ても肉体の形を変えるトリックだった。アリは、ボクシングの常識を無視してロープに大きく背をもたせかけ、相手の猛打を誘った。上半身を大きくロープから外にそらせるその姿勢は、滑稽に見えることさえあった。ジョージ・プリンプトンは、窓を外側から拭こうとしている人間を想像したほどである。右のリードと軽快なダンスでフォアマンを誘いこんだ第一ラウンドのあと、アリのしたことは、自分の肉体をサンドバッグに変えることだった。ほんもののサンドバッグのように、衝撃を吸収する鈍い体になったのだ。フォアマンはそんな肉体を想定してトレーニングをしたことがなかった。そのサンドバッグは彼のパンチから力を吸い取っていった。蝶の舞いをちらっと見せただけで、いつもの蝶と蜂の戦法はやめたのかと思わせるトリックを使ったあとの第八ラウンド、アリは蜂の一撃でフォアマンにとどめを刺した。

しかし、最も驚くべきボディ・トリックを見せたのは、なんと言っても一九七五年九月三十日の最後の偉大な試合〈スリラ・イン・マニラ〉、ジョー・フレイジャーとの決着をつける第三戦だった。三回行なわれたアリ対フレイジャー戦こそボクシングの試合の最高峰だという意見がある。もしそうなら、その根拠の一つとして、三試合とも、ほぼ設定ラウンド数を使い切って戦われたという事実があげられる。全四二ラウンド中、四一ラウンドまで戦ったのだ。現代のボクシングではきわめてまれな例である。(7) 初戦は一九七一年三月八日に行なわれ、一五ラウンドをフルに戦ってアリはフレイジャーに敗退した。連邦最高裁判所が、アリの徴兵拒否の有罪判決を覆してからわずか数週間後のことである。リングから久しく遠ざかっていたアリは、復帰第一戦としてジェリー・クォーリーとわずか三ラウンドの試合しかしていなかった。アリは肉体が崩れ、いろんな意味で調子がよくなかった。それでも一五ラウンドを最後まで持ちこたえ、判定で負けた。

アリとフレイジャーの二度目の対決は、一九七四年一月二十八日に行なわれた。一九七三年一月に、第二ラウンドでフォアマンにノックアウトされていた〈スモーキン・ジョー〉は絶好調ではないにしろ、手強い相手であることには変わりなかった。二十九歳とやや年を取ってはいたが年寄りではなかった。アリはこの二戦目を一二ラウンドで判定勝ちした。三戦目がマニラで行なわれたのは一九七五年のことで（アリがザイールでフォアマンを破ってからほぼ一年後、フレイジャーとの第二戦からは一年半以上たっていた）、この頃になると、二人とも明らかにキャリアの下り坂にあった。フレイジャーはもうすぐ三十三歳、アリは三十五歳だった。だが、二人とも一五ラウンドの試合を数分残しただけで耐え抜いた。序盤はアリが優勢に戦い、中盤はフレイジャーが制した。そして第一二ラウンド、アリが戻ってきて、フレイジャーを痛めつけ始めた。傷口が開き、血が流れた。渾身のパンチにフレイジャーのマウスピースが飛んだ。第一四ラウンドの最後には、出血と腫れでフレイジャーは目が見えなくなっていた。タオルが投げられた。アリが勝った。フレイジャーは椅子に倒れこんだ。アリはふらふらになっていた。どちらも文字どおり力を出し切っていた。

その後、二人は再び対戦することはなかった。フレイジャーは翌年引退し、一九八一年にカムバックしようとして屈辱をなめた。アリはその後もときどき、昔の華麗なスタイルで戦うものの、一九八〇年にはラリー・ホームズにノックアウトされるという屈辱を味わった（追討ちをかけるように、一九八一年にトレヴァー・バービックと戦って敗れ、引退する）。ほぼ同年齢だった二人。互いの存在があってこそ、そのときの自分があった二人。決して相手を忘れることはできず、苦い思いを克服することができなかった二人。そして、一九七五年十月一日、体力の最後の一滴まで、文字どおりの終わりまで、ギリシアの戦士のように戦った二人だった。

フレイジャーは、一徹な粘り強さでマニラの一戦を持ちこたえた。アリが跳びはねて逃げるのを許さなかった。アリのジャブを正面から受け止め、常に中に踏み込んでいった。フレイジャーはフォアマンより賢かった。アリをぶちのめそうとして腕力を消耗するのではなく、ひたすら相手の懐に入っていった。一方のアリは、再び肉体を変形させた。新しいトリックではない。ロープ・ア・ドープ作戦でも、過去二回のフレイジャー戦でも、ある意味でそれを使っている。新しくはないこのトリックを、しかしここでは極限まで使った。アリは痛みに耐えるためにつくり上げた肉体を世界に見せつけた。それはこういう試合を耐え抜くための武器である。

フレイジャーとの第三戦は、アリがトリックスターとしての手口の頂点を極めた戦いともいえる。ここに至るまでのアリの人生はトリックまたトリックの連続だったが、トリックスターのキャリアはそのときの状況に応じて肉体の形を変える能力の上に築かれた。リストン戦のとき、まだ華麗に踊る若いボクサーにすぎなかったアリは、ひるむことなく暴れ者を蜂のように刺して勝利した。フォアマン戦のとき、若い相手と戦うには年を取りすぎていたアリは、ロープを背にした体の柔軟性という知略で相手を出し抜いた。そしてフレイジャー戦のときには、神経が損傷を受ける直前の時期(8)にあって急速に力を失いつつあったアリは、持っているはずのない力をどこからか引き出してきた。アリにはかつての脚はなかった。駄目になるのはいつも脚からだ。それでもアリは脚を使ってフレイジャーと戦った。フレイジャーから食らったパンチはもちろんのこと、疲労からくる痛みは、男の陣痛のような苦しみだったにちがいない。にもかかわらず、アリはフレイジャーとともに最後まで耐え抜き、同じように疲れきっていた敵を最後のラウンドで出血させるというおなじみの戦略で試合を勝ち取った。

それから二〇年以上が過ぎ、アリが震える手で聖火を持ち、よろよろしながらアトランタの聖火台に点火したとき、こうしたことはすべて遠い過去の出来事になっていた。それでも、彼は昔と同じように、全世界に堂々と向き合ってそこに立った。今でもアリは、手品《トリック》のバッグを持ち歩いて、フィデル・カストロや空港にいた子供たちを幻惑している。なかには、年老いて自由のきかなくなったアリの体に嫌悪感を抱く人もいるにちがいない。だが、アリにしてみれば、この素晴らしい肉体はずっと自分のためにあったのだ。うつむく理由などなかった。かつてはどんな男もかなわないほど美しかった肉体が、今や贅肉がついて緩慢になっているが、それでもアリはその肉体を使って、同時代を生きる私たちの前で、トリックスター＝有名人を演じてみせる。

痛みは、肉体のなかに死が存在することの現われである。人間の体の驚くべき点は、外部からくる痛みを、すなわち、社会的問題が個人にふりかかったとき、そうした状況の力に精神と感情が反応するところからくる痛みを感じる（または隠す）ことができるということだ。アリの人生における四番目の決定的瞬間も、そのようにアリの肉体に訪れた。その痛みはリングから完全に離れたところからやってきたが、リングで感じたより大きな痛みだったにちがいない。一九八一年、ホセ・トーレス〔元世界ライトヘビー級チャンピオン〕に、今までに犯した最大の過ちは何かと訊かれて、アリは、「最大の過ちは、ベトコンに文句はなにもない、と言ったことだ。言う時期が早すぎた。間違ったことは言っていないが、もっとあとで言うべきだった」[9]と答えている。アリの最も忘れがたい二つの発言の一つなのに、そのタイミングが間違っていたとは。タイミングについてはともかく、発言内容そのものについての信条を変えていない点に注目したい。もちろん、アリがそれを変えるわけはない。それこそ彼の生き方だったのだから。だから、長い月日がたって、ボクシング人生の最後を迎えたときにようやく、それをタイミングの過ちと考えたのかもしれない。

一九八一年のこのインタビューは、アリがラリー・ホームズに敗れたあとに行なわれた。ボクサーとしてのキャリアが終わったことは明白だった。ホームズに負けたことについて、「今夜は調子が悪かった」としか言わなかったアリだが、これが最後の試合になることは、彼自身はっきりとわかっていた。四十歳の誕生日まであと三週間だった。すでに三回の結婚に失敗しており、ロニーと結婚するのは、まだ五年先の話である。(10) 子供が九人いて、(11) 借金があった。面倒を見なければならない人間が大勢いた。しかし、いろいろあった技能のなかで、唯一金を稼げることがわかっている技能を、彼はもう持っていなかった。財産の浪費に関しては、ほとんどのファイターよりましなアリだったが、それでも人に利用されていた。リングで稼いだ三千万ドル余りのうち、残ったのはごくわずかだった。とんでもなく愚かなことをする四十歳の男はたくさんいる。アリは違った。何年間か、どん底を味わいはしたが、結局、四十五歳のときに四度目で最高の結婚をし、幸せな人生への道を見いだした。それにしても、一九八一年のアリは、恐怖と後悔でいっぱいだったにちがいない。アリはベトコン発言とその余波で大きな代償を払わされていた。とりわけ痛手だったのは、絶頂期に四年間も追放生活を余儀なくされたことだろう。その頃のラリー・ホームズは、まだアリのスパーリング・パートナーにさえなれない少年だった(一時期、本当にアリのスパーリング・パートナーを務めたことがある）。確かに、金銭的代償も大きかった。しかし、人がすべてを賭けた肉体を失うとき、その本当の代償は失われた機会である。

追放期間の痛みも、たぶん栄光を失った痛みには及ばないだろう。一九七一年以降、栄光を取り戻すために、アリは誰にも想像すらできないような努力をした。それは〈文化的な死〉だったにちがいない。一九六七年から七一年にかけてのアリは、常に世間の注目を浴びていた。だが、この時代のアリは、世界の有色人種の大衆からは敬愛されていたとしても、それよりずっと多くの人々から嫌われていた。彼を嫌う人の多くは、一九六〇年代に吹き荒れた破壊の嵐をすべてアリのせいにしたがった。公民権運動から都市の混乱、既成価値に対するカウンター・カルチャー、ブラック・パワー、〈ネイション・オブ・イスラム〉、反戦運動などすべてについてである。事実、程度の差こそあれ、こうした出来事すべてに一定の関わりはあった。公民権運動の活動家でもなく、建物に火をつけたこともないアリだが、アメリカの人種的不公平を最初に広く世に知らしめた人々の一人である（言い始めた人間ではない）。どう見てもヒッピーとはほど遠いアリだが、「五番目のビートルズ」と呼ばれ、それは褒め言葉ではなかった。[12] アリは決してブラック・パワーの純粋主義者ではなかったが、ブラック・パワー運動のなかでは最も謎めいた存在だった〈ネイション・オブ・イスラム〉に親しみやすい顔を与えたという意味では、かのマルコムXよりも貢献した。そして今でもまだ、リンドン・ジョンソンのベトナム戦争に反対する世論を揺るぎないものにしたのは、ウォルター・クロンカイトよりむしろモハメド・アリだったという人々もいる。[13] 確かに、アリはアメリカの憎悪の神殿に坐る資格をすべて持っていた。だからこそ、ＦＢＩは彼の行動を注視していたのだ。

ずる賢さや陰険さがまったく欠落しているアリのような人間は、(14)憎悪されることを楽しめなかった。彼は、自分が必要としている愛情を人々が自分に与えるように仕向けることが、あまりにもうまかった。

憎悪には最悪の痛みを引き起こす力がある。それが〈文化的な死〉だ。公式の集団であれ友人の間であれ、関係を絶たれたり仲間はずれにされたりすると、人は苦痛を覚える。女性に比べて、他人から認められることを非常に重視する男性のほうがより苦しむ。アリのような性格の男にとって、人から憎悪されるというのは最もつらい経験だったにちがいない。長年精神分析医に通ってカウチに横たわりでもしないかぎり、憎悪に備えるトレーニング方法はない。あったとしても、肉体的な痛みに備えるトレーニングに集中してきたアリには、大人の人生――彼の場合、それは究極的にはスポットライトを外れたところでの人生――を送るための、より奥深い準備をするだけの時間も余裕も残されていなかった。

しかし、アリは再び自分をつくり変えた。彼は、ロニーという女性にたどり着く道を見いだした。ロニーはアリをコントロールし、我慢強く付き合うことができた。アリは信仰の恩恵にもすがった。信仰は、あらゆることをアラーの意思として受け容れること、罰としてではなく恩寵として受け容れることを教えた。がむしゃらで押しの強い連中は、女や宗教に頼るのは弱さだと思うだろう。だが、アリにとっては、女や宗教は強さの源泉となっていた。華やかであると同時に少なからぬ人々から見下されていた月日の痛みに耐えることができたのも、そのおかげだった。そして、マニラの試合のあと、中枢神経を冒されて体の自由を失っていく失意の日々を過ごしていたアリにとって、それはまちがいなく避難所となった。人生はなるようにしかならない。もし、アリをロニーと信仰心に結びつけることになったパーキンソン症候群を患っていなかったら、果たして今のアリがいただろうか？　もちろん、いなかったはずだ。誰であれ、人生に立ちはだかる障害と折合いをつけながら、今の自分がつくられていくのである。神経系の損傷は、アリにも責任があるかもしれない。しかし、それは彼が選択したとか求めたとかいうのではない。それにしても、どういうふうに病気になったにせよ、重要なのは、アリが病気という手段を通して、一部の人が自分に対して見せる憎悪は理不尽であること、そして自分を愛してくれる人々が正しいことを、世間に明らかにしてみせたということである。これがまた、一部の人々をイライラさせるのだろう。誰も彼を本当に憎むことはできない。そこで、彼を愛する人々を憎むほかなくなるのである。

しかし、これは物語の最終章のごく一部にすぎない。アリが不当にも苦痛と死にさらされている――誰でも同じようなものだが、対処の仕方が違う――ということだけでは、これほどの名声の十分な説明にはならない。アリが今のアリになったのは世界が必要としていたからだというジョージ・フォアマンの考え方に立ち返るにしても、アリのようなキャラクター、アリのようなトリックスターを必要とする世界とは、いったいどんな世界なのか、という疑問が依然として残る。

――――

モハメド・アリは今でも時代の申し子だ。しかし、アリのような突出した人間をつくりだした時代とはいったい何だったのか、言葉にするのは難しい。はっきりいえるのは、表舞台を去って長い時間が過ぎても、アリが、ありきたりの言葉では定義できない〈現象〉であり続けているということだ。

どうしてアリが大衆の想像力のなかでそれほど長く生き続けるのかというミステリーこそ、とてつもなく相矛盾するさまざまな感情をかき立てられる理由かもしれない。ミステリーとはそういう効果を生む。なぜなら、ミステリーは両極端の感情を誘い出し、解読できそうもない謎があると、ますます説明してやろうという気にさせるからだ。アリの場合、彼を人間以上の存在として崇める行き過ぎた憧れを持つ人々は、彼の人間としてのはかなさを正しく見ることができない。同様に、その対極には、苦々しく思っている人々がいて、彼を一段か二段、引き下げようとしている——朽ちつつある肉体の上に実った敬虔な信仰心によって、もう久しい以前からアラーの謙虚な僕《しもべ》にすぎない存在になってしまったのだから。アリの名声は、決して歩み寄ることのない両極端の感情をかき立てる結果、信奉者たちをミステリーの両岸に陣取るライバル同士に分裂させ、事態を見守りつつ理解しようとする人々は戸惑いのなかに取り残される。

ジェラルド・アーリーは、この両極端による誤解の危険性を警戒している。その論理はシンプルで、もしアリが本当に時代の申し子であるのなら、まともに受け止めてもらえないと時代の一つの指標としての彼の価値はなくなる、というのだ。

こういうことは、アリを危険にさらすことになるだろう。つまり、彼の重要性が誤解されるだけではなく、皮肉なことに、公人としても際立った複雑さを持つ黒人としても、名声を傷つけられる恐れがある。一九九六年アトランタのオリンピック聖火点灯セレモニーに、感動的で、せつなく、哀れで、悲劇的な（好きな形容詞をどうぞ）登場をした結果、子供の頃にはアリを知らなかった新世代と知っていた旧世代の双方にとって、アリはアメリカの偉大なる殉教者になった。現代のリンカーン、現代のマーティン・ルーサー・キングになったのである。おお、ファーザー・エイブラハム、おお、ファーザー・マーティン、おお、ファーザー・モハメドよ。かつてプロ・ボクシングのリングで正確なパンチを繰り出していた男の両手は、ボクシングが誘発したパーキンソン病（ママ）のために震え、かつてはルイヴィル・リップと言われるほどのおしゃべりだった男は、いまや舌のもつれたささやくような声しか出せず、人前ではほとんど話さないようになってしまった。妥協を許さぬブラック・ナショナリストが、晩年のオーソン・ウェルズ同様、ポップ・カルチャーの巨人だった自分の偉大さをパロディにしているかのように、群衆の前で手品《トリック》を披露しながら、そんな偉大さもナショナリズムも、カルト信者としての彼も宗教的存在としての彼も、すべて幻想だったことを暴露するマジシャンになってしまった。(15)

要するに、アリの名声のミステリーといっても、アリ本人がいなければ意味がないのだが、この男は天才アスリートとしての賞味期限をとっくに過ぎているのに、どういうわけか持ちこたえているのである。

こういうことが名声全般について当てはまるのかどうかはわからない。多くはないが、アリのように才能が衰えても名声を保っている人々も確かに存在する。晩年のフランク・シナトラはかつてのような声が出なくなっていたが、それでも聴衆を感動させるだけの力があった。マイケル・ジョーダンは加齢に調子を狂わされたあともまだプレイを続け、変化した自分の体に合わせて、どうにか自分のやり方を調整した。ロナルド・レーガンは、蝕まれた理性をいかにしても隠すことができなくなる前に台本を書き直して、大統領二期目に幕を引くことができた。すでに亡き有名人のキングともいうべきエルヴィスは、晩年はドラッグに魂を奪われて惨めな存在だったが、現実と乖離してもここまで名声が保てるという極限を示した。ほかにもまだ例はあるが、その人の名声をもたらした才能が枯れたあとも、天性の素質や性格の良さでその名声を保つ例はきわめて少ない。

実際には、名声は、それを支えているペルソナがまだ若く美しいうちに衰えていくのが普通である。人々の感情の調節弁でもある有名人がすぐに消えてしまうのは、あまりにも人目にさらされるからにちがいない。短期間なら、他人からじろじろ見られても気にならない。しかし、長期的には、過剰な称賛がテフロン加工をすり減らし、どんなに油を加えても、嫉妬という卵がくっつくのを防ぐことはできなくなってしまう。

だから、アリは実に驚くべき例なのである。トリックスターとしてのアリは、時の流れに応じて自身の形を変えることができた――若さの限界を克服するために、そして追放期間の損失を乗り越えるために、また加齢のもたらす可能性を凌駕するために、それから、声を失ってそれまでのように活動できなくなったあとも自分を表現するために。だが、人を惑わすショーの観客がいなければトリックスターも存在しない。だから、状況に合わせて体の形を変えていくとき、アリはショーを楽しんでくれる人たちやトリックを仕掛ける人たちのなかにある何かを呼び出しているのである。いったいアリは他人のなかの何を呼び出すのだろう？

アリの時代は、それぞれに〈文化的な死〉を体験しなければならなかった男と女と子供であふれていた。核によるホロコーストと冷戦の恐怖の時代、アリは子供だった。植民地が次々と独立していったグローバル・ゲームが根本からひっくり返った一九六〇年代、アリは青年だった。破廉恥な新保守主義経済が世界で最も貧しい人々の生活をさらに惨めにし、ごくわずかな富裕層が唖然とするほどの富をさらに膨れあがらせた八〇年代初期、アリは引退生活に入った。冷戦が終わったときにはミシガン州に腰を落ち着けていた。冷戦が終わっても、人々は安堵したわけではなく、テロリズム――ほんもののテロも、ただそう呼ばれているだけのものも――が始まって、自分たちの住む世界は決して秩序立っているわけではないのだと理解するようになった。二〇〇一年九月十一日を、アリは冷静に切り抜けた。ニューヨークで基金集めの催し《ガラ》に出席していたアリは、あのような恐ろしいテロ攻撃のあとイスラム教徒でいることをどう思うかと質問された。間髪をいれずに彼は答えた。ヒトラーのホロコーストのあとキリスト教徒でいるのは、どういう気持だったのだ？　アリはこうしたことをすべて知っていた。だが、もっと重要なのは、恐ろしい出来事が次々と連鎖して起こる世界に、どうにか適応していたということである。

現代の状況はどうだろう？　大勢の人々が絶望せざるをえない、世界は終末に近づいていると怯えるのは無理もない状況なのだろうか。グローバルな意味で〈文化的な死〉を語ることは、かつては確実だと思っていたものがもはや確実ではなくなった時代を語ることである。それは、核時代の幕開けとなった物理的破壊の脅威を語るというより、むしろ、どこといって変わったところのない隣人が、警察やアカ狩り組織やイスラム法廷にあなたを突き出したり、すべてを破壊する引き金を引いたりする恐怖を語ることなのだ。「ポストモダン」という言葉が何を意味するにせよ（その意味について、あるいはそんなものがあるのかどうかという点について、意見は分かれる）、この言葉は確かに、少なくとも時代のキャッチフレーズではある――五〇〇年以上にわたり、さまざまな意味で世の中にゆきわたっていたすべての確信が崩れ始め、新たな確信がそれに取って代わるのではなく、確信の不在が特徴となる時代のキャッチフレーズ。(16) このような状況が新しい時代の秩序になるのかどうか、現時点ではわからない。しかし、世界中の多くの人が恐れているのは、それが時代の秩序になることであり、その多くの人にとってそれは〈文化的な死〉を意味する。だからこそ、世界を救うヒーローであれ有名人であれ、とりあえず進むべき道を示してくれる人間が求められる。

こうした時代状況こそトリックスターの出番でもある。人々がこの世にはほかに頼れるものはないと感じるこんな時代や場所に、トリックスターは現われる。社会変革の希望が切れ目なく続いていた時代の、いわゆる近代的文化に、トリックスター神話が比較的少ないのはそのためかもしれない。(17) したがって、時代は進歩するという夢にしがみついている文化にトリックスターが登場するときは、救済の歴史的見通しがきわめて暗い時代だというのも同じ理由かもしれない。それゆえ、否定が日常生活の常態になっている場所では、長い剝奪の時間が始まる前夜、カーニバルに繰り出すトリックスターの道化師たちは、ひときわ派手で目立つ存在になる。ニューオーリンズのマルディグラで、リオのカーニバルで、性的にあるいは人種的に排除された人々が、仮面の影に隠れて、しばし表舞台に出ていく。

ある地域の歴史に責任を持つ人々が、剝奪される時代が来るのを食い止めようと、その入口で必死に踏みとどまるケースもある。キャンプ最後の夜に行なわれるジェスチャー・ゲームの指導員のように、支配層は下の者たちがおどけて演じたジョークを慣例化しようとするかもしれない。宮廷の道化師は、権力の中枢である廷内に道化を持ち込むところがいちばんの取り柄である。ある時期、かつての権力者が失われたものの痕跡を維持するために、トリックスターを抱えていたという歴史的な例もあるくらいだ。その著しい例が、南北戦争後のアメリカ南部で実施されたジム・クロウ法の時代である。白人は一八六三年の奴隷解放宣言からさらに一世紀も奴隷支配を引き延ばした。これは彼らの愚かさを露呈するものだった。ジム・クロウはジョーク以外の何ものでもないが、そこには、人種隔離の法制化に成功した白人を笑うトリックがあった。パントマイムやミンストレル・ショーの白人は、自分たちが社会秩序から排除した黒人に扮し、顔を黒く塗って白い肉体をつくり変え、カラスのように踊った。そのダンスは黒人の真似というよりも、むしろ社会的憎悪から抜け出せない自分たちの姿を映していた。トリックスターは、変化する時代に合わせて形を変えるのが身上なのだ。

しかし、もう一つ重要なのは、トリックスターは有名人とはかぎらないということである。トリックスターが有名になることはあるが、そういう名声はやがて消えていく。そんな名声ですらごくまれにしか生まれないのは、トリックスターがマスメディアのないローカル文化に密着した存在だからかもしれない。ローカル文化においては、どんなことを称賛するにしても、それを許す鍵を握るのは、だいたい（必ずではない）聖職者層である。したがって、トリックスターが有名人になるというのは、もともとトリックスターが登場しにくいさまざまな近代文化において、ある文化が珍しくトリックスターを称賛したいというニーズがあったときに起こる場合が多い。モハメド・アリの場合がまさにそれで、彼はこの法則を証明する例外的存在である。青年時代を脱すると、アリはだんだんトリックスター・ゲームには頼らなくなっていった。だが、それでもまだ天才的詐欺師といわれることも多かった。アリはこの称号が気に入っているのかもしれない。人生の後半になって手品道具《トリック》のいっぱい入ったバッグを持ち歩くほどだから。

有名人が何かの理由や信条があって、自分のなかのトリックスターを本来の寿命を超えて生かしていられるのは、いわゆる「時宜を得た」とき、すなわち、ものごとの社会的秩序がそれを求めているとき（おそらくはそのときのみ）である。そういうときには、ものごとは決して見かけと同じではないし、あるべき姿でもない。なぜなら、「時宜を得た」という言葉の意味をよく考えてみれば、ある際立った出来事が訪れた好機を「時宜を得ていたから」と説明することは、文化とは主に時間（時代）に関するものだという見過ごされがちな事実に寄りかかることだからである。

「時宜を得た」状態、すなわち、ちょうどいい時機というのは、時代の変化が期待されるときにのみ起こりうる。時代を超越した文化においては、普通、時間は永遠なるものによって圧倒されており、この世のさまざまな出来事はアナロジーになる。クロード・レヴィ＝ストロースの『野生の思考』ほど、このことをうまく表現したものはない。この本のなかでレヴィ＝ストロースは、歴史のない文化には、それを解釈する独自の天性の才能があると述べている。トーテム文化（エミール・デュルケムと同様に、彼もトーテムに魅せられていた）の場合、積み上げられた動物と植物のトーテムは、人類の発生という分野を排除し、歴史と無関係な出来事の連続で構成される。デスアダー〔オーストラリア産の毒蛇〕のクランに属するオーストラリアのウォトジョバルク族であれば誰でも、いわゆる〈自分の時間〉を理解しているが、それは自分のアイデンティティを得ている動物のアナロジーと結びついた現在として理解される(18)。これについて、レヴィ＝ストロースはこう述べている。「二つの系列（自然と人間）は時間のなかに存在するが、同時に時間に影響されない体制の下にある。それは、自然も人間も実体としてあるものだから、分離したときの状態を保ちながら、時間の流れのなかをともに旅しているからである」(19)。ここでいう時間は、単なるメタファーを超えている。

　ある文化がみずからの歴史を真剣にとらえるとき、紋章《エンブレム》を持つことが多い。たとえば学校のスポーツ・チームがカージナルズと呼ばれている場合などだが、本当に自分をカージナル〔ショウジョウコウカンチョウ〕のような鳥だと考えているチームのメンバーがいるわけではない。こういうのは、せいぜい擬似トーテムか、あるいは中途半端な比喩表現で、チームがたまたま有利になったときに瞬間的に歌ったり叫んだりする類のものである。しかし、レヴィ＝ストロースの魅惑的フレーズがいうところの、人間が自分のトーテムの名前とともに時間の流れのなかを旅する文化においては、彼らは実際、ある意味でカージナルでありデスアダーそのものなのである。そこではアナロジーがその人の起源と本質を説明するからだ。トーテムのアナロジーによって、彼らは自分の人生や思考を整理することができる。そのシステムは、現代人から見ると奇妙かもしれないが、彼らの世界では理にかなっている。彼らの社会的秩序のとらえ方の見事さは、同じ時間の系列を生きる同じ種類の別の生き物（別の人間のクラン）との関連だけで自分を位置づけるのではなく、同時に、人間以前に生きた

（したがって異なってはいるが、同じように現実の）時間の秩序を生きる別の生物（紋章《エンブレム》としての植物や動物）との関連においても自らの位置を考える、という点にある。こうして、二つの違い――人間の時間とトーテムの時間の違い――は時間を超越した無時間性によって呑み込まれる。われわれのように歴史的時間を生きている者が経験することでこれにいちばん近い例としては、若くして亡くなった人の思い出がある。ジョン・F・ケネディ大統領のことを考えるとき、私は殺害されたときの若かった大統領を思い出す。棺の中の干からびた骨や、もし生きていたら今なっていたであろう老人の姿では思い出さないのである。彼の時間は凍結していて、私の時間は進んでいる。だが、愛する若い人との離別に際して、われわれはみな野生に戻る。愛する人と今もまだともにいるかのように、一九六三年から二〇〇三年にかけての時間は流れるに任せるのである。

しかし歴史的文化は、旧約後期から新約初期にかけてギリシア・ローマのディアスポラのなかで発展した文化と同じように、決して無時間ではない。そうした文化にとっては、たとえそれが〈崩壊〉と〈回復〉、アルファとオメガの間に残された時間であっても、時間こそが最も重要なものである。ウォルター・ラッセル・ミードが、ユダヤ教とキリスト教とイスラムの（そしてそれらの非宗教的後継者であるリベラリズムとマルキシズムの）アブラハム的文化と呼んだものは、時間の文化かもしれない。なぜなら、（ほかの世界的文明とは対照的に）それらは一神論の上に成り立っているからだ。すべての時間の源が〈一つの神〉のものであるなら、その時間は、普通の人間の時間と同じようにリアルであるにちがいない。アブラハム的文化の無時間性というのは、レヴィ＝ストロースの野生の思考よりずっとゆっくりした時間である。この二つの時間の系列は、実際にはこの世の時間とあの世の時間であり、両方の時系列で起きていることは同種の意味を持つ。もし〈一つの神〉がその他すべての源であるなら、カルヴァン派やユニテリアン派が何と言おうと、神の時間と人間の時間は似ているなんてものではない。いうなれば、それこそまさにわれわれの時間なのである。野生の思考には正当な評価が与えられなければならない。デスアダーのクランのまともな成員なら、誰も自分のことを本当にデスアダーだとは思っていない。そんな単純素朴な思考ではないのだ。彼が考えているのは（あるいは考えたのは）おそらく、トーテムの動物に似た存在である自分の起源——つまり近代でいうアイデンティティ——は自分が分離した自然界からアナロジーによって引き出されている、ということだろう。われわれ現代人が寓話を説得力のある一種のアナロジーとして考えるのは、そのせいかもしれない。意味のあるストーリーを、何でも起きた出来事と結びつけるわれわれには、野生の人々よりずっと、自分たちの時間を真剣に考えすぎてしまうところがある。あなたは、デスアダーであること、あるいはウォトジョバルク族のトーテムの別の動物でもいいが、腹にガスの溜まったホットウィンド・ペリカンのような動物であることに、どれくらい真剣になれるだろう。

文化にとって重要なのは（それが少しでも重要なものであるとすれば）、ある社会的集団がいかに時間と関連づけて自分を考えるかということである。そうでなければ、その文化の成員は、自分がどこに属しているか、うまく整理して考えることができない。この目的のためには、空間は時間のようには役に立たない。というのは、グローバル化された時代にあっては（奇妙なことに、そこでは再び時間が流れ始めるのだが）、空間は、常にとはいわないまでも、たいてい海や山を飛び越えて置き換えられたり、あるいは炉の穴やトイレ用の穴の反対側に移されたりするからだ。〈野生の思考〉の旅する時間は（グローバル化された文化の時間とは違って）実際には幻想である。旅をするのは自然界の秩序に対応する人間なのだが、事物のより大きな秩序においては、時間そのものは無時間である。したがって、とっくの昔に死んでいる星の光のように、実は認識できるような動きはなにもない。

もっといえば、科学的認識は〈原始的《プリミティヴ》〉なのである（ここではこの言葉を使ってもいいだろう）。歴史のある文化のほうが優れているわけではない。だが、そうした文化の時間のほうがはるかに複雑だという点だけでも、より高度化されてはいる。ある文化を持つ人々が、いったん時間のストーリーに〈意味〉のようなものを導入すると、次にはすべてが〈何か〉を意味しなければならなくなる。このようにして、それらの文化においては、貧しく劣った者にはなんの意味も与えられず、ただ、もうひとつ別の時間のなかで救われるという一縷の望みにすがるしかなくなる。われわれの文化のような歴史的文化における集団や階級は、ある位置（ということは、つまり〈社会的な〉位置ということだが）にはまり込んだとき、ある程度よりよい人生が送れるという希望を抱くかもしれない。しかし、歴史によってその希望が持てなくなると、その影響はずっと大きくなる。曾祖母の時代から代々生活保護を受けてきた母子家庭の母親にとっては、ここへきてその福祉を打ち切られるより、おならをするペリカンになるほうがましだろう。

歴史的時間を持つ西洋の文化では、いわゆる中世がこういう状況だった。中世は、時間そのものは止まったままなのに、この世の時間は耐えがたいほど引き延ばされた時代だった。五世紀のローマ滅亡から十三世紀のルネサンスの夜明けまで、百年か二百年の誤差はあるとしてもざっと千年は時間が止まっていた。そのため、〈暗黒時代〉という妙な比喩的表現も生まれた。この時代、カール大帝以後は明白に、ローマ・カトリック教会が文化領域を支配しており、そこで用いられたのが、〈この世〉を神の時間の外に置く、硬直した〈あの世〉的な体系だった。したがって、〈伝統的であること〉について語ることは、マックス・ウェーバーの魅惑的な表現を借りれば「永遠の昨日」を語ることであり、それは事実上、少なくとも道徳的には筋の通った社会的変化の継続という古代ギリシアおよびヘブライ人の考え方の失敗について語ることになる。要するに、ハーヴェイ・コックスからミシェル・フーコーにいたるまで多くの人が気づかせてくれたように、それはまさに、大勢の愚か者を乗せた〈愚者の船〉が、普通の時間の外にあって人生の恩恵を享受する狂人たちの、超越的な力を称賛する時代だった[20]。

これもまた中世の西洋キリスト教世界に関するノーマン・コーンの有名な解釈だが、中世においては、抑圧された貧困層が大挙してさまざまな千年王国信仰に惹きつけられ、実質的にはそれが、当時の静止状態に対するカウンター・カルチャーとなった。千年王国信仰は確かに来世に目を向けてはいるが、目の前にある世界の外を見つめながら、現世の自分たちの魂を支配下に置こうとする正統的宗教が提示する世界ではなく、それよりましな世界を求めているのだ。コーンは、とくに『千年王国の追求』のなかで、道徳規準を持たない非道徳的超人について述べている。これは異端とされた〈自由精神〉説のトリックスターのような人物像で、中世ヨーロッパに広がり、五百年近く持ちこたえた。〈自由精神〉説は、いろいろ形を変えて登場するのだが、なかでもとりわけ活動が目立ち長続きしたのが、カタリ派、アルビ派、新マニ教などに基づいた諸説である。ほとんどの千年王国運動と同じく、これらのカルト宗教も最も貧しい層に支持され、最も貧しい時代に全盛をきわめた。コーンはこうした宗教を、「中世の歴史上、最も困惑させられる不可解な現象」の一つに挙げている。(21) なぜなら、その信奉者たちは、みずからの精神的純粋さに絶大な自信を持つあまり、自分たちは道徳的秩序を超越した精神、すなわち自由精神である、と考えていたからだ。「〈完全なる人間〉は常に、自分は一般にはタブーと見なされていることを行なっても許され、それどころかそれを行なうことが義務でもあると断定することができた」。コーンは中世の非道徳的超人をトリックスターだとは述べていないが、そういう超人こそまさにトリックスターであり、聖と俗の間、正道と邪道の間の、ぎりぎりの極限に生きるトリックスターの基本的属性を持つ人間だった。ルネサンスが到来すると、非道徳的超人はだんだんアウトサイダーではなくなった。あまりにも正常さを求められることに対して策略を仕掛けるのがトリックスターなのだから。非道徳的超人は正常そのものになってしまった。資本主義の起業家、すべての望ましいものを生み出す製作者、歴史の指導者に、非道徳的超人という言葉ほどぴったりな表現はないのではないか。

時代状況がきわめて悪いときには、どんな文化も非道徳的超人の影響を受けやすくなる。いいかえれば、苦境に陥っている時代には、どんな文化も、ヒーローとはいわないまでも、せめてトリックスターが現われることを待ち望んでいるものだ。希望とはいわないが笑いを、革命的熱情とはいわないが共感を、吹き込んでくれるトリックスターを。文化とは、それが閉じ込められている空間が旱魃によって干上がったとき、あるいは圧制者によってがんじがらめに縛りつけられたとき、あるいは自然災害や人災による大惨事の脅威にさらされたとき、時間を操るものだといえるかもしれない。そうした状況下では（千年王国信仰なども極限に達するのだが）、植民地の日程表を持つ社会的空間を支配する文化によって長い間排除されてきた人々が立ち上がり、支配的文化に対して別の文化——すなわち、別の次元の時間——を打ち立てることになるだろう。

文化とは、人々の信じているものに関することだと考えられている。もちろん、そうにはちがいない。だが、そうだといえるのは、同時に、人々が恐れているものに関することでもあるという場合に限られる。文化は、そこに含むものと同じだけ多くのものを排除する。望ましい歴史を肯定する一方、望ましくない歴史を否定する。しかし、どちらの歴史も、かつて存在したか今も存在している実在の人々によって語られた文化であり、その人たちは、最悪のものに対して自分たちの知っている最良のものを主張するために選ばれた人たちである。

昔は、トリックスターは貧しい人々や苦しんでいる人々のなかのいたるところに姿を現わした。富裕層や権力者たちもそれを理解していた。だからこそ、圧力をゆるめ、口には出さないが自分たちに限界があることはわかっていると人々に伝えるために、宮廷や邸宅のなかに道化を入れさせたのだ。近代文化のなかで、トリックスターの姿が目立たない、あるいは裸だった部分を隠してドレスアップしているとすれば、それはもしかしたら、近代の目的が概して、人間の時間の永続的進歩という、ありそうもない考えを主張することだったからかもしれない。時代はいつか終わり、歴史はそこで止まる。だから、未来は素晴らしい社会だと主張しなければならない文化は、トリックスターを抹殺するか、都合の悪い部分を取り除いて滅菌しておかなくてはならない。

ところが、時折、どこかのたわけ者がこっそり表に出てきて、すべてを変えてしまうことがある。彼は熱狂的支持者をだまして、時間を気ままで不確かなものとしてそのまま受け容れさせようとする。彼は人生の本当の意味について語ることによって、その文化の秩序立った体系をひっくり返すのだが、結局、最後にはそれは死の話になる。

――

この数年間のいつだったか、アリは、長年言い続けてきたことを、公の場でもう一度繰り返した。「みんないつか死ぬんだ……だから準備しておいたほうがいい[22]」と。アリのような人がこういうことをまるで冗談のように平然と言うのは、自身が人生において死を熟知しているからである。ある種の文化は本能的に、それは信仰心に根ざした願望だと言いたくなるだろう。多くの人々にとってはそうかもしれない。しかし、心の平穏さからそういうことを言う人間もいるのだ。アリが砂漠の修道士たちのように穏やかな悟りの境地に達したのかどうか、人々の判断に任せるほかはない。私に言えるのは、彼はこれまでどおりの人間に見えるということだけだ。

アリこそ〈時の人〉だとか、現代はまさにアリの時代だとか言うのは意味がない。名声とはそういうものではない。しかし、自分の持てる技術を生かして一定期間活躍するという例は多いなかで、トリックスターは、自分の話に耳を傾けてくれて、その話を誰かに伝えてくれる人たちにとっての真実を引き出すのでなければ、何かのためになるような惑わし方はできないということは確かである。トリックスター・モハメド・アリは、純粋なトリックスターでもなければ単なるトリックスターでもなく、いかなる理屈をつけようがポストモダン時代の体現者でもない。アリは痛みを、したがって死を、内に抱えた人間である。彼は自分の生きる世界のより深い本質――その人種的悪意や、人間的な喜び、肉体的愉悦、苦労して勝ち取る戦い、はなはだしい不確実性、意外性――に気づいている人間である。今の世界は、それ以前の世界とは違うかもしれない。もし違うとすれば、それは、そうした本質が今の世界にとくに顕著に見られるからではない。いつの時代でも世界には不正や不確実性や不愉快な意外性があふれていた。だが、かつては正義と理性を重んじる人々にとって自分たちの手の届く範囲にあると思われた確信を、今の世界（何と呼んでもいいが）の常態として取り戻すことができるかどうかはあやしい。そうしたおぼつかなさと可能性のなさとがいつも並存しているのが、今の世界なのかもしれない。

こう主張することに議論の余地がないわけでは決してない。答えは誰にもわからないが、誰でも、一般的には確実だと思われることをもっと確実にしたいと願っていることはまちがない。議論の余地がないのは（といっても、やはり議論する人は多いだろうが）、そうした不確実な状態こそ、人間の生命（人生）の本来的な真実にほかならないということだ。われわれはみな、いつかは死んでいく。だが、どうやってその準備をするかを知っている人間が何人いるだろう？　こういう時代の究極のアイロニーは、いたるところに死や暴力があるという点にあるのではない。もちろん、死や暴力はいたるところにある。だが、むしろ、ほとんどの人間が終生否定し続けることを、この時代が明らかにしてみせているというところにアイロニーがあるのだ。すなわち、それは仏教でいう「すべては一時的ではかないもの」ということで、人は一息一息のなかに宿る死を生きており、そうやって今この瞬間を生きることによってしか人生は送りえない。生命（人生）の究極のアイロニいるということだ。今の時代の朗報は、避けられない死が以前の時代にもましてもっと避けられなくなっているいることだ。

こんな時代には、死をよく知っている人間に注目したくなる。アリは常にそれを知っていた――奴隷の子孫として、アメリカ南部の黒人の少年として、コンゴ川の失われた息子として、自分の技術《アート》を痛みによってつくり上げた男として、史上屈指の恐るべきボクサー三人と対戦した男として、そうした人生を生き抜いたあげく、最後には、穏やかに人を惑わし、にっこりしながら人を叱る存在となって現われ、他人より長く頻繁に死を経験したことからにじみ出る威厳に満ちた男として。

それがモハメド・アリをただの人間以上の存在にしている。それが彼をより深く人間的にしている。アリがリングの中に入っていくとき、彼は裸になり、ほかの人にも裸で人生と向き合う勇気を与える。有名人はたいてい崇拝される。トリックスターの有名人も崇拝されるかもしれないが、彼らは、われわれ人間はみな糞をたれ、小便をし、放屁し、性交したがるものだという、不快なニュースを暴くときだけ魔法《マジック》をかける。そういう人間の行為は最も世俗的なものであり、まさにそうした行為によってわれわれは肉体の残骸を、自分の生まれ出てきた土へと返しているのだ。

以前のアリが何であったかはともかく、今のアリは、かつて政府につぶされそうになったときに主張したように、まぎれもなく聖職者である。最後にもう一度だけ、トリックの話をさせてほしい。われわれに死を笑うようにさせるとは、なんというトリックだろう――こんな時代の死や、いつの日か待ち受けている死を、笑うようにさせるとは。

その日が来るまで、われわれの大半は大きな嘘のなかで生き続けるのだが、アリのような人物だけがわれわれを惑わして、その嘘に疑問を抱かせることができる。人々は、西洋のわれわれが「素晴らしい人生」と呼ぶものをほしがる。そういう人生を欲しながら、それが何を意味するのかを正確に言える人はめったにいない。その人たちが何か言えと求められたり、うっかり定義したりすると、素晴らしい人生とは物質的快適さと関連すること、たとえば、ある程度の富や愛する家族を持つことかもしれないし、大きくなったら同じように豊かになってくれる子供を持つことかもしれない、と答えるだろう。その夢がとりわけ強いのは、モハメド・アリの生まれたアメリカであり、そこでは長い間、崇高な価値に下手な定義が与えられたまま、それが人生の成功のカギとされてきた。

最高のアメリカ流文化の目標はまともな仕事をして金持になることによって達成される、そしてまともな手段が手に入ったら、そのあとはルールの一つや二つ、あまりいいことではないにしても必要なら破ってもいいと信じている人々のそばで、カシアス・クレイは成長した[23]。確かに、彼はその理想の何たるかを知っていたし、ある程度それを達成した。若かった頃には、かなりの富にも恵まれた。不安定な気迷いから壊してしまったにせよ、家庭生活のために不器用ながらも懸命に努力した。そして、とりわけ素晴らしいのは、独力で、金目当ての格闘技だったボクシングを、もっと好ましい、もっと正当なスポーツとしてのボクシングにバージョンアップしたことである[24]。

それでも、人生の終わりに近づいているアリの名声がいまなお続いている理由は、そのような成功にあるのではない。モハメド・アリのアスリートとしての素晴らしさや、称賛に値する人間的資質については、この先何世代にもわたって語り継がれていくだろう。しかし、そうした話のなかには、きっと、肉体を乗り越えた男の話、人生最後の日まで崇敬された男の話も含まれるだろう。

人間は物語を話す生き物である。テレビで縮小版の物語を聞く前には、本でそれを読んだり、寝物語にそれを聞いたり、洞穴の焚き火のまわりでそれを語ったりした。話はいつもおおげさになる。視聴率を求めるプロデューサーだろうが、子供を寝かしつけようとしてへとへとになっている親だろうが、あるいは、氏族《クラン》を助けなければならないシャーマンだろうが、話の語り手は、どうしてもよりドラマチックな時間のほうへ惹かれ、普通の状態から離れていく。こうして、長い間には当然の成行きとして、ヒーローがつくられる。

モハメド・アリがなったものはいろいろあるが、何よりもグローバルなヒーローになった。世界の大方の人々（全員とはいわない）にとって、さまざまな意味で、真にグローバルな最初のヒーローになったのだ。若い頃のトリックスターとしてのキャリアが退いたというよりむしろヒーローのイメージにゆっくりと溶け込んでいき、一般の人の目には、だんだんヒーローのイメージがしかるべき位置を占めるようになった。人生の終わり近くになって、トリックスターが彼の昔の面影となり、身体が緩慢になり不自由になっているのに、アリは依然としてヒーローのままである。一部の人には苛立たしいことなのだろうが。

人々がヒーローを引きずり下ろそうとするのは、実はそう悪いことではない。最近ではそれがちょっと手に負えなくなってしまった感もあるが、重要なのは、偉大なヒーローはみな、いろいろと詮索されることにも耐え抜かねばならないということだ。より優れたヒーローは、必ずしもそれが当然と思われない場合でも、そうやって耐え抜く。エレクトロニクス時代にあって、ある意味では異常なほど必要とされている名声は、普通の人の手には届かないところにヒーローを置く。だからこそ人々はヒーローのスキャンダルに惹きつけられずにはいられないのかもしれない。自分たちの汚れた人生から抜け出させて高みへ引き上げてくれる存在として有名人に頼っていた人々が、やがては有名人＝ヒーローを引きずり下ろしたいと思うようになる。そして、それを実行する。トマス・ジェファーソンには奴隷の愛人との間にできた子供たちがいたことが証明されている。マーティン・ルーサー・キング牧師には、表向きの道徳性と相反する性生活があったことが明らかにされている。ジョン・F・ケネディは、健康問題で嘘をついていたことが知られているが、これは彼の性的な放縦さに劣らないスキャンダルかもしれない。にもかかわらず、こうした有名人＝ヒーローは、傷つけられた時間を耐え抜いて生き残るだろう。

モハメド・アリの英雄的偉業がジェファーソンやキングやケネディらと同水準だったなどと言わなくとも、似たようなタイプの人たちと比較してアリという人物を楽しむことができる。アリが成功を熱望しながら失敗に終わった役割も多い。最後の結婚に行き着くまでは、ひどい夫だった。子供たちを愛してはいたが、とくに若い頃はあまりいい父親ではなかった。母親が愛してくれたように自分も母親を愛していたが、人生を生き抜く彼は、決してかわいいＧＧ〔九頁参照〕ではなかった。アリはかつても今も、名声の雲の上に押し上げられはしたけれど、ごく普通の人間なのである。

テレビの前ではなく焚き火のまわりに集まってその話を聞くような、初期のトリックスターたちは、それなりの名声を持っていた。しかし、その名声も彼らの恥部を隠すことはできなかった。そうした恥部は、彼らについて語られる話の肝心な部分だった。ウサギどんや真夜中の台所のミッキーや蜘蛛のアナンシなどと違って、トリックスター・アリはほんものの奇妙な動物で、今も生きている。実在するトリックスターならそんなに長くほんものではいられないというのは、本当かもしれない。初めはトリックスターを人間の範疇外にある存在に変え、次には地上に引きずり下ろそうとするのが、物語のしわざなのだ。

トリックスター＝ヒーローなどという存在が本当にあるのかどうか、とくにモハメド・アリの場合、年老いて体が不自由になり、トリックスターというよりヒーローになったのだから、と疑問に思う人もいるかもしれない。もしかしたら、トリックスター＝ヒーローなどいないのかもしれない。もしかしたら、年老いたトリックスターは、ただのヒーローと言い換えるべきなのかもしれない。そうだとしたら、アリの場合、人間一族の一長老としての地位は、彼の恥部についてはすでにみんな知り尽くしているという事実をどうとらえるかによって決まるだろう。彼は妻たちを裏切った。宣伝活動のためにジョー・フレイジャーらを傷つけた。フロイド・パターソンに恥をかかせた。財産の管理を誤った。ほかにも人間としてのいろいろな弱点があることはよく知られている。それでも彼は生き残っている。

結局、普通だったら見る者を悲しい思いにさせる身体にもかかわらず、称賛する人々の心を動かすアリの魅力は、トリックスターや有名人やヒーローといった存在では表現できない、なんらかの資質から生まれているのだ。彼は静かに生きる。彼は祈る。彼は愛情を込めて来訪者を迎える。彼は何か良いことをするために世界に出ていく。彼は生計を立てるために精いっぱい努力している。

彼は友人や子供たちや妻から離れない。実際、彼は退屈な人間なのである。それなのにアリが今でも人々の関心を呼び起こすのは、過去の栄光にではなく今のこのときを生き、われわれみんなを待ち受けている未来を生きているからだ。

われわれは、たいてい自分の死から目をそむける。モハメド・アリは自分の死を楽しみにして待つ。そう断言する信心家は彼が初めてではない。しかし、そんな究極の主張を、自分の物語の一ページとしてさらりと言った有名人は、数えるほどしかいない。アリのこういう点が、人々の共感を呼ばずにはおかない。共感を呼ぶヒーローは、常に信奉者の願望が映し出される対象となる。死を恐れないようになりたいと思っているわれわれは、自分もアリのように生きることができると信じれば、慰めを見いだせるのかもしれない。ところが、そうはいかないことが多い。なぜなら、アリのような生き方は非常に難しいからだ——肉体の限界を受け容れ、来るべき陰鬱な未知の世界のために日々祈り、生と死の創造主たる神の前に一日五回ひれ伏すという生き方は。

自分は死なないだろうという偽りの上に生きている者は、重大な嘘を一度もついたことがないと思われる公人《パブリック・マン》に惹かれずにはいられない。彼には隠すものがなにもない、不恰好に変わった自分の身体に、はっきりと最期の到来が見えている現実すら隠さない。それでもわれわれは、フィデル・カストロのように、彼に笑わされ、その日の仕事に戻っていきながら手の中にあるゴムの親指を眺めて、自分はいったいここで何をやっているのだろうと思わされる。

死は決してジョークではない。もしわれわれが死を笑い飛ばすことができさえしたら、死と対等に向き合えるようになり、自分自身を笑えるようになれるかもしれない。もしわれわれが死を本当に真剣に受け止めたらどうなるだろう？　そのときには、われわれのさまざまな見せかけや偽りをすべて笑うしかなくなるだろう――そうした見せかけや偽りがわれわれに、誤った印象を植えつけられた暴漢から自分を守ろうという気にさせ、大国により弱い国をいじめるようにさせ、より弱い者には、戦闘的な国々の弱点を攻撃するようにけしかけるのだ。この世界はもっとましな世界になるかもしれない。もしわれわれが死を笑いとばすことができさえしたら……。

トリックスターは人間から真剣さというマントを脱がせる。トリックスターはわれわれをだまして、この世のアイロニーに向き合わせる。つまり、良いことをすれば、自分が地球上から消えるのを防げるだろうと期待して、良いことをして生きていくというアイロニーを直視させる。そうやって、アリはわれわれをからかう。善行に励んでも、それで十分なわけではない、とからかっているのだ。ニセの親指や震える体のかげで、アリは笑っているのかもしれない。それは神々の笑いだ。人間がそういうふうに笑うのは、その人がはかない肉体と簡素に日々を過ごすありふれた生活の平凡さのなかに死が待っていることを知っているからである。

注

第1章　そもそもの始まり

（1）本章の冒頭のアルゴンキン系伝説は、*American Indian Myths and Legends*, ed. Richard Erdoes and Alfonso Ortiz（New York: Pantheon, 1984), pp.25-26 に収録されているルイス・スペンスの作とされる版の改作版である。

（2）センターのウェブサイトは www.alicenter.org。さまざまな活動計画の一つとして、国連と Schools for Global Peace Program を推進する協定を発表。これにより、人生における戦争や暴力の影響とどのように折り合っていくかを子供たちや教師たちに教える、局地的・国際的プログラムを提供する。こうした計画がどれだけ本格的に展開されるかはまだわからないが、その目的は明らかに、単にアリを称える以上の意義を持っている。

（3）二〇〇三年までに（アリ・センターのウェブサイトによると）展示室、図書室、喫茶室、ショップ、イベント・スペースを備えた六階建てビル（約八六〇〇平方メートル〔＝約二六〇〇坪〕）の建設計画が発表された。最終コストは四一〇〇ドルと見積もられている。当然のことながら、ルイヴィル市長は、普段は眠ったようなこの都市の中心にこうした重要な見どころができることを歓迎している。工事が始まれば地元の関心も高まり、寄付も急速に集まるようになるだろう。二〇〇二年後半には、オープン後の運営費を援助する基金が設立された。ウェブサイトは、二〇〇三年着工、二〇〇四年オープンを約束している。奇妙なことに、コリン・パウエル将軍は二〇〇一年国務長官に就任すると、推薦人の全国理事会から身を引いたようだ。ちなみに、現在アリの住んでいるベリアン・スプリングスの商工会議所は、アリについてはまったく言及せず、毎年恒例のピクルス祭に全力を注いでいる。〔訳注――モハメド・アリ・センターが公式オープンしたのは二〇〇五年十一月十九日。実際にかかった費用は六〇〇〇万ドルとも八〇〇〇万ドルともいわれる。実行委員会には妻のロニー・アリが副会長として参加。代表メンバーにはルイヴィル市長、ケンタッキー州知事、地元の実業家などが名を連ね、生涯の親友である写真家のハワード・ビンガム、詩人のマヤ・アンジェロウ、マスコミ・映画・音楽界からラリー・キング、ビリー・クリスタル、アンジェリーナ・ジョリー、U2のボノなどのスターや有名人たちが顧問団を形成している。〕

（4）この話は Muhammad Ali with Richard Durham, *The Greatest: My Own Story* (New York: Random House, 1975), p.76〔ムハマッド・アリ、リチャード・ダーラム『ムハマッド・アリ』村上博基訳、早川書房、一九八四年〕で語られている。

（5）Mike Marqusee, *Redemption Song: Muhammad Ali and the Spirit of the Sixties* (London: Verso, 1999), p.103.〔マイク・マークシー『モハメド・アリとその時代』藤永康政訳、未来社、二〇〇一年〕

（6）Thomas Hauser, *Muhammad Ali: His Life and Times* (New York: Simon & Schuster, 1991), p.15.〔トマス・ハウザー『モハメド・アリ――その生と時代』小林勇次訳、東京書籍、一九九三年。のち岩波現代文庫に収録〕

（7）Ibid., pp.15-16.

（8）この栄誉は四半世紀後もアリの心に刻まれていた。イライジャ・ムハンマドが亡くなって長い年月が過ぎたあと、アリは述べている。「俺はイライジャ・ムハンマドに実に美しい名前をつけてもらって光栄に思った。「モハメド」とは称賛に値するものという意味なんだ。「アリ」は偉い将軍の名前だ〔予言者ムハンマドのいとこで、ムハンマドの死後、第四代カリフ〕。俺はもう二六年もモハメド・アリで通している。カシアス・クレイだったときより四年長い」(ibid., p.102)。

（9）詳しくは、Randy Roberts, *Papa Jack: Jack Johnson and the Era of White Hopes*（New York: Free Press, 1983）、および Al-Tony Gilmore, *Bad Nigger! The National Impact of Jack Johnson*（Port Washington, NY: Kennikat Press, 1975）を参照。

（10）かつてアリのスパーリング・パートナーを務めたこともあるホームズは、この試合でアリを打ち負かしたが、この頃のアリの肉体はすでに年齢と病気の両方に蝕まれ始めていた。アリのラスト・ファイトとなった一九八一年の対トレヴァー・バービック戦ではさらに不名誉な敗北を喫す。ホームズは少なくとも、〈ほぼ偉大な〉チャンピオンの一人と見なされるようになったが、バービックはせいぜい〈優れた〉チャンピオン止まりだった。

（11）出典は多数あるが、たとえば Hauser, *Muhammad Ali*, p.18や、David Remnick, *King of the World*（New York: Vintage/Random House, 1998）, ch. 5〔デイヴィッド・レムニック『モハメド・アリ――その闘いのすべて』佐々木淳子訳、ＴＢＳブリタニカ、二〇〇一年〕など。このエピソードの影響力を知る一つの手がかりは、テレビ放映された数多くのドキュメンタリーに決まって使われることだ。たとえば Marc Payton 監督 *Muhammad Ali*（*Sports Illustrated* video/HBO Sports, Big Fights, Inc., 1989）。

（12）Hauser, *Muhammad Ali*, p.19.

（13）アリが敗北した試合のうち重要なのは、一九七一年のジョー・フレイジャー戦、一九七三年のケン・ノートン戦、一九七八年のレオン・スピンクス戦の三試合で、一九六七年四月から一九七〇年九月までの追放期間を経てボクシング界に復帰したあとのことである。アリはこの三人にいずれも雪辱を果たしている。一九八〇年最後から二番目の試合となったラリー・ホームズ戦では、すでに年齢による技術の衰えがかなり進んでいた。ベトナムでの軍役を拒否する以前は、プロのボクサーとして二九戦全勝、六試合を除きすべてＫＯ勝ちを収めている。一九七四年フォアマンからヘビー級タイトルを奪還したあとでさえ二二試合を戦い、五試合を除いて（確かに圧勝とはいえないが）すべて勝利している。

（14）Hunt Helm, "Louisville Remembers the Shy Kid from Central High," *The LouivilleCourier-Journal.Com*（original story: September 14, 1997), pp.3-4 からの引用。

（15）この手紙は David Herbert Donald の収集した書簡集 *Lincoln at Home*（New York: Simon & Schuster, 2000）に収録。

（16）クレイの家族史のエピソードは John Egerton, "Heritage of a Heavyweight," *New York Times on the Web*（original story: September 28, 1980）より。

（17）カシアス・クレイの〈ネイション・オブ・イスラム〉に対する関心は、少なくとも高校時代にまでさかのぼるようだ。高校生のとき〈ゴールデン・グラブ〉大会でシカゴに行き、『ムハンマド・スピークス』〔〈ネイション〉の機関誌〕に出会う。その後、これを期末レポートのテーマにしようとするが、ショックを受けた教師に許可されなかった。アリが最初に〈ネイション・オブ・イスラム〉に関心を抱いたのが一九五〇年代末にさかのぼることは注目に値するが、さまざまな関係者たちもその頃から運動そのものに対して不安を抱いていたわけだ。

（18）ジャスティン・カプランによると、マーク・トウェインは晩年、地球上でいちばん目立つ人間になろうと真っ白な服を着ていたが、美顔術を施さなくてもその姿は十分目立っていたにちがいない。

（19）"If You Pay Them, They Will Come," *Sports Illustrated*（July 2, 2001), pp.130-131. ちなみにジョージ・フォアマンも第四位と高ランクで、一回の出演料は七万ドル。これに比べると、話のうまい元大統領たちのギャラはさほど高くない。ビル・クリントンの退任直後の一年間の稼ぎは、国内における出演料で総額一二万五〇〇〇ドル（海外で二五万ドル）だった。Amy Waldman, "Clinton as John Q. Public," *New York Times*, August 11, 2001.

（20）*American Legends — Our Nation's Most Fascinating Heroes, Icons, and Leaders*（New York: Time Inc., 2001).

（21）Mark Kram, *Ghosts of Manila: The Fateful Blood Feud between Muhammad Ali and Joe Frazier* (New York: Harper/Collins, 2001), p.2. 悲運にもクラムは二〇〇二年一月、マイク・タイソン対レノックス・ルイス戦から戻った直後に亡くなった。

（22）Hauser, *Muhammad Ali*, p.105. 保守派スポーツ・ライターの策謀におけるキャノンの役割については、Remnick, *King of the World*, pp.150-155に見事に要約されている。

（23）Kram, *Ghosts of Manila*, p.159. フレイジャーとの第三戦で、ゴリラとあざけった詩 "It will be a killer / And a chiller/ And a thrilla / When I get the gorilla / In Manila"（「俺がマニラであのゴリラを負かしたら、そいつはキラーだ、ホラーだ、スリラだ」）は有名（Hauser, *Muhammad Ali*, p.313）。試合前のあざけりが芸術形式ともいえないような程度のものだったことを考えれば、決して無教養ではないフレイジャーがいまだに恨みを抱いているというのは、やや驚きである。二〇〇二年にマイク・タイソンがレノックス・ルイスと戦う前に「おまえのベイビーたちを食ってやる」と挑発した言葉など、フレイジャーはどう思ったのだろうか。ちなみにタイソンはこの一戦で一七五〇万ドル（マニラでアリとフレイジャーが稼いだ額の三倍）を手にした。タイソンは売上げを延ばすためなら簡単に敗北した。

（24）この美意識に関してはノーマン・メイラーが述べている。レオン・ギャスト監督の映画 *When We Were Kings* (New York: Polygram Film Productions USA Video, 1996)〔邦題『モハメド・アリ　かけがえのない日々』〕を参照。この場面に対するノーマン・メイラーの別の解説に関しては、*The Fight* (Boston: Little, Brown, 1975), p.208〔ノーマン・メイラー『ザ・ファイト』生島治郎訳、集英社、一九七六年〕のなかで、フォアマンに触れてこう述べている。「彼は、悲劇の知らせを聞いた直後の身長六フィート、年齢六十歳の執事のように倒れこんだ。そう、たっぷり二秒間、チャンピオンはバラバラに解体しながらゆっくりとのめり込むようにダウンし、アリはすぐそばで円を描きながらぐるぐるまわった。アリの片手はもう一度彼をヒットするように構えていたが、その必要はなく、じっくりと彼がマットに沈むのを見届けた」。

（25） Hauser, *Muhammad Ali*, p.494.

（26） Marqusee, *Redemption Song*, pp.80-81 に引用されている。マークシーはこの引用の前に、フォアマンがこういう発言をしたのは再生派キリスト教徒になったあとのことだと述べているが、実に適切な指摘である。

第2章　名声とトリックと文化

（1） Joel Chandler Harris, *Uncle Remus: His Songs and His Sayings. Folklore of the Old Plantation* （New York: D. Appleton and Company, 1881), pp.23-25, 29-31. ハリスは黒人奴隷の訛りのある言葉を書く標準的方法を創案したとして、たびたびその功績が認められている。もっと重要なのは、彼の集めた話は明らかに多くのプランテーションで働く黒人奴隷の民話が出典であるということで、とくにリーマスじいやとウサギどんの物語群は有名。〔訳文の転載を快諾いただいた、ほるぷ出版と訳者の田中信彦氏に感謝いたします〕

（2） 一九六一年六月のプロ七戦目のあと、アリの試合はテレビ放映された。これも彼が初めてで、アリ以前には新人プロの試合は放映されなかった。しかし、テレビの歴史もまだ浅かったのだから当然である。Thomas Hauser, *Muhammad Ali: His Life and Times* （New York: Simon & Schuster, 1991), p.42〔トマス・ハウザー『モハメド・アリ――その生と時代』小林勇次訳、東京書籍、一九九三年。のちに岩波現代文庫に収録〕。

（3）〈褐色の爆撃機〉から王座を奪還できる白人ファイターというビリー・コンの地位は、一九四一年の第一戦で見せた予想外の善戦に根拠が置かれた。この試合でコンはジョー・ルイスと一三ラウンドまで戦い、ついにノックアウトされたのだ。再戦では八ラウンドでダウン。ルイスはその間に第二次世界大戦中の軍隊をまわるツアーを行なっている。

（4） アリが出場した最初の五試合中四試合の収入は六〇〇ドルに満たなかった。一九六二年七月の試合は最高の一万五〇〇〇ドルだったが、続く十一月のアーチー・ムーア戦は初めて本格的に多額の報奨金四万五〇〇〇ドルを手にした。これらの数字は Muhammad Ali with Richard Durham, *The Greatest: My Own Story* （New

York: Random House, 1975), p.12〔ムハマッド・アリ、リチャード・ダーラム『ムハマッド・アリ』村上博基訳、早川書房、一九八四年〕で語られていることだが、この出典は正確とはいえないかもしれない。同書は〈ネイション〉の影響下に書かれた本で、アリの得た報奨金の一覧表をつくった主たる目的は、一九七五年までの賞金総額およそ三〇〇〇万ドルのうち、ハーバート・ムハンマドのマネージメントで稼いだ額が二七〇〇万ドルで、ルイヴィルのスポンサー・グループの下で稼いだのは全体の一〇分の一にもならないことを証明することだった。しかし、駆出しの無名選手はわずかな額しか稼げないのが普通であり、クレイも初期はそうだったのだ。

（5）この年代は Mike Marqusee, *Redemption Song: Muhammad Ali and the Spirit of the Sixties* (London: Verso, 1999), p.19〔マイク・マークシー『モハメド・アリとその時代』藤永康政訳、未来社、二〇〇一年〕に記されている。マークシーはボクシングの起源を古代ギリシアまでさかのぼって調べている。

（6）ルイス・ハイドはトリックスターに関する名著を、素晴らしいコヨーテの話から始めており（Lewis Hyde, *Trickster Makes This World* (New York: Farrar, Strauss, and Giroux, 1988), part I〔ルイス・ハイド『トリックスターの系譜』伊藤誓ほか訳、法政大学出版局、二〇〇五年〕）、この話で、現実と自然な想像のなかのコヨーテが描かれる。ハイドの著書ほどトリックスターを包括的に考察した本は、最近ではほかにない。同じテーマの古典的名著に、Paul Radin, *The Trickster: A Study of American Indian Mythology* (New York: Shocken Books, 1956)〔ポール・ラディン『トリックスター』皆河宗一ほか訳、晶文社、一九七四年〕があり、ここではウィネバゴ・インディアンのトリックスター話にコヨーテが登場する。

（7）Lewis Hyde, "Trickster and Gender," in *Trickster Makes This World*, pp.335-343. ルイス・ハイドは、ほかにもいろいろな理由はあるなかで、とりわけ前近代的な家父長制社会においては、トリックスターは男社会を転覆するために男でなければならないという、ある程度もっともと思われる説明を試みている。この主張にそれほど説得力がない理由の一つは、近代社会はかなり男性優位の社会だが、女のトリックスター話がたくさん存在するということだ。たとえばトニ・モリスンの *Sula*〔『スーラ』大社淑子訳、早川書房、一九九五年〕やマキシーン・ホン・キングストンの *The Woman Warrior*〔『チャイナタウンの女武者』藤本和子訳、晶文社、一九七八年〕は明らかにそのケースだ。素晴らしく創意に富むトリックスターの話やセックスに関するテーマについては、Wendy Doniger, *The Bedtrick: Tales of Sex and Masquerade* (Chicago: University of Chicago Press, 2000) を参照。これに関連して、シャロン・トンプソンはラディンの「ドラスティック・エンターテインメント」という表現を借りて、力強いエッセイを書いている (Sharon Thompson, "'Drastic Entertainments': Teenage Mothers' Signifying Narratives," in *Uncertain Terms: Negotiating Gender in American Culture*, ed. Faye Ginsburg and Anna Lowenhaupt Tsing (Boston: Beacon Press, 1990), ch. 16)。

(8) Gay Talese, "Boxing Fidel," in *The Muhammad Ali Reader*, ed. Gerald Early (New York: William Morrow, 1998), pp.266-286〔ジェラルド・アーリー編『カリスマ——神に最も近づいた男モハメド・アリ』鈴木孝男訳、ベストセラーズ、一九九九年〕。

(9) Hyde, *Trickster Makes This World*, p.7.

(10) Maurice Sendak, *In the Night Kitchen* (New York: Harper Collins, 1970)〔モーリス・センダック『まよなかのだいどころ』神宮輝夫訳、冨山房、一九八二年〕。これはセンダックのストーリーの改作である。引用されたせりふがあちこちに見られる。

(11) William J. Hynes, "Mapping the Characteristics of Mythic Tricksters: A Heuristic Guide," in *Mythical Trickster Figures*, ed. William J. Hynes and William G. Doty (Tuscaloosa: University of Alabama Press, 1993), pp.33-45. ハインズのエッセイは、トリックスター的人物がなぜ文化的転換者であるかを示しつつ、トリックスターの特徴をうまく要約している。

(12) Robert D. Pelton, *The Trickster in West Africa* (Berkeley: University of California Press, 1980), p.42.

(13) Erving Goffman, *The Presentation of Self in Everyday Life* (Garden City, NY: Doubleday, 1959)〔アーヴ

ィング・ゴッフマン『行為と演技——日常生活における自己呈示』石黒毅訳、誠信書房、一九七四年〕。

（14）David Remnick, *King of the World*（New York: Vintage/Random House, 1998), p.119〔デイヴィッド・レムニック『モハメド・アリ——その闘いのすべて』佐々木淳子訳、ＴＢＳブリタニカ、二〇〇一年〕。

（15）Hauser, *Muhammad Ali*, p.39. Remnick, *King of the World*, p.119 と比較。

（16）Hauser, *Muhammad Ali*, p.39.

（17）Pacheco, in ibid., p.136.

（18）マーク・クラムは、アリがバンディーニを見捨てたことを、アリの残酷さを証明する補足的実例としてあげている。この点ではクラムの言い分に一理あるかもしれない。

（19）Chandler Harris, *Uncle Remus*, pp.5-8. こういう主張をしたのはおそらくチャンドラーが初めてで、それ以後、とりわけルイス・ハイドによって力説されてきた。これに関連して、ルイスが参考にしている Henry Louis Gates, *The Signifying Monkey*（New York: Oxford University Press, 1988）を参照。

第３章　トリックスターは世界をぶち壊す

（１）David Halberstam, *The Amateurs*（New York: Fawcett Books, 1996）〔デイヴィッド・ハルバースタム『栄光と狂気——オリンピックに憑かれた男たち』土屋政雄訳、ＴＢＳブリタニカ、一九八七年〕、Doris Kearns Goodwin, *Wait till Next Year: A Memoir*（New York: Touchstone Books, 1998）〔ドリス・カーンズ・グッドウィン『来年があるさ』松井みどり訳、ベースボール・マガジン社、二〇〇〇年〕。

（２）Joyce Carol Oates, *On Boxing*（Garden City, NY: Doubleday, 1987）〔ジョイス・キャロル・オーツ『オン・ボクシング』北代美和子訳、中央公論社、一九八八年〕。これに匹敵する洞察力を備えたエッセイに "Introduction: Tales of the Wonderboy," in *The Muhammad Ali Reader*, ed. Gerald Eary（New York: William Morrow, 1998）pp. vi-xx〔ジェラルド・アーリー編『カリスマ——神に最も近づいた男モハメド・アリ』鈴木

孝男訳、ベストセラーズ、一九九九年〕、および Gerald Early, *The Culture of Bruising*（Hopewell, NJ, and New York: Ecco Press, 1992）のなかの"Battling Siki: The Boxer as Natural Man,"などのエッセイがある。『ニューヨーカー』に掲載されたリーブリング（A. J. Liebling）のボクシングにまつわる多くのエッセイは、A *Neutral Corner*（San Francisco: North Point Press, 1990）を参照。また James Baldwin, "The Fight: Patterson vs. Liston," in *The Fights*, ed. Charles Itoff and Richard Ford（San Francisco: Chronicle Books, 1996）もある。ノーマン・メイラーやジョージ・プリンプトンも、ボクシングとアリの業績、特にザイールにおける一九七四年のアリ対フォアマン戦についての（その試合後については、さらに多くの）さまざまな解説やエッセイを書いている。Norman Mailer, *The Fight*（Boston: Little, Brown, 1975）〔ノーマン・メイラー『ザ・ファイト』生島治郎訳、集英社、一九七七年〕、George Plimpton, *Shadow Box*（New York: Putnam, 1977）。

（3）Oates, *On Boxing*, p.4〔『オン・ボクシング』一一 - 一二頁〕。

（4）リストンに関して最も深い共感にあふれた最高の著作は、Nick Tosches, *The Devil and Sonny Liston*（Boston: Little, Brown, 2000）である。ドン・キングについては、Jack Newfield, *Only in America: The Life and Times of Don King*（New York: William Morrow, 1995）〔ジャック・ニューフィールド『ドン・キングの真実——タイソンを操る男 アリを葬った男 アメリカなればこそ』公庄さつき訳、デコイ出版、一九九六年〕を参照。トーシュもニューフィールドも、ボクシングに対して新しい理解の仕方を採り入れた保守派の書き手として尊敬されている。マイク・タイソンは——（アリのような対戦相手には恵まれなかったものの）リストンと並ぶほどの魅力的な資質を備えているのに——いまだ優れた書き手による本格的な研究はなされていない。私が残念に思うのは、『スポーツ・イラストレイテッド』誌のボクシング・ライターとして多大な尊敬を集めたマーク・クラムがタイソンの本を書かずして亡くなったことである。クラムは二〇〇二年六月八日メンフィスでタイソンがレノックス・ルイスにKO敗けした試合から戻って、わずか数日後に他界した。

（5）今では多くの著作が出版されているが、古典的名作としては Edward Said, *Orientalism*（New York:

Vintage, 1979)〔エドワード・W・サイード『オリエンタリズム』上・下、今沢紀子訳、平凡社、一九八六年〕。しかし、二〇〇一年九月十一日に付随して生じた思想として、Avishai Margalit and Ian Buruma, "Occidentalism," *New York Review of Books*, January 17, 2002)〔イアン・ブルマ、アヴィシャイ・マルガリート『反西洋思想』堀田江理訳、新潮社、二〇〇六年〕も参照。

（6）Floyd Patterson with Gay Talese, "In Defense of Clay," in *The Muhammad Ali Reader*, ed. Early, p.68.

（7）しかし、マルコムが、白人も同じようなことを言っているにもかかわらず自分の〈鶏がねぐらに帰る〉発言が新聞に大きく取りあげられたことにちょっと驚いたというのは、やや意外ではある。譴責については、Alex Haley, *Autobiography of Malcolm X*（New York: Ballantine, 1964) ch. 16特に pp.328-342〔アレックス・ヘイリー『マルコムX自伝』浜本武雄訳、河出書房、一九六八年〕を参照。

（8）Elijah Anderson, *The Code of the Street: Decency, Violence, and the Moral Life of the Inner City*（New York: W. W. Norton, 1999).

（9）David Remnick, *King of the World*（New York: Vintage/Random House, 1998), p.21〔デイヴィッド・レムニック『モハメド・アリ——その闘いのすべて』佐々木純子訳、TBSブリタニカ、二〇〇一年〕。

（10）Ibid., p.14.

（11）Randy Roberts, "White Hopes and White Women," in *Papa Jack: Jack Johnson and the Era of White Hopes*（New York: Free Press, 1983), ch. 5.

（12）ジョンソンがいかにセクシーな男だったかを伝えるアメリカ議会図書館所蔵の写真がある。刑務所から出所した翌年の一九二一年、フェルト帽にステッキという念入りにめかしこんだ姿で、女性を魅了するような笑みをたたえている。その写真は競馬場で撮影されたようで、これまでもこれからも自分の生き方を貫き続けることを強調しているかのようだ。Roberts, *Papa Jack* に複写。

（13）Roberts, *Papa Jack*, p.228. ロバーツはこのエピソードを Plimpton, *Shadow Box*, pp.152-154 に基づくとし

ている。

（14）Richard Bak, “The Long Shadow of Papa Jack,” in *Joe Louis: The Great Black Hope*（Dallas Texas: Taylor Publishing, 1996）, ch. 3.

（15）Richard Bak, “Cruel Twilight,” in *Joe Louis*, ch. 10. 白人支配層から見れば、ルイスは第二次世界大戦時にみずから進んで陸軍に入隊したときほど、完璧に〈良いニグロ〉だったことはない。そして、彼は快く愛国運動のために名を貸してしまうが、そのために、のちに巨額の税金に悩まされることになる（それというのも、白人のセコンドをやみくもに信用して多額の金をだまし取られ、残されたのは税金滞納による借金で、彼がかつて無邪気にも自分に寄せられていると信じていた清廉潔白という評判を地に落としたからだ）。

（16）Roberts, *Papa Jack*, pp. xi-xii.

（17）ジョージ・プリンプトンによるハーヴァード大学の詩の話は、レオン・ギャスト監督のアカデミー賞長編ドキュメンタリー賞受賞作品 *When We Were Kings*〔邦題『モハメド・アリ　かけがえのない日々』VHS角川エンタテインメント、一九九八年〕の終わり近くで語られる。

（18）Lewis Hyde, *Trickster Makes This World*（New York: Farrar, Strauss and Giroux, 1999）ch. 10〔ルイス・ハイド『トリックスターの系譜』伊藤誓ほか訳、法政大学出版局、二〇〇五年〕。なお、William McFeeley の優れたダグラスの伝記 *Frederick Douglass*（New York: Touchstone Books, 1991）も参照のこと。

（19）Remnick, *King of the World*, p.173.

（20）この出来事を最も適切に描写しているのは Remnick, *King of the World*, pp.170-190。あとに続く描写はレムニックに基づく。

（21）クレイの最も親しいセコンドたちですら、それが演技かどうか決めかねていた。ダンディはクレイの頭がおかしくなったと考え、クレイの主治医ファーディ・パチェーコはそれを見事な演技とみなした。Thomas Hauser, *Muhammad Ali: His Life and Times*（New York: Simon & Schuster, 1991）p.70〔トマス・ハウザー

『モハメド・アリ——その生と時代』小林勇次訳、東京書籍、一九九三年。のちに岩波現代文庫に収録）を参照。この例が役に立つかどうかわからないが、ストレスのかかる状態で測った私の血圧の最高値は、普段から高い通常値の二〇パーセント増にすぎなかった。

（22）Remnick, *King of the World*, p.182.

（23）写真は Tony Triolo（*Sports Illustrated*）による。Remnick, *King of the World*, p.184に複写。

（24）Marc Payton 監督、*Muhammad Ali*（Sports Illustrated video HBO Sports, 1989）より。この瞬間に関しては、Thomas Hauser（*Muhammad Ali*, p.78）の別バージョンもある。このほうが長く、別の記録データから採ったと思われる。"I am the prettiest thing that ever lived"（「おれは地上でいちばん美しい」）はハウザーからの引用。

（25）Harold Bloom, *American Religion: The Emergence of a Post-Christian Nation*（New York: Touchstone Books, 1993).

（26）Hauser, *Muhammad Ali*, p.126. 極端な疑惑として、アリがリストンのような男をノックダウンできるだけの、強打にやや似た何かの一撃を加えたのではないかという説が、Tosches, *The Devil and Sonny Liston*, pp.220-224. に書かれている。

（27）Hauser, *Muhammad Ali*, p.128.

（28）トーシュは、アリ自身あのパンチに疑問を抱いていたと述べている（Tosches, *The Devil and Sonny Liston*, p.224）。ギャスト監督の映画『モハメド・アリ　かけがえのない日々』のなかに、アリがトレーニング中のペンシルヴェニア州のキャンプと思われる場所で、ファントム（まぼろしの）・パンチについてジョークを言う場面がある。そのジョークはひどくおかしいのだが、それと同時に、意外にも、目にも留まらぬほど速いパンチなのでほとんどの人が相手に当たったとは思わなかったという理由の説明にもなっている。トリックスターのジョークの意味するところはわからない。アリが話をつくって一杯食わそうとしているのか、あのパンチそのものがインチキなのか。私はその場面を何度となくスローモーションで見ているが、疑問の余地は認められるにしても、あのパンチがリストンを倒す決定的一撃になったと見なすことになんの問題も感じない。しかし、後年のアリのマジックのトリックのように、彼が何を知っているかは誰にもわからない。

（29）Tosches（*The Devil and Sonny Liston*, p.220）によると、リストン自身は過度なトレーニングで調子を落としたと感じていたらしいが、それは試合が延期されたことを考えれば、もっともな理由だろう。しかも、ジャック・ジョンソンが三八年間厳しい日々を過ごしたように、リストンの人生もまた厳しいものだった。

（30）「クイアする」という概念の標準的典拠は、Judith Butler, *Gender Trouble*（New York: Routledge, 1990）〔ジュディス・バトラー『ジェンダー・トラブル――フェミニズムとアイデンティティの攪乱』竹村和子訳、青土社、一九九九年〕など、彼女の多くの著作にある。議論のテーマとしては、バトラーとハーレム・ルネッサンスの作家ネラ・ラーセンに関するCharles Lemert, *Dark Thoughts: Race and the Eclipse of Society*（New York: Routledge, 2002), ch. 7を参照。

（31）Tosches, *Devil and Sonny Liston*, p.7.

第4章　グローバル文化のアイロニー

（1）Zora Neale Hurston, *Every Tongue Got to Confess: Negro Folk-tales from the Gulf States*, ed. by Carla Kaplan（New York: Harper Collins Publishers, 2001), pp.109-110.

（2）Ho Chi Minh, *Prison Diary*（Hanoi: Foreign Languages Publishing House, 1972), p.10〔ホー・チ・ミン『獄中日記――詩とそのひと』秋吉久紀夫編訳、飯塚書店、一九六九年〕、*The Sixties Papers*, ed. Judith Clavir Albert and Stewart Edward Albert（New York: Praeger, 1984), p.314　に再収録。

（3）これらの民話で特に印象的なことの一つは、〈黒んぼ〉（Nigger）という言葉がいかにすらすらと二重性を持って登場しているかという点だ――単に「ご主人様」が普段使い慣れている言葉を好意的に伝えているというだけではなく、また黒人同士が仲間内でざれ合ってわざと粗野な言葉を使っているというだけでもなく、その両方を同時に行なっている。もちろん、これらの民話は黒人たちの間で代々言い伝えられてきたものであるから、伝承されている話そのものと同様に、使用されている言葉遣いも重要であると推測される。どちらも二重三重の、ある種の暗号のようになっていると思われるからだ。誰が〈黒んぼ〉という言葉を使うようになれるかという点に関しては、Randall Kennedy, *Nigger: The Strange Career of a Troublesome Word* (New York: Pantheon Books, 2002) を参照（この本が生まれるもととなった民話のタイトルが *Nigger* なのだ）。特に第一章。

（4）David Remnick, *King of the World* (New York: Vintage Books/Random House, 1998), ch. 12〔デイヴィッド・レムニック『モハメド・アリ——その闘いのすべて』佐々木淳子訳、TBSブリタニカ、二〇〇一年〕。

（5）主要な出典はたぶんアリの自伝 *The Greatest: My Own Story* (New York: Random House, 1975), p.35〔ムハマッド・アリ『ムハマッド・アリ』村上博基訳、早川書房、一九八四年〕だろう。何年かあとに、Thomas Hauser, *Muhammad Ali: His Life and Times* (New York: Simon & Schuster, 1991), p.89〔トマス・ハウザー『モハメド・アリ——その生と時代』小林勇次訳、東京書籍、一九九三年。のちに岩波現代文庫に収録〕のなかで、アリはエメット・ティルの死の重要性を手短に述べている。デイヴィッド・レムニックは、*King of the World*, pp.87-88で、アリの言葉をそのまま受け止めている。アリの自伝で事実として書かれていることの多くは実際とは違うのかもしれないのだが、この件に関してはたぶん真実だろう。ほかの黒人の子供たちと同様、カシアス・クレイも自分と同じ年頃の少年へのリンチに深い影響を受けたにちがいないからだ。事件の概要を述べると、一九五五年夏、エメット少年はミシシッピ州マニーの親戚の家に遊びにきていた。エメットは、ミシシッピに比べて人種関係が比較的ゆるやかだったシカゴの出身だった。少年はなにげなく白人女性に声をかけたのだが、そんなことは北部では少年たちがふざけてよくやっていたし、エメットの友だちもやっていた。このせいで、彼は銃で撃たれ、川に投げ込まれた。自伝でアリがこの一件に触れ、残忍な行為の証が一目瞭然となるようにひつぎを開いた状態で息子の葬儀を行なうことにしたエメットの母親の決断を、強調して述べている。

（6）エリック・ベネットは、イライジャがファードをどう利用したかを簡潔に述べている。「ファードは一九三四年、登場したときと同じくらい神秘的に姿を消し、その失踪についてはさまざまな憶測がなされたが、すべて確証のないまま今日に至っている。イライジャ・ムハンマドはこの謎に便乗し、使える神話としてファードの失踪を変容させ、〈ネイション〉の宗教的権威の基礎とした。一九四二年までに〈ネイション〉は、アラーの化身としてファードに神としての地位を与えた。二十世紀末まで、ファードは〈ネイション〉の生活の精神的な基盤となった」。*Africana: The Encyclopedia of the African and African American Experience*, ed. Kwame Anthony Appiah and Henry Louis Gates, Jr（New York: Civitas/Perseus Books, 1999), p.732 の Eric Bennett, "Fard, Wallace D." を参照。

（7）モルモン教の特殊なアメリカ的特質について、ハロルド・ブルームはきわめて特異な、しかも説得力のある意見を述べている。Harold Bloom, *American Religion*（New York: Simon & Schuster, 1992).

（8）レムニック（*King of the World*, pp.125-127）は、アリが高校時代に〈ネイション〉の理念を模索したことを、彼の青春期の大きな秘密として言及している。一九七五年の自伝が信ずるに足るものであれば、〈ネイション〉に対する彼の精神的コミットメントは、そのことが公になるずっと以前から始まっていたことになる。一九六四年の最初のリストン戦で観客動員が危ぶまれていたとき、マルコムXとの公然の友人関係、そして明らかにムスリムとしての生活を実践していることについて問いつめられると、アリは興行主に次のように言ったとされる。「俺はリストンに勝てることはわかっているし、試合を取り止めたりはしたくないが、もし俺の信仰のせいで試合を中止しなきゃならないっていうのなら、試合は取り止めだ」。宗教的傾倒に関しては、私も多少は知っているが、たくさんの課題を抱えた二十二歳の青年のそうした声明は（もし彼が本当にそう言ったとして）、確かに〈ネイション〉の理念に対して長期的に傾倒してきた証である（当時の彼が何と言ったにせよ、それ以後も生涯を通じて、その傾倒が持続しているのは明らかである）。*The Greatest*, p.103 を参照。

（9）Hauser, *Muhammad Ali*, pp.193-194.

（10）Claude Andrew Clegg, III, *An Original Man: The Life and Times of Elijah Muhammad*（New York: St Martin's Press, 1991), p.211. 注意をそらさなければならなかったのは、もちろん、マルコムXの殺害とイライジャ自身の性的な不行跡からである。

（11）Hauser, *Muhammad Ali*, p.32.

（12）Ibid., p.34.

（13）*The Voice of Anna Julia Cooper*, ed. Charles Lemert and Esme Bahn（Boulder, CO: Rowman and Littlefield, 1997), p.117.

（14）マルコムの伝記作家であり友人でもあったアレックス・ヘイリーは、次のように述べている。「ほかの誰に見捨てられるよりも、私の知るかぎり、あの一件がもっともマルコムを傷つけた。あの一連の出来事すべてにマルコムは傷ついた」（Hauser, *Muhammad Ali*, p.110）。

（15）Remnick, *King of the World*, p.240.

（16）レムニックはそのコメントをアリによるものとしているが、出典ははっきりしていない。ゴードン・パークスとのインタビューからとったとほのめかしている（Remnick, *King of the World*, pp.239-240）。私はハウザーの本のなかにそれを見つけることはできなかったが、そこにはマルコムの死を悔やむアリの言葉がいくつか書かれている（たとえば、Hauser, *Muhammad Ali*, pp.111-112）。もちろん、それはかなりあとになって述べられたものだ。

（17）Ibid., pp.113-116.

（18）Ibid., p.131.

(19) Floyd Patterson with Gay Talese, "In Defense of Cassius Clay," in *The Muhammad Ali Reader*, ed. Gerald Early (New York: Weisbach/William Morrow, 1998), p.68〔ジェラルド・アーリー編『カリスマ――神に最も近づいた男モハメド・アリ』ベストセラーズ、一九九九年〕。

(20) アメリカ側の兵力動員数が頂点に達したのは一九六八年で、五三万九〇〇〇人のアメリカ人と他国からの約六万六〇〇〇人（主として韓国から）がいた。Spencer C. Tucker, *Encyclopedia of the Vietnam War: A Political, Social and Military History* (Santa Barbara, CA: ABC-Clio, Inc., 1998).

(21) 地上軍の絶望的な挫折感をじかに聞ける例は数多くあるが、その一つがジョゼフ・B・アンダーソン二世大尉の報告である。「私の視察中、交戦状態が持続した回数は、ごくわずかだった。大半は、ただひたすら歩き、探し続けた。敵と遭遇した場合でも、三〇～四〇分で終わった。一回ドカーンと来ると、敵はもう姿を消していた」(Wallace Terry, *Bloods: An Oral History of the Vietnam War by Black Veterans* (New York: Ballantine, 1984), pp.222-223)。

(22) 事件が起きたのは一九六四年八月で、北ベトナムの魚雷艇が二隻のアメリカの駆逐艦を攻撃したと伝えられた。ジョンソン大統領はこれを利用し、強行に米国議会にトンキン湾決議を可決させ、以後この決議が正式な宣戦布告の代わりとなった。事件の真相はいまだに不明。

(23) Hauser, *Muhammad Ali*, p.143. ハウザーはその引用を Jose Torres, *Sting Like a Bee* (New York: Abelard-Schuman, 1971), p.148 によるとしている。

(24) Hauser, *Muhammad Ali*, pp.144-145. また、Howard L. Bingham and Max Wallace, *Muhammad Ali's Greatest Fight: Cassius Clay vs The United States of America* (New York: M. Evans and Company, Inc., 2000), pp.113-115 のなかのリプサイトによるとされる長い引用文も参照。

(25) Lipsyte, in Hauser, *Muhammad Ali*, p.144.

(26) Ibid., p.145. もともとは、一九六六年二月二十三日号の『ニューヨーク・ヘラルド・トリビューン』に掲載。結局、レッド・スミスはアリのもっとも強力な支持者のひとりになった。

（27）Bingham and Wallace, *Muhammad Ali's Greatest Fight*, p.168 により引用されている。

（28）"The *Black Scholar* Interviews Muhammad Ali," in *Muhammad Ali Reader*, ed. Early, p.83.

（29）背景については、*Muhammad Ali Reader*, ed. Early, pp.90-100 のなかの、ロバート・リプサイト「「あなたたちが望んでいる人間になる必要はない」とアリは言う」を参照。また、Robert Lipsyte, *Free to be Muhammad Ali*（New York: Harper & Row, 1978）も参照。

（30）James Scott, *Seeing Like a State: How Certain Schemes to Improve the Human Condition have Failed* (New Haven: Yale University Press, 1998).

（31）Andrea Dworkin, *Heartbreak: The Political Memoir of a Feminist Militant*（New York: Basic Books, 2002）のなかで、思春期における自信のなさを包み隠さず書いたアンドレア・ドゥウォーキンは、現代アメリカの生活を語る上でもっとも勇敢で、妥協しない女性の一人と言ってよい。

（32）この個所、また他の個所においても、辞書による定義のすべては、別に記載がないかぎり、『オックスフォード英語辞典』第二版に基づいている。奇妙なことに、surd の定義は、『オックスフォード英語辞典』の第一版にしか載っていないが、そこでは "an irrational"（「無理数」）という数学上の意味に限定されている。

（33）これについてのより詳しい説明は Charles Lemert, *Dark Thoughts: Race and the Eclipse of Society*（New York: Routledge, 2002）を参照のこと。

（34）Jedediah Purdy, *For Common Things: Irony, Trust, and Commitment in America Today*（New York: Vintage/Random House, 1999）は、アイロニー（皮肉）が風刺と誤解されることについて書かれた、最も魅力的で広範囲にわたる論文の一つである。現在、少なくとも英語では、アイロニーが今や世俗的なことがらの常態であるという考え方がよく引用される標準的典拠は、Richard Rorty, *Contingency, Irony, Solidarity*（New York: Cambridge University Press, 1989）〔リチャード・ローティ『偶然性・アイロニー・連帯——リベラル・ユートピアの可能性』斎藤純一・山岡龍一・大岡正彦訳、岩波書店、二〇〇〇年〕を参照のこと。

第5章　闇の奥への帰還

（1）Thomas Hauser, *Muhammad Ali: His Life and Times* (New York: Simon & Schuster, 1991)〔トマス・ハウザー『モハメド・アリ――その生と時代』小林勇次訳、東京書籍、一九九三年。のちに岩波現代文庫に収録〕。また *Black Scholar*, *Playboy*, and *Sport* interviews with Ali in *The Muhammad Ali Reader*, ed. Gerald Early (New York: William Morrow, 1998), pp.266-286〔ジェラルド・アーリー編『カリスマ――神に最も近づいた男モハメド・アリ』鈴木孝男訳、ベストセラーズ、一九九九年〕を参照。

（2）Muhammad Ali with Richard Durham, *The Greatest: My Own Story* (New York: Random House, 1975)〔ムハマッド・アリ、リチャード・ダーラム『ムハマッド・アリ』村上博基訳、早川書房、一九八四年〕。

（3）Gerald Early, "Some Preposterous Propositions from the Heroic Life of Muhammad Ali: A Reading of *The Greatest: My Own Story*," in *Muhammad Ali: The People's Champ*, ed. Elliott J. Gorn (Urbana: University of Illinois Press, 1995), pp.70-87.

（4）Early, in *Muhammad Ali Reader*, p.83.

（5）二二章のうち三章が一九七四年にザイール（コンゴ）で行なわれた試合にあてられている。*The Greatest*, pp.366-413を参照。また、別の章でもかなりの部分（二〇二―二一三頁）をアリの一九六九年のアフリカ訪問に割いている。ドラマチックな結末を含め、実に本の約一五パーセントがアリとアフリカについて語られる。ところが、一九六四年のマルコムとのアフリカでの遭遇についてはほとんど触れられていない。要するに、話のなかでマルコムとその死は遠い過去の出来事として語られているのだ。ハーバート・ムハンマドによって押し付けられた構成はさておき、*The Greatest* はマルコムを軽く扱うだけでなく、一九七四年のアリのドラマチックなアフリカへの帰還を中心に据えることが不可欠だった。一九七五年、*The Greatest* 出版後しばらくして、トマス・ハウザーとのインタビューで、アリはマルコムに対する哀悼と悲しみを表している（Hauser, *Muhammad Ali*, pp.111-112）。

（6）Bruno Bettelheim, Introduction to *The Random House Book of Fairy Tales*（New York: Random House, 1985), pp.x-xi.

（7）クロード・レヴィ＝ストロースがフランス語のブリコルール bricoleur（器用人）をプレモダン精神の具体的な思考のモデルとして初めて使用して以来、社会科学者たちはその言回しを多用している。レヴィ＝ストロースはこう説明している。「ブリコルールは多種多様の仕事をやることができる。しかしながらエンジニアとはちがって、仕事の一つ一つについてその計画に即して考案され購入された材料がなければ手が下せぬというようなことはない。……そして「もちあわせ」、すなわちそのときそのとき限られた道具と材料の集合で何とかするというのがゲームの規則である」（Levi-Strauss, *The Savage Mind*（Chicago: University of Chicago Press, 1966), p.17〔クロード・レヴィ＝ストロース『野生の思考』大橋保夫訳、みすず書房、一九七六年、二三頁〕）。アメリカの文化社会学者の間でこの表現を応用した最も有名な例は、アン・スウィドラーの「魔術用バッグあるいは奇妙に寄せ集められた道具一式」という文化の定義だ（Ann Swidler, *Talk of Love: How Culture Matters*（Chicago: University of Chicago Press, 2001), p.23）。その定義は一九八六年初期の論文に基づいている。原典とこの特別な使用による表現との奇妙なズレは、ブリコルールが思考法なのか文化についての思考法なのかの問題にある——つまり、有用な道具一式は思考そのものなのか、思考される事柄なのかということだ。スウィドラーの見解はどうやら後者に傾いているようだが、その一方で彼女ははっきりと、文化は、個人と相対するものでそこから道具を選ぶ対象だと考えてはならない、とも述べている。興味深いことに、レヴィ＝ストロースの考え方はエミール・デュルケムの影響を受けているようだ。デュルケムは、特に、文化は個人と相対するものだと言っていたはずなのだが。こうした専門的な問題をどう考えるかは別にして、トリックスターは真のブリコルールであり、その点で彼は文化そのものであると同時に、自分をだますることによって文化をだます魔術のバッグでもある。だからトリックスターは具象でも抽象でもなく、（一般性に対立するものとしての）具体性とか、（その文化に対立するものとしての）個人といった概念を役に立たなくするという意味で、少なくとも手近にあるゲームに支配力を及ぼしているうちは、両方を同時に兼ねる存在となる。

（8）民衆文化と大衆文化の違いをきわめて明晰かつ完璧に説明しているのは、Michael Kammen, *American Culture/American Tastes: Social Change and the Twentieth Century*（New York: Knopf, 1999), ch. 1。

（9）Charles Lemert, *Dark Thoughts: Race and the Eclipse of Society*（New York: Routledge, 2002), 特に ch. 1。

（10）このテーマに関して今なお最も見事な論考として、James Scott, *Domination and the Arts of Resistance: Hidden Transcripts*（New Haven: Yale University Press, 1990)。

（11）Langston Hughes, "The Negro Speaks of Rivers" は以下から引用。*The Columbia Anthology of American Poetry*, ed. Jay Pirini（New York: Columbia University Press, 1995), p.477.

（12）かつてザイールという国名で、それ以前はベルギーの植民地だったコンゴ民主共和国は、旧フランス領のコンゴ共和国とは当然区別されなければならない。コンゴ共和国の首都はブラザヴィルで、コンゴ川をはさんでキンシャサの真向かいにある。共和国は資源は豊かだが、国土はより小さく、人口も少ない。民主共和国の人口は五〇〇〇万人以上。

（13）コンゴ自由国の名称は、一八七四年に英国がその地域を最初に探検してから、レオポルドの所有が終わった一九〇八年まで使われている。その後、一九〇六年から一九六〇年の独立までベルギー領コンゴという名称が一般的に使われ、独立後はコンゴ共和国となったが、一九六七年にコンゴ民主共和国に改名。さらに一九七一年にモブツ・セセ・セコがザイール共和国と改名。一九九七年以降はローラン＝デジレ・カビラ率いる軍が国内の支配権を確立して、国名をコンゴ民主共和国と変更した。このように、川の西岸の元フランス領のコンゴ共和国とは異なる。

（14）本書でレオポルドについて語っている部分は、主に Adam Hochschild, *King Leopold's Ghost: A story of Greed, Terror, and Heroism in Colonial Africa*（Boston: Mariner Books/Houghton Mifflin, 1999）を出典とする。このテーマに関して、これ以上すぐれた本は考えつかない。

（15）レオポルドのシステムを最初に世に知らしめたのはアメリカ人ジョージ・ワシントン・ウィリアムズだった。しかし長年にわたって最も粘り強く効果的にレオポルドの悪事を暴露したのは、フランスで生まれ英国で活躍したジャーナリスト、E・D・モレルである。彼は人生の大半をレオポルド攻撃に費やした。ホスチャイルドの *King Leopold's Ghost* は、言うまでもなくレオポルドがその地域にもたらした忘れがたい影響について語っているのだが、それと同時に、一九九八年に同書の執筆を終えるまで作者の心から離れなかったモレルらの亡霊についての話も、同じくらいの量を占めて書かれている。

（16）Ibid., ch. 15.

（17）Hochschild, *King Leopold's Ghost*, p.295より引用。

（18）Ibid., pp.140-146. コンラッドの時代のコンゴに関する記述は、ホスチャイルドによるものが最も綿密で、私がこれまで読んできた文献のうち最も信頼できるものといえる。しかし、重要なのはコンラッドについて言及せずにコンゴを語ることは事実上不可能だということだ。ほかには次のような文献がある。Michela Wrong, *In the Footsteps of Mr Kurtz: Living on the Brink of Disaster in Mobutu's Congo*（New York: Harper Collins, 2001), pp.8-12 およびその他多数個所。Bill Berkeley, *The Graves are Not Yet Full: Race, Tribe and Power in the Heart of Africa*（New York: Basic Books, 2001), p.115. アフリカの悲劇的な美しさについては以下を参照。Ryszard Kapuscínski, *The Shadow of the Sun*（New York: Random House, 2001)および Basil Davidson, *The Black Man's Burden: Africa and the Curse of the Nation-State*（New York: Three Rivers Press, 1992).

（19）Leon Gast, *When We Were Kings*（New York: Polygram Film Productions/USA Video, 1996)〔レオン・ギャ

スト『モハメド・アリ　かけがえのない日々』VHS　角川エンタテインメント、一九九八年〕のなかのアリに関する追記。

（20）Lewis Hyde, *Trickster Makes This World* (New York: Farrar, Strauss, and Giroux, 1998), ch. 10〔ルイス・ハイド『トリックスターの系譜』伊藤誓ほか訳、法政大学出版局、二〇〇五年〕。ここでハイドは、ほかの出典もいろいろあげながら、とりわけ　Henry Louis Gates, *The Signifying Monkey* (New York: Oxford University Press, 1988) を論じている。

（21）モブツの統治と窃盗に関するおぞましい最新報告は Wrong, *In the Footsteps of Mr Kurtz* を参照。

（22）人を惹きつける男でなければ、キンシャサの試合のような派手なショーをまとめあげることはできなかった。『モハメド・アリ　かけがえのない日々』のなかでジョージ・プリンプトンは、他人を受け容れる独裁者の歓迎ぶりを語る一方、自分の名声や財産を冷酷に追うことで奪った数多の命についても雄弁に語っている。

（23）再び Wrong, *In the Footsteps of Mr Kurtz* を参照。このなかで驚くべきことがいろいろ報告されているが、キンシャサではかつての近代的電話システムがついに崩壊し、残された唯一の近代的通信手段は携帯電話だけになってしまったこともその一つ。

第6章　トリックスターの肉体と〈文化的な死〉

本文二三六―二三七頁のティク・ナット・ハンの抜粋（注1参照）は、Parallax Press (Berkeley, California) の許可を得て転載した。

（1）Thich Nhat Hanh, *Call Me by my True Names: The Collected Poems of Thich Nhat Hanh* (Berkeley: Parallax Press, 1999) および *Heart of the Buddha's Teaching* (Berkeley: Parallax Press, 1999).

（2）Norman Mailer, *The Fight* (Boston: Little, Brown, 1975), p.3〔ノーマン・メイラー『ザ・ファイト』生島治郎訳、集英社、一九七六年〕。

（3）Ibid.

（4）マイケル・マン監督『アリ』（配給 Columbia Pictures for Overlook Films, 2001）。

（5）アリが最初のラッパーだったという意見は、ヒップホップがきわめてトリックスター的音楽であるという事実と深いつながりがある。その音楽は、街のさまざまな生活を素材にして、重くしつこいリズムにのせて繰り返し演じられる。ウィル・スミスはヒップホップ・ミュージシャンとして出発し、今でも演奏活動やレコーディングを続けている。一九九三年の映画『私に近い6人の他人』（*Six Degrees of Separation*）は、〔スミス演じる〕ハンサムな黒人青年がマンハッタンに住む金持の夫婦の結婚生活をぶち壊す話。青年は嘘をついて夫妻の家に上がり込み、彼らに自分の同性愛のセックスを見せつけ、彼らにつきまとったあげく、妻（ストッカード・チャニング）の心をとらえてしまい、結局、彼女は夫（ドナルド・サザーランド）と別れる。

（6）*The Greatest*〔邦題『アリ　ザ・グレーテスト』〕はアリ自身が本人役で出演している。監督はトム・グライス。

（7）一方、マイク・タイソンは二〇〇二年六月にレノックス・ルイスと対戦するまでの一六年間で戦ったラウンド数は二〇〇足らず、ルイスとは八ラウンド戦ったが、第三ラウンドですでに疲れきっていた。二〇〇二年のタイソンはまだ三十六歳。アリが同年齢だった一九七四―五年には、フレイジャーと二六ラウンドを戦っている。

（8）ファーディ・パチェーコはアリの個人的主治医で、アリを非常に愛していたが、一九七五年以降も戦い続けるアリがみずから健康を害していくことに関与したくないと思い、主治医の座を降りた。パチェーコの考えでは、フレイジャーとの第三戦が、すでに進行しつつあったダメージを食い止める最後のチャンスだった。Thomas Hauser, *Muhammad Ali: His Life and Times* (New York: Simon & Schuster, 1991), p.349〔トマス・ハウザー『モハメド・アリ　その生と時代』小林勇次訳、東京書籍、一九九三年。のちに岩波現代文庫に収録〕参照。最終的診断が下ったのは一九八四年。

（9）Jose Torres, *Sport* interview with Muhammad Ali（1981), in *The Muhammad Ali Reader*, ed. Gerald Early（New York: William Morrow, 1998), p.214〔ジェラルド・アーリー編『カリスマ――神に最も近づいた男モハメド・アリ』鈴木孝男訳、ベストセラーズ、一九九九年〕。

（10）アリは一九六四年から一九六六年までソンジ・ロイと結婚。次いでベリンダ・ボイド（一九六七年から一九七七年）と結婚するが、ヴェロニカ・ポーシェに夢中になってベリンダと離婚し、ヴェロニカと結婚（一九七七年から一九八六年）。ベリンダと結婚しているとき、アーイシャ・アリと関係を持つ。一九八六年、ロニー・ウィリアムズと結婚。

（11）アリの九人の子供（およびその生年）は、ベリンダ・ボイドとの間に出来たマリアム（一九六八年）、ジャミーラとラシーダ（一九七〇年）、モハメド・ジュニア（一九七一年）、ヴェロニカ・ポーシェとの間に出来たハナ（一九七六年）とライラ（一九七八年）。ソンジとの間には子供はいない。ロニーとは、アサド・アミン（一九九一年）を養子に迎えた。

（12）Jimmy Canonn, in Hauser, *Muhammad Ali*, p.145.

（13）ウォルター・クロンカイトが初めてベトナムを訪れたのは一九六五年だが、アメリカの世論がこの戦争には勝てないという態度に変わったのは、一九六八年テト攻勢後のクロンカイトのテレビ番組が契機だったといわれる。その直後、リンドン・B・ジョンソン大統領は民主党大統領候補を選ぶニューハンプシャー州予備選でユージーン・マッカーシーに敗れ、三月、二期目の出馬を断念した。

（14）一九八一年のインタビューで、「最大の間違い」についての質問のあと、「自分の最も重大な性格的欠点は?」と訊かれ、「だまされやすいこと」と答えている。

（15）Gerald Early, "Introduction: Tales of the Wonderboy," in *The Muhammad Ali Reader*, ed. Gerald Early（New York: William Morrow, 1998), p.vii. アリはパーキンソン症候群を患ってはいるが、病気そのものを苦にし

ているわけではない。また、「カルト信者／宗教的《リリジャス》」という言回しは、アリの〈ネイション・オブ・イスラム〉への忠誠心と、アリのイスラムへの純粋な信仰心を区別しようという試みだと思われる。もしそうでなければ、アーリーはとんでもない間違いをおかしている。

（16）Charles Lemert, *Postmodernism is Not What You Think* (Oxford: Blackwell, 1997).

（17）この点に関しては、トリックスターについてだいたいそうであるように、ルイス・ハイドに拠るところが大きい。Lewis Hyde, *Trickster Makes This World* (New York: Farrar, Strauss, and Giroux, 1988)〔ルイス・ハイド『トリックスターの系譜』伊藤誓ほか訳、法政大学出版局、二〇〇五年〕の、特に第四部「文化の罠」。

（18）たとえば Emile Durkheim and Marcel Mauss, *Primitive Classifications* (Chicago: Phoenix Books/ University of Chicago Press, 1967), p.61〔エミール・デュルケム『分類の未開形態』小関藤一郎訳、法政大学出版局、一九八〇年〕。

（19）Claude Levi-Strauss, *The Savage Mind* (Chicago: University of Chicago Press, 1966), p.233〔クロード・レヴィ＝ストロース『野生の思考』大橋保夫訳、みすず書房、一九七六年〕。

（20）Harvey Cox, *The Feast of Fools* (Cambridge, MA: Harvard University Press, 1969)〔ハーヴィー・コックス『愚者の饗宴――「遊び」と「祭り」の神学』志茂望信訳、新教出版社、一九七一年〕。フーコーへの言及に関しては、Michel Foucault, *Madness and Civilization: A History of Insanity in the Age of Reason* (New York: Random House, 1965)〔ミシェル・フーコー『狂気と文化』内藤陽哉訳、合同出版、一九六九年〕の「愚者の船」に関する長い一章を参照。また逆転とカーニバルというテーマについては、ミハイル・バフチンの多くの著作を参照。特に Mikhail Bakhtin, *Rabelais and his World* (Bloomington, IN: Indiana University Press, 1984)。

（21）Norman Cohn, *Pursuit of the Millennium*, 3rd edn (New York: Oxford University Press, 1970), p.150〔ノーマン・コーン『千年王国の追求』江河徹訳、紀伊國屋書店、一九七八年〕。次に続く引用文も同書より。

（22）この発言はアリのテレビ・インタビューから採ったものだが、いつのどの番組だったかという正確な出典を、今では確認することができない。アリはしばしばこの種の発言をしている。たとえばＣＢＣの『60ミニッツ』のエド・ブラッドリーが担当するコーナーや、トマス・ハウザーのインタビュー（「われわれはみんな死ぬんだよ。あんたが誰だろうと、あんたも死ぬんだ」（*Muhammad Ali*, p.503）でも述べている。

（23）こうした古典的なアメリカ流手法が公的発言として提示されたのは大恐慌の最中の一九三八年である。それ以来、同種の主張が無数になされている。なかでも最も簡潔なのが、Robert K. Merton, *Social Theory and Social Structure*（New York: Free Press, 1957), pp.131-161（前述書の増補版）〔ロバート・Ｋ・マートン『社会理論と社会構造』森東吾ほか訳、みすず書房、一九六一年〕の「社会構造とアノミー」である。もちろん、これが初めてというわけではない。ある意味で西洋における産業の富の基礎には、現代生活の成功倫理に対する批判がある。とりわけ、Thorstein Veblen, *The Theory of the Leisure Class*（1899）〔ソースタイン・ヴェブレン『有閑階級の理論』小原敬士訳、岩波書店、一九六一年〕、さらにはマルクスの『資本論Ⅰ』（1867）のミスター・マネーバッグに対する冷笑的批判や、William Dean Howells, *The Rise of Silas Lapham*（1885）などを参照。

（24）アリが入っていったのは、常に裏の秘密部屋でものごとが決められる世界だった。それはタバコの煙が立ち込める見世物で、富を持つ人々はそこでリング上のどちらかの選手に賭けて、抑圧された欲望のはけ口を見いだした。一九六四年にアリが登場してからボクシング界の不純分子が一掃されたわけではないが、裏社会と犯罪との関わりが目に見えて減ったことは事実だ。確かに、最近でも改革や廃止の要求はあるが、そのような意見は、時折、リング上で選手が死んだり耳噛み事件が起きてスキャンダルに発展するボクシング特有の暴力から生まれる。それでも、マイク・タイソンが男女を問わずさまざまな暴力事件で非難されたりはするが、彼の行為がギャングに操られているとは誰も思わない。こうした変化に、アリは大きく貢献している。

謝辞

本書のリサーチを全面的に手伝ってくれたのは、ヴィクトリア・ストールである。また「年表」（「アリと世界」）の第一稿も書いてもらった（ただし、文責は筆者にある）。「年表」作成にあたっては数え切れないほど多くの資料を参照した。さらに、トマス・ハウザーの口述伝記『モハメド・アリ――その生と時代』には感謝を込めて言及しなければならない。一九八〇年代に至るまでのアリの生涯に関するさまざまな事実と人々の意見を知るには、欠くことのできない本である。ヴィクトリアは最初から最後まで、この仕事の意図を理解し、詳細にわたって協力してくれた。

そもそもこの本の着想はアンソニー・エリオットの提案によるものであり、その後ジョン・トンプソンも加わって着想が固められた。アンソニーとランド・ヴァランタイン、およびもう一人（匿名の読者）が原稿を全体にわたり細心の注意を払ってチェックし、誤りの訂正や留意すべき疑問点を指摘してくれた。ジーン・ヴァン・アルティナには何度も救われた。ジーンほど優秀な編集者がいるとは思えない。ポリティ社にはいろいろお世話になったが、なかでもアン・ボーンは作業全般を根気よく見守ってくれた。また一週間ないしそれ以上の期間、私を招いてくれた大学、とりわけケンタッキー大学、ウェスト・オブ・イングランド大学（ブリストル）、アルバータ大学（エドモントン）のアリに関するセミナーから、たくさんのことを学んだ。さらに、アメリカ文化におけるトリックスターのテーマを熟考するにあたって、ウェスリアン大学二〇〇二年秋季学期「社会学39」の学生たちにも助けられた。結局、納得のいくところではほかの人々の助言に従い、自分の考えが正しいと思われるところでは自分の頭に従うというのが適切であるとわかった。

アンナ・ジュリア・レマートは子供の頃、私と一緒にあらゆるアリのビデオを見た。私たちは一緒に坐って、レオン・ギャストの『アリ　かけがえのない日々』を、一度に何時間も見ていたものだ。彼女がダンスの才能を追求していたら、まずあのアリ・シャッフルにインスピレーションを得ていただろう。

本書は長男マシューに捧げる。マシューはヒーローになることを熱望していたトリックスターだった。私にとって、そして彼を心から愛した人々にとって、彼はヒーローだった――しかし、悲しいことに、彼自身にとってはそうではなかったのだ。ブライアン・フェイは、ウェスリアン大学に開設された社会学のマシュー記念講座で、イマニュエル・ウォーラースティンを講師に迎えた第一回目の司会者として、マシューをアキレスに譬えた話をした。ブライアンはマシューを知っており、そうした譬えによってしか彼の英雄的努力を十分に理解することができなかったのだろう。

最後に、モハメド・アリその人にはどう感謝したらいいのだろう。もしかしたら、それはただ単に、地球上の遠い場所において、あまりにも長い間不当な状態のままに置かれることを拒否した結果、辛酸をなめた男たちや女たちを（生きているか亡くなっているかを問わず）思い出すことが、謝意を表すことになるのかもしれない。私はとりわけ、近代ヨーロッパの富の相当部分を形成するために働かされてコンゴ川の熱帯雨林で死んでいった男や女や子供たち、そして北米のオハイオ川やミシシッピ川の流域で同じような苦難に遭った人々のことを思う。そうした人々の子孫たちが、肌の色が黒だろうと白だろうと、あるいは何色だろうと、世界の王者モハメド・アリをつくった地球市民なのである。王者アリになったルイヴィルの少年カシアスの話を語ることは、有名人でありヒーローであるその男を称賛する無名の人々の話を語ることだ。なぜなら、アリはその人たちに代わって、二世代にわたる植民地支配者たちの裏をかき、彼らの自己満足的なやり方の多くを暴いてみせたのだから。

コネチカット州キリングワースにて

チャールズ・レマート

編集者おぼえがき

本書は、Charles Lemert, *Muhammad Ali: Trickster in the Culture of Irony*, Polity, 2003 の翻訳です。

著者のチャールズ・レマートは、アメリカのウェスリアン大学の社会学教授で、カルチュラル・スタディーズ、ポストコロニアリズムに関心が深いようです。

なお、原書にはアリの写真が四枚入っていますが、今回の訳書には、版権の都合上、収録できませんでした。アリ関連年表「アリと世界」は、（著者の自負するように）可能なかぎりの資料を参照してつくられた現時点でもっとも信頼のおける年表でしょう。索引は、原書のものを参考に、編集部でつくりました。

*

ボクシングの本、モハメド・アリ（＝カシアス・クレイ）に関する本はたくさん出ているようですが、本書でも何度も引かれているように、ジョイス・キャロル・オーツの『オン・ボクシング』（邦訳、中央公論社）、トマス・ハウザーの『モハメド・アリ――その生と時代』（邦訳、岩波現代文庫）

は素晴らしい本です（もっとも私はこの二冊しか読んでいませんが）。特に、後者の膨大なインタビューによる伝記は、たいへんな労作だと思います。

そういった類書のなかで、本書の特色としては、以下のような点が挙げられるでしょうか。

圧倒的に不利な状況のなか、つねにヘビー級の常識を破るような戦術で相手の度肝を抜き勝利しただけでなく、〈ネイション・オブ・イスラム〉というブラック・ムスリム団体への帰依を表明してモハメド・アリと改名したり、アスリートとしての全盛期を棒に振ってまでベトナム戦争への徴兵拒否を貫いて、その言動は「アリ現象」と言われるほど、多くの人に話題と衝撃を与えてきました。賛否分かれるとはいえ、ヒーローであるべきアリを著者は、民話やおとぎ話に出てくる、文化の価値観を混乱させ挑発するトリックスターとして、考察しようとします。

そこで標的にされているのは、「自由と正義とデモクラシーの国」アメリカの欺瞞性、西欧近代の植民地主義であるように思われます。公民権運動からベトナム戦争へとつづく過酷な時代に、ボクシングのチャンピオンであるアリがどのような役割を果たしたかが、ポストコロニアリズムの観点から冷静に分析されます。

また、重量級のパンチを受けすぎたことが原因でパーキンソン症候群になり、身体が不自由になった後も、〈ネイション・オブ・イスラム〉の活動などを通じて、人間的に成長していった様子が共感をもって描出されます。アスリート引退後のアスリートの思想が問題にされるというのも、アリならではという気がします。

＊

ところで、著者レマートは、本書のなかで「川」に異常ともいえるこだわりを示します。

まず、レマートはアリに、同じミシシッピ川の支流であるオハイオ川の流域で若き日を過ごした者として、肌の色の違いを超えて深い共感を示し、その体験をよりどころにアリの苦難の修業時代に分け入っていこうとします。

さらに、メコン（川）をとおして、当時アメリカが遂行していたベトナム戦争を論じ、コンゴ川をとおして、アメリカの黒人奴隷の子孫である自分の原郷アフリカのど真ん中に位置するコンゴ、レオポルド王（ベルギー）に残酷に搾取しぬかれたコンゴの悲惨な歴史をたどります。

そこでは、コンゴ・キンシャサでのフォアマンとの世紀のタイトル・マッチがレオポルドの後継者モブツの後援で行なわれたことのもつにがい両義性にも言及され、当然ながらコンラッドの『闇の奥』とコッポラの『地獄の黙示録』の密接な関連をとおして、メコンからコンゴ川へとつながっていきます。

「川は世界のように遠い昔からあり、人間の血の流れより古い」とラングストン・ヒューズは詠っていますが、ルイヴィルというアメリカ南部のアリの故郷の町から、ベトナム、コンゴへと、黒人・有色人種の苦難の歴史を雄大な川の流れにそって遡っていくのです。ポストコロニアリズムの視点からの、なかなか魅力的な構想といえましょう。

＊

晩年のアリについて、印象に残る場面があります（二五七頁）。

二〇〇一年九月十一日のあと、「あのような恐ろしいテロ攻撃のあとイスラム教徒でいることをどう思うか」と質問されたアリは、間髪をいれずにこう切り返したといいます。「ヒトラーのホロコーストのあとキリスト教徒でいるのは、どういう気持だったのだ？」アリにとって、もっと重要なのは、恐ろしい出来事が次々と連鎖して起こる世界に、どう対処するか、復讐と暴力の連鎖をどう断ち切るかということだったのでしょうが、アメリカというもう一つの原理主義の国において、このような発言をすることは、非常に勇気の要ることだと思います。かつての体の自由さはなくしても、精神の自由、クレバーさは依然健在なり、と改めて納得しました。

若き日の騒々しいトリックスターの時代を経て、イスラムに帰依し、病を得て身体の自由が利かなくなったにもかかわらず（がゆえに？）、アリは賢人の境域に達しているのかもしれません。

もちろん、これらの思想的な記述は全編を占めているのではなく、アリとリストン、フレイジャー、フォアマンなどとのタイトル・マッチの劇的叙述を詳細にリアルにたどるなかで、展開されているのです。

＊

最後に、訳者の中野恵津子さんにお礼を申し上げます。最初に頼んだスポーツ社会学を専門とする訳者に逃げられ、翻訳期限も迫っている情況のなかで、鈴木晶さんを通じて、ご紹介いただいたのですが、分野がまったく違っているにもかかわらず、ボクシングが好き、アリが好き、というだけで、短い期間に、俗語と学術的ジャーゴンの頻出する難解な原文を、わかりやすい平易な日本語にしていただきました。ありがとうございます。

この、あまり例を見ない「おぼえがき」は、訳者が、自分はこの分野の専門家ではないので、「訳者あとがき」はお引き受けできない、と固辞されるため、本来、黒子であるべき担当編集者が、書誌的データを中心に記しました。

では、本文をお読みいただきますよう、よろしくお願い申し上げます。

二〇〇七年七月七日

担当編集者（渦岡謙一）

索　引

か 行

さ 行

た 行

な　行

は　行

ま　行

や　行

ら　行

わ　行

アリと世界——年表

この年表はさまざまな資料を出典として作成されているが、それらの資料の内容は必ずしも一致していない。残念ながら、事実を確認できなかったり、食違いを正すのが困難な内容もある。どういうわけか、アリの10人の子供の生年月日は（名前の綴りすら）調べてもわからないケースもある。この年表に書かれている事実は、出典から判断して、すべて可能なかぎり確かな事実であると思われる。議論の余地のある部分については少なくとも二重にチェックし、普通はそれ以上に何度も確認照合した。アリに関する主要な出典（ただし、これらに限らない）は次のとおり。John Stravinsky, *Muhammad Ali*（New York: Random House, 1997）; Thomas Hauser, *Muhammad Ali: His Life and Times*（New York: Simon and Schuster, 1991〔トマス・ハウザー『モハメド・アリ——その生と時代』小林勇次訳、岩波現代文庫〕）; Muhammad Ali with Richard Durham, *The Greatest: My Own Story*（New York: Random House, 1975〔ムハマッド・アリ『ムハマッド・アリ』村上博基訳、早川書房〕）; ESPN Sports web site at espn.com.

1942	1月17日、カシアス・マーセラス・クレイ・ジュニア、ケンタッキー州ルイヴィルで生まれる。	デューク・エリントン、「アメリカン・ラプソディ」を作曲。エディ・コンドンの人種混成ジャズバンドがアメリカのテレビに登場。アラバマ州モンゴメリーで、黒人の公民権運動家E. D. ニクソンが市議会議員に立候補するが、民主党の予備選で敗れる。ルーズヴェルト大統領、日系人強制収容法に署名。
1943		デューク・エリントン・オーケストラ、カーネギー・ホールで「ブラック、ブラウン、ベージュ」を演奏。収益はロシアの戦争救援基金に寄付される。

1944 ジョー・フレイジャー、サウスカロライナ州ボーフォートで生まれる。ルーズヴェルト大統領、復員兵援護法に署名。スウェーデンの経済学者グンナー・ミュルダールが『アメリカのジレンマ――黒人問題と近代民主主義』を出版。

1945 ドイツ、連合国とソ連に降伏。ヒトラー、ベルリンで自殺。日本、広島と長崎に原爆が落とされたあと降伏。50カ国の代表がサンフランシスコで国連憲章に署名。

1946 マルコム・リトル、重窃盗と家宅侵入罪で有罪判決、21歳で刑務所に収監される。ジャック・ジョンソン（黒人初のヘビー級チャンピオン）、ノースカロライナ州ローリーで死亡。

1947 ドジャース、ジャッキー・ロビンソンと契約。インドとパキスタン、英国から独立。

1948 ガンジー、ニューデリーで暗殺される。イスラエル建国。1936年以来となるオリンピック、ロンドンで開催。マーティン・ルーサー・キング・ジュニア、バプティスト派教会牧師となる。国連総会で世界人権宣言が採択される。

1949 毛沢東率いる中国共産党が国民党に勝利。中華人民共和国が成立。ジョージ・フォアマン、テキサス州マーシャルで生まれる。

1951 マーティン・ルーサー・キング、ボストン大学の大学院に入学。『アフリカの女王』（ジョン・ヒューストン監督）公開。

1952 マルコム・リトル、仮釈放で出所。〈ネイション・オブ・イスラム〉教団に参加し

		て、マルコムXと改名。
1953		マルコムX、ボストンの寺院の首席導師となる。レオン・スピンクス、ミズーリ州セントルイスで生まれる。
1954	10月、クレイ、自転車を盗まれる。ジョー・マーティンと出会い、ボクシングを習い始める。	米国がビキニ諸島で水爆実験。フランス、暴動鎮圧のためアルジェリアに派兵。ジュネーヴ協定により、ベトナムが北（共産主義国家）と南（親西欧国家）に分断される。ブラウン vs 教育委員会の裁判で、公立学校の人種分離教育は違憲とする最高裁判決が下る。
1955		エメット・ティル（黒人少年）惨殺事件。加害者の白人たちは無罪放免となる。第１回アジア・アフリカ諸国会議がインドネシアのバンドンで開かれる。アレン・ギンズバーグ、サンフランシスコのシックス・ギャラリーで「吠える」を朗読。マーティン・ルーサー・キング、組織神学の博士号を取得してボストン大学を卒業。ローザ・パークス、バス車内人種分離法違反で逮捕される。
1956		スエズ危機。ディジー・ガレスピー、国務省の招請により、地中海東部、中東、パキスタン、米国南部をビッグバンドでツアー。ルイ・アームストロング、アフリカを訪れる。エラ・ベイカー、ベイヤード・ラスティン、スタンレー・レヴィンソンが、南部の闘争を支援する募金のための組織〈イン・フレンドシップ〉をニューヨークに設立。フロイド・パターソン、アーチー・ムーアを５ラウンドで倒す。
1957		アイゼンハワー大統領、セントラル高校に人種差別撤廃を守らせるため、アーカンソー州リトルロックに連邦軍を派遣。

1959	クレイ、〈ゴールデン・グラブ〉大会のライト・ヘビー級で優勝。	マーティン・ルーサー・キング、インドを訪れ、ガンジーの非暴力哲学を学ぶ。アメリカ帰国後、ジョージア州アトランタに移り住み、南部キリスト教指導者会議の活動を指導。同会議にはエラ・ベイカー、ベイヤード・ラスティンも参加。フィデル・カストロ、キューバ首相となる。
1960	クレイ、ローマ五輪で金メダル。アンジェロ・ダンディとトレーナー契約。	コンゴ、ベルギーから独立。パトリス・ルムンバが首相に任命される。
1961	6月26日、クレイ、デューク・サベドンを10ラウンドで倒す。プロレスラー、ゴージャス・ジョージと出会う。	州間バス・ターミナルの人種分離制は違憲との連邦最高裁判決。アルジェリア、フランスから独立を勝ち取る。
1962	クレイ、ハワード・ビンガムと出会う。11月15日、アーチー・ムーアを4ラウンドで破る。	キューバ・ミサイル危機で世界が核戦争の脅威にさらされる。ジェームズ・メレディス、ミシシッピ大学初の黒人学生として入学。ソニー・リストン、フロイド・パターソンを1ラウンドでＫＯ。
1963	クレイ、ドゥルー・バンディーニ・ブラウンと出会う。3月22日、『タイム』誌がカシアス・マーセラス・クレイをカバー・ストーリーに取り上げる。3月13日、ダグラス・ジョーンズに10ラウンドで勝利。6月18日、ヘンリー・クーパーに5ラウンドで勝利。	南ベトナムのゴ・ディン・ジェム大統領がクーデターにより暗殺される。公民権運動指導者メドガー・エヴァーズがアラバマ州で暗殺。ケネディ大統領、暗殺される。マルコムX、「鶏はねぐらに帰る」の発言で〈ネイション・オブ・イスラム〉を資格停止処分に。ジョン・コルトレーン、教会爆破事件で犠牲になった黒人の子供4人を哀悼した「アラバマ」をレコーディング。公民権運動のワシントン大行進に25万人が参加。
1964	2月25日、クレイ、ソニー・リストンを7ラウンドで倒し、ヘビー級チャンピオンに。「俺は世界を揺るがした！」と豪語。〈ネイション・オブ・イスラム〉との関係を認め、モハメド・アリと改名。アフリカを	ネルソン・マンデラ、南アフリカで終身刑に。マーティン・ルーサー・キング、ノーベル平和賞受賞。ローデシアとケニアが独立を宣言。公民権法が73対27で可決。マルコムX、〈ネイション・オブ・イスラム〉を離れ、〈モスリム・モスク・

	訪問。フロリダ州マイアミでビートルズと写真を撮る。ソンジ・ロイと結婚。	インク〉を設立し、アメリカ、アフリカ、中東各地の集会で講演。
1965	5月25日、アリ、リストンを1ラウンドでノックアウト。11月22日、パターソンを12ラウンドで破る。	マルコムX、ニューヨークで暗殺される。モブツ、コンゴ（のちにザイールと改名）の大統領に。アメリカ、ベトナムで攻勢を強める。ロサンゼルス人種暴動で34人死亡。マーティン・ルーサー・キング、アラバマ州セルマからモンゴメリーまで2万5000人のデモ行進を率いる。リンドン・ジョンソン、投票権法に署名。アーサー・アッシュ、UCLA 3年生のときNCAA（全米大学競技協会）のシングルスで優勝、アフリカ系アメリカ人として初めてこのタイトルを手に入れる。
1966	アリ、ソンジ・ロイと離婚。2月、徴兵猶予を要請。ハワード・コーセルが放送でモハメド・アリの名を広める。8月23日、特別徴兵聴聞会で良心的兵役拒否を主張。	デューク・エリントン、セネガルのダカールで開かれた〈黒人アート世界フェスティバル〉に参加。ニューヨーク、クリーヴランド、シカゴで人種暴動。マイク・タイソン、ニューヨークで生まれる。
1967	4月28日、アリ、軍隊入隊を拒否。5月8日、連邦大陪審がアリを起訴。ボクシングの出場資格を剥奪され、軍隊入隊に対して不法に抵抗した罪で有罪判決を受ける。ベリンダ・ボイドと結婚。	マーティン・ルーサー・キング、無許可デモを行なったとしてバーミングハムで4日間投獄される。黒人奴隷の曾孫サーグッド・マーシャルが、最高裁判事として宣誓。ニューヨークのリンゼー市長、ニューヨーク・キャバレー・カードを廃止。
1968	上訴裁判所が有罪判決を支持。娘マリアム誕生。	北ベトナム、テト攻勢を開始。2月27日、ウォルター・クロンカイトの「われわれは泥沼に陥っている」というコメントが放映される。カーナー委員会は米国が黒人と白人の、切り離された不平等な二つの社会に分裂していると報告。リンドン・ジョンソンは2期目の大統領選への出馬を断念。アーサー・アッシュ、男子シングルスでアフリカ系アメリカ人として初めてグランド・スラム達成。

1969	アリ、アフリカ再訪。	
1970	最高裁が宗教的根拠に基づく良心的兵役拒否を認める判決。アリの有罪判決は破棄される。アリ、ボクシングに復帰。双子の娘ラシーダとジャミーラ誕生。	アメリカ、カンボジアを侵攻。ケント州立大学のデモで、州兵により学生4人が殺害される。ミシシッピ州のジャクソン州立大学では警官に学生2人が殺害される。ジミー・ヘンドリックスとジャニス・ジョプリンが麻薬乱用のため死亡。メキシコ、11月24日を「デューク・エリントン・デー」として宣言。アーサー・アッシュ、南アフリカ・オープンで出場を拒否される。その結果、南アフリカはデビス・カップ大会から除名される。
1971	3月8日、アリ、ジョー・フレイジャーに15ラウンドで敗退。フレイジャーはヘビー級タイトルを奪還。この試合をフランク・シナトラが撮影し、『ライフ』誌に掲載。4月17日最高裁がアリに対するすべての告発を却下する。モハメド・アリ・ジュニア誕生。	ルイ・アームストロング、死去。米政府の東南アジアへの軍事介入に関する国防総省秘密報告書が『ニューヨーク・タイムズ』に載る。ニューヨーク州バッファローのアッティカ刑務所で暴動が起こり、受刑者28人と看守9人死亡。ジョージ・ハリスン、バングラディシュ救済のチャリティ・コンサートを開く。
1972	アリ、メッカ巡礼。	ミュンヘン・オリンピックで銃撃事件発生。選手1人、コーチ2人を含むイスラエル人11人、およびパレスチナの銃撃犯5人が死亡。ニクソン大統領、中国とソ連を訪問、「ラインバッカー作戦Ⅱ」(ハノイの「クリスマス爆撃」)を命令。
1973	3月31日、アリ、ケン・ノートンに15ラウンドで敗れる。9月10日の再試合で、12ラウンドでノートンを破る。	チリのアジェンデ大統領、暗殺される。〈アメリカ・インディアン運動〉がサウスダコタ州ウンデッド・ニーで抗議集会。米上院でウォーターゲート事件の公聴会開催。フォアマン、ジョー・フレイジャーを2ラウンドで破る。アーサー・アッシュ、南アフリカ・オープンに出場。トム・オッカーと組んだダブルスで優勝。

1974	1月28日、アリ、ジョー・フレイジャーを12ラウンドで破る。10月30日、ザイールでジョージ・フォアマンを8ラウンドでKO、ヘビー級タイトルを奪い返す。映画『モハメド・アリ　ザ・グレイテスト』（ウィリアム・クライン監督）が公開される。	ニクソン大統領、ウォーターゲート事件で辞職。デューク・エリントン、ニューヨークで死去。エチオピアのハイレセラシエ皇帝、クーデターで樹立された暫定政府により廃位される。
1975	アリ、ジョー・フレイジャーを14ラウンドで破り、この試合を「マニラのスリラ」と呼ぶ。自伝『ザ・グレイテスト』（リチャード・ダーラムとの共著）を出版。	イライジャ・ムハンマド、シカゴで死去。サイゴン陥落。アンゴラとモザンビークがポルトガルからの独立を宣言。ベトナム戦争終結。アーサー・アッシュ、ジミー・コナーズを破り、アフリカ系アメリカ人としては初めてウィンブルドン男子シングルス優勝。
1976	娘のハナ誕生。	
1977	アリ、北米サッカー連盟のエキシビション・マッチ「コスモス対サントス」戦で両チームのためにプレイしたブラジルの偉大なサッカー選手ペレを訪問。「これでグレイテストが2人そろった」と宣言。ベリンダ・ボイドと離婚し、ヴェロニカ・ポーシュと結婚。『俺は最も偉大だ　モハメド・アリの冒険』のテレビ放映。トム・グライス監督『ザ・グレーテスト』公開。	エジプトのサダト大統領、エルサレムを訪問。エルヴィス・プレスリー、テネシー州で死去。
1978	2月15日、アリ、レオン・スピンクスに15ラウンドで敗れ、タイトルを失う。9月15日、レオン・スピンクスと再戦。15ラウンドで勝利しタイトルを奪い返す。娘ライラ誕生。	カーター大統領、ホワイトハウスでチャールズ・ミンガスの功績を称えるジャズ・コンサートを開く。バンド・メンバーとしてスタン・ゲッツ、ディジー・ガレスピー、デクスター・ゴードン、マックス・ローチが参加。カーター大統領、キャンプ・デイヴィッドでエジプトとイスラエルの和平会談を開催。

1979	アリ、アフリカをまわり、アメリカの1980年モスクワ五輪ボイコットを支持するよう求める。	マーガレット・サッチャー、イギリス初の女性首相に。イラン王制崩壊。フランシス・コッポラ監督『地獄の黙示録』公開。
1980	10月2日、ラリー・ホームズに11ラウンドでTKO負け。	ジョン・レノン、ニューヨークで銃撃され、死亡。
1981	アリ、トレヴァー・バービックに10ラウンドで敗退。	1960年代に活動した学生非暴力調整委員会の元委員長ジョン・ルイスが、アトランタ市議会議員に選出される。
1983		米軍、グラナダを侵攻。
1984	アリ、パーキンソン症候群と診断される。	インディラ・ガンディが暗殺される。南アフリカで初めて黒人の興行権が認められる。
1986	ヴェロニカ・ポーシュと離婚、ロニー・ウィリアムズと結婚。	ジョン・ルイス、連邦議会下院議員に選出される。ロンドンで人種暴動。エジプトのサダト大統領、暗殺される。キング牧師の誕生日を国の祝日に制定。チェルノブイリ原発事故。
1987	医師ら、パーキンソン症候群はアリの61試合にわたるボクシング歴に原因があると主張。	パレスチナで第1次インティファーダ。
1989		ベルリンの壁、崩壊。北京天安門広場の虐殺。
1990	アリ、和平交渉の任務を帯びてイラクへ。	湾岸戦争始まる。ネルソン・マンデラ釈放。
1991	アリ公認の伝記『モハメド・アリ――その生と時代』（トマス・ハウザー著）出版。アサド・アミンを養子に迎える。	湾岸戦争終結。
1992	アリの50歳の誕生日が『スポーツ・イラストレイテッド』誌のカバー・ストーリーに。	ロサンゼルスでロドニー・キングを殴打した警官たちが無罪となり、人種暴動がエスカレート。

1993	ハワード・ビンガム、写真集『モハメド・アリ―― 30年の旅』を出版。	アラファトとラビン、オスロ協定に署名。ネルソン・マンデラとF. W. デクラークがノーベル平和賞。アーサー・アッシュ、49歳でニューヨークで死去。
1994	デイヴィス・ミラー『モハメド・アリの道』がピュリツァー賞の候補に。	ネルソン・マンデラ、南アフリカ初の全人種参加選挙で大統領に選ばれる。
1996	アリ、キューバのカストロ首相を訪問。アトランタ五輪で聖火点灯。*Muhammad Ali: The Whole Story*（ジョゼフ・コンセンティーノ、サンドラ・コンセンティーノ共同監督）、*When We Were Kings*〔邦題『モハメド・アリ　かけがえのない日々』〕（レオン・ギャスト、テイラー・ハクフォード共同監督）、公開される。	アメリカ、福祉改革で、「要扶養児童のいる家庭に対する支援」プログラムを廃止し、「貧困家庭に対する一時的扶助」（TANF）を創設。
1997		ニューヨークのセントラルパーク（110丁目と5番街の交差点）でデューク・エリントン記念碑の除幕式。
1999	『GQ』の「今世紀のアスリート」、『スポーツ・イラストレイテッド』の「20世紀のスポーツマン」、『USAトゥデー』の「今世紀のアスリート」、BBCの「今世紀のスポーツ・パーソナリティ」、ケンタッキー州の「今世紀のケンタッキー州人」、ワールド・スポーツ・アウォードの「20世紀の世界的スポーツマン」にそれぞれ選ばれる。娘ハナ・アリと共著で『私の父モハメド・アリ』を出版。	ノースカロライナ州の地方裁判所が30年来の人種分離廃止命令を解除。
2000	アリ、人道主義的使命を帯びて、メキシコのサウス・フアレスへ。『世界の王者』（ジョン・セイクリット・ヤング監督）公開。	タルサ人種暴動調査委員会がオクラホマ州に対して、1921年タルサ人種暴動の生存者に賠償金を支払うよう勧告。サウスカロライナ州、州議会議事堂から南部連

合旗を降ろし、戦争記念碑の隣に掲揚。フロリダ州、公立学校と公的契約における差別撤廃優遇措置を廃止。

2001 アリ、ワシントンで、世界平和・寛容・人権に対する長年の貢献、および故郷のモハメド・アリ・センター設立への献身を認められ、全米放送協会教育財団(NABEF)のアメリカ指導者功労賞を受賞。*Nick News Presents: Life Story: Muhammad Ali*(ジョシュ・ヴェセルカ監督)放映。『アリ』(マイケル・マン監督)公開。

9月11日、ニューヨークの世界貿易センターの惨事。ペンタゴン攻撃される。アメリカ、国際的反テロリスト爆撃作戦を展開し、アフガニスタンを攻撃。

2002 *Muhammad Ali through the Eyes of the World*(フィル・グラブスキ監督)が公開される。ケンタッキー州ルイヴィルのモハメド・アリ・センター設計プランが発表され、起工式が行なわれる。アリ、60歳でカブール訪問。

議論の多い国土安全保障法が米議会を通過。国連の新しい武器査察チームがイラクを調査。

著者紹介

チャールズ・レマート（Charles Lemert）

コネチカット州のウェスリアン大学社会学教授。カルチュラル・スタディーズ，ポストコロニアリズムなどの視点から旺盛な社会研究をしている。

主な著書に，*Dark Thoughts: Race and the Eclipse of Society, Durkheim's Ghosts: Cultural Logic and Social Things* など。

訳者紹介

中野恵津子（なかの えつこ）

翻訳家。

主な訳書：セロー『ポール・セローの大地中海旅行』（NTT出版），カプラン『レメディオス・バロ　予期せぬさすらい』（リブロポート），モリソン『あなたが最後に父親と会ったのは？』（新潮社）など多数。

新曜社

モハメド・アリ

アイロニーの時代のトリックスター

初版第1刷発行　2007年7月31日©

著　者　チャールズ・レマート

訳　者　中野恵津子

発行者　塩浦　暲

発行所　株式会社新曜社

〒101-0051　東京都千代田区神田神保町2 - 10

電話（03）3264-4973（代）・Fax（03）3239-2958

e-mail　info@shin-yo-sha.co.jp

URL　http://www.shin-yo-sha.co.jp/

印刷　銀　河　　Printed in Japan

製本　イマキ製本所

ISBN978-4-7885-1060-9　C1036